Duden

Prüfungstraining Deutsch Abitur

2., aktualisierte Auflage

Dudenverlag
Mannheim · Zürich

Dein Passwort für den Download:

AbiDeutsch-i7vz

Bibliografische Information der Deutschen Nationalbibliothek
Die Deutsche Nationalbibliothek verzeichnet diese Publikation in der Deutschen Nationalbibliografie; detaillierte bibliografische Daten sind im Internet über http://dnb.ddb.de abrufbar.

 D C B A

Redaktionelle Leitung: Simone Senk
Redaktion: Dr. Daniela Rauthe
Autorin: Annette Schomber
Textbausteine: Reinhard Marquaß

Herstellung: Andreas Preising
Layout: Günther Nord
Umschlaggestaltung: Hemm-communication.design, Filderstadt
Satz: Kösel, Krugzell
Druck und Bindung: Heenemann GmbH & Co., Berlin
Printed in Germany

ISBN 978-3-411-72912-8

Wissen und Üben

Trainingsklausuren

Lösungen

Anhang

1 Tipps und Hinweise für die Abiturprüfung

Das Abitur im Fach Deutsch stellt eine besondere Herausforderung dar, denn Sie müssen nicht nur in der Lage sein, flexibel auf die verschiedenen Gattungen zu reagieren, sondern Sie sollten auch bei Bedarf den zu interpretierenden Text einer bestimmten Epoche zuordnen können. In der Prüfung sollen Sie zeigen, dass Sie sich richtig und angemessen ausdrücken können und über einen differenzierten Wortschatz verfügen. Des Weiteren ist es notwendig, Sätze und Gedanken klar zu präsentieren. Selbstverständlich wird von Ihnen auch verlangt, dass Sie mit Fachbegriffen richtig umgehen. Zunächst erhalten Sie hier allgemeine Tipps, die Ihnen unabhängig vom Abiturthema helfen, mögliche Probleme aufzufangen und die Prüfung entspannt angehen zu können.

1.1 Die schriftliche Abiturprüfung

1.1.1 Äußere Form und Sprache

Spätestens beim schriftlichen Abitur müssen Sie beweisen, dass Sie mit dem Regelwerk Ihrer Muttersprache (Rechtschreibung, Zeichensetzung und Grammatik) vertraut sind, Sie sich aufgabengerecht ausdrücken können und dabei auf eine ansprechende äußere Form achten.

Typische Mängel bei der äußeren Form sind
- schwer lesbare Handschriften,
- chaotisches Streichen von Textpassagen ohne Lineal,
- unübersichtliches Anbringen von Zusätzen oder Zitaten,
- undeutliches Hervorheben von Absätzen,
- Benutzen des Blattrandes,
- keine durchgehende Seitennummerierung,
- keine oder falsche Kennzeichnung von Zitaten.

Die **äußere Form** Ihrer Arbeit stimmt den Korrektor „milde“ und hinterlässt einen positiven Eindruck – eine nicht angemessene äußere Form ist oft ein Zeichen von Nachlässigkeit und mangelnder Zeiteinteilung.

Tipp

- Schreiben Sie bereits vor der Prüfung viel mit der Hand.
- Sobald Sie sich über das Thema klar geworden sind, sollten Sie sich eine Gliederung und einen Stichwortzettel anlegen.
- Setzen Sie während der Prüfung gegebenenfalls einzelne Passagen auf, damit nicht ständig Zusätze angebracht werden müssen – dies ist besonders dann wichtig, wenn Sie bei der Arbeit ins Stocken geraten.
- Ein Lineal sollte immer in Reichweite liegen und Teil Ihrer Schreibroutine sein.
- Überprüfen Sie am Ende die Seitennummerierung.
- Vermeiden Sie unnötiges Falten des Papiers. Legen Sie beschriebene Bögen zur Seite oder in die Mappen, die zur Verfügung gestellt werden.
- Legen Sie kürzere Schreibpausen ein, falls die Handschrift unlesbar wird.

Sie sollten unbedingt darauf achten, dass Ihr Abituraufsatz völlig fehlerfrei ist, d. h. keine Rechtschreib-, Grammatik- und Zeichensetzungsfehler enthält. In den meisten Bundesländern steht den Schülern beim Abitur ein Nachschlagewerk zur Verfügung. Sie sollten es in allen Zweifelsfällen benutzen.

Achten Sie beim Schreiben auf sorgfältige und genaue Formulierungen, um sich dem Korrektor verständlich zu machen. Ausdruck und Sprachrichtigkeit sind Fertigkeiten, die Sie sich im Laufe der Jahre durch viel Übung angeeignet haben und die durch diesen Abiturtrainer vertieft und gefestigt werden sollen.

Im Folgenden finden Sie Tipps zur **Sprachrichtigkeit** und zum **Ausdrucksvermögen.**

Tipp

- Planen Sie die nötige Zeit ein, um die Reinschrift gründlich auf Fehler durchsehen zu können.
- Seien Sie bei der Korrektur sehr selbstkritisch gegenüber Ihrem eigenen Text. Im Zweifelsfall sollten Sie anders formulieren.
- Vermeiden Sie zu lange Sätze, unklare Bezüge und ungeschickte Wiederholungen.
- Verwenden Sie keine Umgangssprache oder Wörter und Ausdrücke, die es im Deutschen nicht gibt. Hier hilft ein Blick in ein Wörterbuch.
- Das ständige Lesen von Sachtexten (z. B. Zeitungstexten) hilft, das Ausdrucksvermögen zu verbessern.

1.1.2
Methodische Vorgehensweise

Wollen Sie sich, trotz Prüfungsstress, relativ gelassen und gezielt auf Ihre Abschlussprüfung vorbereiten, so beginnen Sie rechtzeitig mit Ihren **Prüfungsvorbereitungen.** Ergänzen Sie Ihre Mitschriften aus dem Unterricht durch ein Literaturlexikon, ein Nachschlagewerk zu literarischen Fachbegriffen und einen Abiturtrainer. Legen Sie sich eine Liste aller gelesenen Texte und Lektüren an und kennzeichnen diese mit den besprochenen Themenschwerpunkten.

Methodik **Die schriftliche Abiturprüfung vorbereiten**

- Ordnen Sie die Texte und Lektüren nach Texttypen und Gattungen.
- Arbeiten Sie mit einem Karteikastensystem, so können Sie die Karten mit den jeweiligen Informationen nach Epochen ordnen und diese mit den wichtigsten Epochenmerkmalen versehen. Beispiel: *Epoche der Romantik / Textbeispiele: Gedichte von ..., Romane von ... / wichtige Interpretationsansätze / Informationen zum Autor.*
- Ordnen Sie die Gattungen bestimmten Fachbegriffen zu (z. B. *Gedichte: Sonett – Ballade – lyrisches Ich*). Hilfreich sind Mindmap oder Cluster.
- Legen Sie sich eine Übersicht von Begriffen an, die für mehrere Gattungen relevant sind (z. B. *Figurenkonstellation, Metrum*).
- Lernen Sie ökonomisch, indem Sie sich z. B. Begriffe und Sachverhalte markieren, die Ihnen Probleme bereiten.
- Üben Sie Ihr erworbenes Wissen in immer wiederkehrenden Phasen ein. – Legen Sie sich z. B. ohne Hilfe Ihrer Unterlagen eine Mindmap zum Thema „Sturm und Drang“ an und besprechen diese mit Ihren Mitschülern.

Erscheinen Sie ausgeschlafen zur Prüfung. Es hilft, wenn Sie sich am Vortag überhaupt nicht mehr mit Ihrem Prüfungsthema beschäftigen.

Sobald Sie in der Prüfung beginnen, das Thema zu bearbeiten, sollten Sie Ihren Kopf freimachen von dem Wissen, das nicht verlangt wird – hierbei ist es hilfreich, sich sogleich Notizen zum Thema zu machen.

Tipp

- Legen Sie sich alles, was Sie während der Prüfung benötigen, zurecht.
- Lesen Sie sich die Aufgaben in Ruhe durch, gehen Sie anschließend den Text durch. Dabei können Sie bereits relevante Passagen markieren.
- Benutzen Sie beim Markieren unterschiedliche Farben oder Symbole für die Sprachanalyse und die anderen zu untersuchenden Aspekte.
- Machen Sie kürzere Pausen.
- Legen Sie kurz vor Abgabe Ihren Text zur Seite, um ihn anschließend zu korrigieren. Achten Sie dabei auf die unter 1.1.1 erwähnten Schwerpunkte.

In den schriftlichen Abiturprüfungen werden verstärkt **produktionsorientierte Aufgaben** oder **Aufgaben zum kreativen Schreiben** gestellt. Sie erfüllen unterschiedliche Funktionen und verdeutlichen in besonderem Maße ein Literaturverständnis und Sensibilität für fiktive Texte. Dabei sollen Sie zeigen, ob Sie sich in die Situation einer bestimmten Figur hineinversetzen können, wie Sie eine bestimmte Textproblematik aus einer anderen Perspektive sehen und ob Sie eigene Gefühle und Gedanken in Sprache fassen können (dies kann auch die Sprachebene aus einem anderen Jahrhundert sein). Bei der Bewertung stehen die Kreativität und Originalität im Vordergrund.

Kreatives Schreiben in der Prüfung
- setzt Fantasie und Empathiefähigkeit voraus,
- erfordert Formulierungskunst und die profunde Kenntnis der Sprache und mögliche Spielarten dieser,
- verlangt Analysefähigkeit, denn ein kreativer Schreibanlass ist eine indirekte Interpretation eines Textes,
- setzt literarisches Sach- und Epochenwissen voraus.

Wissen **Aufgabenschwerpunkte beim kreativen Schreiben**

Kreativer Umgang mit Lyrik
- Verfassen eines Parallel- oder Gegengedichts auf der Grundlage eines vorliegenden Gedichts / vorliegender Gedichte
- Umformen eines epischen Textes in einen lyrischen Text
- Umschreiben einer Gedichtform in eine andere, z. B. Sonett in Ballade

Kreativer Umgang mit Prosatexten
- Verfassen einer Textfortsetzung, wobei das Ende des Textes bewusst ausgespart wurde oder der Text nur als Textfragment vorhanden ist
- Umformen einer Textgattung in eine andere, z. B. eine Kurzgeschichte in ein Märchen
- Füllen von Leerstellen im Roman
- Verändern des Verhältnisses von Erzählzeit und erzählter Zeit
- Umformen einer Textpassage in inneren Monolog / Bewusstseinsstrom
- Begegnung einer Romanfigur mit einer Figur aus einem anderen Werk

Kreativer Umgang mit Dramentexten
- Ausgestalten einer Dramenszene oder Kommentieren einer Szene
- Hinzufügen von Bühnenanweisungen / Nebentexten
- Umschreiben eines dramatischen Textes in ein Filmskript oder eines Romantextes in einen Dramentext
- Darstellung eines Botenberichtes / einer Mauerschau auf der Bühne
- Begegnung von Figuren aus verschiedenen Dramen
- Verfassen einer Fortsetzung

1.1.3
Häufige Fehler bei der Texterstellung

Auch wenn die Vorbereitung zum Abitur einen wesentlichen Bestandteil der Prüfungssituation darstellt, so ist die eigentliche Prüfung der Tag, der zeigt, was Sie können. Hier werden die häufigsten Fehler aufgeführt, die beim Abfassen eines Textes während der Prüfung auftreten.

Folgende Fehler sollten Sie vermeiden:

- Vertauschen Sie keine Begriffe mit ähnlichem Klang oder ähnlicher Bedeutung (z. B. *rational – rationell; psychisch – psychologisch*).
- Verwenden Sie keine Verschmelzung von inhaltlich oder formal verwandten Wörtern (z. B. *antelefonieren* aus *anrufen* und *telefonieren*).
- Vermeiden Sie Bildbrüche, d. h. kein Verquicken von nicht zusammenpassenden bildlichen Ausdrücken (z. B. *jemanden aus freiem Herzen lieben* statt *von ganzem Herzen lieben* oder *aus freien Stücken lieben*).
- Vermeiden Sie Doppeldeutigkeiten (z. B. *Die Figur wird sentimental dargestellt.* – Ist die Figur sentimental oder ist die Darstellung sentimental?).
- Vermischen Sie nicht die Formalebene mit der Inhaltsebene, d. h., wenn Sie über die Art der Darstellung schreiben, dürfen Sie nicht auf die Handlung eingehen (z. B. *Im dritten Akt empfängt der Held seine große Liebe.* – Richtig: *Im dritten Akt wird geschildert, wie der Held seine große Liebe empfängt.*).
- Vermischen Sie nicht unterschiedliche Stilebenen, d. h., es wäre ratsam, eine Mitte zwischen gehobener und bürokratischer Sprache zu wählen (z. B. *er wandelte wundersam* wäre zu poetisch gehoben, *bezüglich der Handlung lässt sich feststellen, dass* ... wäre zu amtssprachlich).
- Verzichten Sie auf einen familiären Ton (z. B. *motzen*), in einem saloppen (z. B. *ins Gras beißen*) oder einem vulgären Ton (z. B. *bescheißen*) – auch der Jargon ist nicht angebracht (z. B. *Der Prinz ist echt nett* oder *Er war ganz wild darauf, sie anzubaggern.*).
- Vermeiden Sie unpräzise Formulierungen (Begriffe wie *Punkt, Sache* oder *Ding* sagen nichts aus.).
- Lassen Sie Füllwörter und nichtssagende Formulierungen weg (z. B. *Der Held wird praktisch / halt / sowieso / eben / eh getötet* oder *In gewisser Weise ist Faust irgendwie zu bedauern. Sie hat in jeder Hinsicht richtig gehandelt.*).
- Formulieren Sie Ihren Text in klar aufgebauten Sätzen.
- Vermeiden Sie komplizierte und unübersichtliche Satzkonstruktionen: Vermeiden Sie unnötiges Auseinanderreißen von Prädikaten (z. B. *Er teilte ihr den Beschluss, auf den sie wochenlang gewartet hatte, mit.*), das Aneinanderreihen von adverbialen Bestimmungen (z. B. *Sie*

wohnte in einer Stadt, die an einem Fluss lag, der durch weite Teile des Landes floss, der im Winter oftmals ...) und Schachtelsätze (z. B. *Der Autor, der, was den Roman betrifft, den er in den Wirren des Krieges verfasste, schrieb ...*).

- Überarbeiten Sie Ihren Text kritisch im Hinblick auf Rechtschreibung, Zeichensetzung, Grammatik, Satzbau, Stil, Textsorten und Normen (Mussten Sie eine Rede verfassen oder einen Interpretationsaufsatz?) und beachten Sie die Kommunikationsebene (Welche Absicht verfolgen Sie? Welche Wirkung erzielen Sie dabei?).
- Achten Sie darauf, dass Sie angemessen und korrekt zitieren.

Zitate stellen eine Verbindung zwischen dem Text und Ihren Überlegungen her, sie sind Beweise, die es ermöglichen, Ihre Gedanken nachzuprüfen. Vermeiden Sie Zitate, die länger sind als für die Beweisführung notwendig, sowie eine Sammlung von Zitaten. Ein Zitat kann

- als Beleg zu Ihren Aussagen passen,
- exakt dem Wortlaut des Textes entsprechen oder
- grammatisch korrekt mit Ihrer Aussage verknüpft sein.

Sobald Sie Sätze oder Textpassagen aus dem vorliegenden Prüfungstext übernehmen, müssen diese als Zitat gekennzeichnet werden.

Methodik **Zitieren**

Wörtliche Zitate

- Es dürfen keine Veränderungen des Wortlauts, der Rechtschreibung oder der Zeichensetzung vorgenommen werden.
- Hervorhebungen und Fehler im Zitat müssen übernommen werden und mit einem in Klammern gesetzten Hinweis darauf versehen werden [sic].
- Wörtliche Zitate werden mit „doppelten Anführungszeichen“ gekennzeichnet; ein Zitat im Zitat wird mit ‚einfachen Anführungsstrichen‘ markiert.
- Von Ihnen vorgenommene Auslassungen und Erläuterungen werden in eckige Klammern [...] gesetzt.
- Titel werden in „Anführungszeichen“ angegeben.

Sinngemäße Zitate (Paraphrasen)

- Sinngemäße Zitate werden im Konjunktiv wiedergegeben.
- Quellen beim sinngemäßen Zitieren werden mit *vergl. / vgl.* angegeben.

Zitierweisen bei literarischen Texten

- Gedicht: Angabe von Strophe, Vers (z. B. *erste Strophe, Z. 6*)
- Dramen: Angabe von Akt bzw. Aufzug, Szene bzw. Auftritt, Vers bzw. Zeile (z. B. *Akt III, Szene 2, Vers 14*)
- epische Texte: Angabe von Seitenzahl, ggf. Zeile (z. B. *S. 15, Z. 24*)

1.2 Die mündliche Abiturprüfung

1.2.1 Methodische Vorgehensweise

Die Vorgaben zur Prüfung und deren Ablauf hängen von den geltenden Bestimmungen in Ihrem Bundesland ab. In der Regel beträgt die Vorbereitungszeit, in der Sie sich einen Stichwortzettel zu Ihren Prüfungsaufgaben anlegen, 30 Minuten. Die Prüfung an sich dauert meist 20 bis 30 Minuten. Treten Sie mit dem entsprechenden Fachlehrer in Kontakt, um über die für das Fach üblichen Prüfungsmodalitäten zu reden. Einige der Tipps, die bereits im Kapitel zum schriftlichen Abitur angeführt wurden, gelten auch für das mündliche Abitur. Dennoch hat eine mündliche Prüfung einige Besonderheiten, die in der Prüfungsart begründet liegen.

Wie bei der schriftlichen Abiturprüfung so ist es auch bei der mündlichen Prüfung wichtig, wie Sie sich vorbereiten. Eine besondere Stresssituation stellt die Prüfungssituation dar, weil Sie von einer Gruppe von Lehrern „kritisch begutachtet" werden. Es gibt jedoch einige Strategien, die helfen können, Angst und Aufregung vor einer mündlichen Prüfung zu reduzieren.

Methodik **Vorbereitung auf die mündliche Prüfung**

- Verschaffen Sie sich fachliche Sicherheit und Kompetenz.
- Trainieren Sie die Bereiche, in denen Sie sich unsicher fühlen.
- Simulieren Sie mit Ihrem Deutschlehrer ein Prüfungsgespräch und lernen Sie so den Prüfungsstil Ihres Lehrers kennen.
- Beteiligen Sie sich intensiv, auch mit längeren Beiträgen, am Unterrichtsgespräch und reflektieren Ihr Gesprächsverhalten. Bitten Sie unter Umständen Ihren Deutschlehrer um eine Stellungnahme nach dem Unterricht.
- Treffen Sie sich mit anderen Prüflingen und spielen Sie mündliche Prüfungen durch. Prüfen Sie sich gegenseitig.
- Wählen Sie sich einen Text aus vergangenen Prüfungen Ihres Deutschlehrers oder aus diesem Abiturtrainer und üben Sie das zügige Erfassen und Strukturieren des Textes. Üben Sie auch einen kurzen Vortrag ein, in dem Sie Ihre Ergebnisse darstellen. Achten Sie bei einer solchen Vorbereitung immer auf den vorgesehenen Zeitrahmen.
- Machen Sie sich während der Vorbereitungszeit immer nur Notizen, denn Sie werden kaum Zeit finden, Sätze auszuformulieren. Legen Sie sich einige Standardsätze für den Einstieg in die mündliche Prüfung zurecht.

Bedenken Sie in der Vorbereitung, was in einer mündlichen Prüfung von Ihnen verlangt wird. Es wird erwartet, dass Sie

- über Sachwissen verfügen und dieses anwenden,
- einen unbekannten Text schnell erfassen und strukturieren,
- Ihre Arbeitsergebnisse in einem Kurzvortrag darstellen,
- ein Gespräch gestalten und angemessen auf Zwischenfragen antworten können.

1.2.2 Häufige Fehler in der mündlichen Prüfung

Ähnlich wie beim schriftlichen Abitur gibt es auch beim mündlichen Abitur einige Fehlerquellen, die es zu vermeiden gilt, um die Prüfung meistern zu können. Vorab sollten Sie sich aber darüber im Klaren sein, dass Sie Ihre Angst vielleicht nicht völlig in den Griff bekommen. Ein wenig „Restangst" kann für eine mündliche Prüfung jedoch auch von Vorteil sein.

Folgende Fehler sollten Sie vermeiden:

- keine oder wenig Rücksprache mit dem Deutschlehrer – es geht um Sie, d. h., Sie sollten unbedingt die Initiative ergreifen,
- kaum Praxis in mündlichen Prüfungsgesprächen,
- fehlendes Zeitmanagement in der Vorbereitungsphase zum eigentlichen Prüfungsgespräch,
- Verwendung von Dialekt oder umgangssprachlichen Wendungen,
- ungenaue Ausdrucksweise und die Tendenz zu beschreiben statt zu analysieren,
- kaum Textbezug, stattdessen wird angelerntes Wissen aufgesagt,
- Impulse des Prüfers werden nicht aufgegriffen,
- Ablesen von Notizen.

2 Die Inhaltsangabe

Texte – fiktionale oder nicht fiktionale – lassen sich mittels einer Inhaltsangabe erschließen. Die Inhaltsangabe ermöglicht ein erstes Textverständnis und erleichtert die intensivere Arbeit mit dem Text. Im Abitur werden Inhaltsangaben fast immer mit zusätzlichen Analyseaufgaben verbunden. Eine gelungene Inhaltsangabe gibt den Ausgangstext inhaltlich richtig und für den Leser nachvollziehbar wieder. Sie löst sich von den Formulierungen und dem Sprachstil des zusammenzufassenden Textes und entspricht bestimmten formalen Regeln.

2.1 Regeln zum Erstellen einer Inhaltsangabe

Typische Aufgabenstellungen

- Geben Sie eine strukturierte Inhaltsangabe des Textes.
- Geben Sie den Inhalt mit eigenen Worten wieder.
- Fassen Sie die wichtigsten Einzelheiten zusammen.
- Beschreiben Sie den Inhalt und den Verlauf des Gesprächs.

Wissen **Regeln für das Verfassen einer Inhaltsangabe**

- Eine Inhaltsangabe ist keine Nacherzählung!
- Die Zeitform einer Inhaltsangabe ist das **Präsens.** Wird etwas unmittelbar Vorausgehendes „nachgeholt“, wählt man das Perfekt (Vorzeitigkeit).
- In der Inhaltsangabe wird **keine direkte Rede** verwendet; sie ist **nicht in der Ichform** verfasst.
- Sie müssen den Inhalt der Textvorlage **mit eigenen Worten** wiedergeben. Schlüsselwörter des Textes können Sie natürlich übernehmen – nicht aber Teile von Sätzen oder ganze Sätze.
- Die Inhaltsangabe wird in einem **sachlichen Stil** verfasst – im Gegensatz zur Nacherzählung, die anschaulich, lebendig und spannend sein soll.
- Die Inhaltsangabe beschränkt sich auf die wesentlichen Einzelheiten der Vorlage. Sie ist **kürzer als die Textvorlage.**
- Die Inhaltsangabe enthält **keine Bewertungen,** Kommentare oder Interpretationsansätze.

Die **Inhaltsangabe** zu einem fiktionalen Text gibt das erzählte Geschehen wieder. Im Zusammenhang mit Sachtexten spricht man eher von einer **Textwiedergabe,** da hier Aussagen und Gedankengänge verkürzt dargestellt werden.

Inhaltsangabe und Textwiedergabe gliedern sich in Einleitung und Hauptteil.

Methodik **Aufbau der Inhaltsangabe bzw. Textwiedergabe**

Einleitung
- Autor / Autorin, Titel des Textes und Textart
- Wann ist der Text entstanden bzw. erschienen? (wenn bekannt)
- Worum geht es im vorliegenden Text? (Thema / Problem)

Hauptteil bei fiktionalen Texten
- Angabe von Personen, Ort und Zeit der Handlung
- Zusammenfassen der wichtigsten Ereignisse in chronologischer Abfolge

Hauptteil bei Sachtexten
- Anzahl der Sinnabschnitte
- Worum geht es im ersten Abschnitt? (Benennen der wichtigsten Einzelheiten des ersten Abschnitts)
- Worum geht es im zweiten Abschnitt? (Benennen der wichtigsten Einzelheiten des zweiten Abschnitts)
- weitere Abschnitte und den Schlusssatz zusammenfassen

2.2 Inhaltsangaben zu fiktionalen und nicht fiktionalen Texten

Grundsätzlich kann man zwei große Gruppen von Texten unterscheiden: fiktionale und nicht fiktionale Texte.

Nicht fiktionale Texte werden auch Sachtexte oder Gebrauchstexte genannt. Dazu gehören: *Aufsatz, Abhandlung, Essay, Bericht, Zeitungsartikel, Kommentar, Interview, Rede, Predigt* usw.

Fiktionale Texte sind literarische Texte. Nach den drei Gattungen unterscheidet man

- erzählende Texte wie *Kurzgeschichte, Erzählung, Novelle, Märchen, Fabel, Parabel, Roman,*
- lyrische Texte wie *Sonett, Ballade, Ode, Lied, Hymne, Epigramm* und
- dramatische Texte wie *Tragödie, Komödie, Lustspiel, Trauerspiel, Einakter.*

Bei der Inhaltsangabe von literarischen Texten müssen Sie auch die Textsorte bestimmen und das Thema des Textes formulieren. Folgende Formulierungsvorschläge sollen Ihnen dabei helfen, die Einleitung der Inhaltsangabe eines literarischen Textes zu verfassen.

Tipp

- *Die Kalendergeschichte / Kurzgeschichte / Anekdote usw. „…“ von … aus dem Jahr … handelt von …*
- *In dem Text „…“ von …, erschienen im Jahr …, wird von … erzählt.*
- *Der Text „…“ von … aus dem Jahr … erzählt die Geschichte …*

Handelt es sich bei dem vorliegenden Text um einen Auszug aus einem längeren Text, z. B. um einen Romanauszug, sollten Sie in der Einleitung den Gesamtkontext ganz knapp zusammenfassen und so den Ausschnitt in das gesamte Werk einordnen, falls Ihnen dieses bekannt ist. Dabei hilft Ihnen folgender Formulierungsvorschlag.

Tipp

Der vorliegende Textauszug mit der Überschrift „…“ stammt aus der Erzählung „…“ von … aus dem Jahr … Die vorausgehenden Kapitel handeln von … Im Anschluss an den Textauszug erfährt man, dass …

Aufgabe 1

Franz Kafka: „Der Nachbar“ (1917)
Geben Sie eine gegliederte Inhaltsangabe der Kurzgeschichte Kafkas.

Mein Geschäft ruht ganz auf meinen Schultern. Zwei Fräulein mit Schreibmaschinen und Geschäftsbüchern im Vorzimmer, mein Zimmer mit Schreibtisch, Kasse, Beratungstisch, Klubsessel und Telefon, das ist mein ganzer Arbeitsapparat. So einfach zu überblicken, so leicht zu führen. Ich bin ganz jung und die Geschäfte rollen vor mir her. Ich klage nicht, ich klage nicht. Seit Neujahr hat ein junger Mann die kleine, leer stehende Nebenwohnung, die ich ungeschickterweise so lange zu mieten gezögert habe, frischweg gemietet. Auch ein Zimmer mit Vorzimmer, außerdem aber noch eine Küche. – Zimmer und Vorzimmer hätte ich wohl brauchen können – meine zwei Fräulein fühlten sich schon manchmal überlastet –, aber wozu hätte mir die Küche gedient? Dieses kleinliche Bedenken war daran schuld, dass ich mir die Wohnung habe nehmen lassen. Nun sitzt dort dieser junge Mann. Harras heißt er. Was er dort eigentlich macht, weiß ich nicht. Auf der Tür steht: „Harras, Bureau“. Ich habe Erkundigungen eingezogen, man hat mir mitgeteilt, es sei ein Geschäft ähnlich dem meinigen. Vor Kreditgewährung könne man nicht geradezu warnen, denn es handle sich doch um einen jungen, aufstrebenden Mann, dessen Sache vielleicht Zukunft habe, doch könne man zum Kredit nicht geradezu raten, denn gegenwärtig sei allem Anschein nach kein Vermögen vorhanden. Die übliche Auskunft, die man gibt, wenn man nichts weiß.

Manchmal treffe ich Harras auf der Treppe, er muss es immer außerordentlich eilig haben, er huscht förmlich an mir vorüber. Genau gesehen habe ich ihn noch gar nicht, den Büroschlüssel hat er schon vorbereitet in der Hand. Im Augenblick hat er die Tür geöffnet. Wie der Schwanz einer Ratte ist er hineingeglitten, und ich stehe wieder vor der Tafel „Harras, Bureau“, die ich schon viel öfter gelesen habe, als sie es verdient.

Die elend dünnen Wände, die den ehrlich tätigen Mann verraten, den Unehrlichen aber decken. Mein Telefon ist an der Zimmerwand angebracht, die mich von meinem Nachbar trennt. Doch hebe ich das bloß als besonders ironische Tatsache hervor. Selbst wenn es an der entgegengesetzten Wand hinge, würde man in der Nebenwohnung alles hören. Ich habe mir abgewöhnt, den Namen der Kunden am Telefon zu nennen. Aber es gehört natürlich nicht viel Schlauheit dazu, aus charakteristischen, aber unvermeidlichen Wendungen des Gesprächs die Namen zu erraten. – Manchmal umtanze ich, die Hörmuschel am Ohr, von Unruhe gestachelt, auf den Fußspitzen den Apparat und kann es doch nicht verhüten, dass Geheimnisse preisgegeben werden.

Natürlich werden dadurch meine geschäftlichen Entscheidungen unsicher, meine Stimme zittrig. Was macht Harras, während ich telefoniere? Wollte ich sehr übertreiben – aber das muss man oft, um sich Klarheit zu verschaffen –, so könnte ich sagen: Harras braucht kein Telefon, er benutzt meines, er hat sein Kanapee an die Wand gerückt und horcht, ich dagegen muss, wenn geläutet wird, zum Telefon laufen, die Wünsche des Kunden entgegennehmen, schwerwiegende Entschlüsse fassen, groß angelegte Überredungen ausführen, – vor allem aber während des Ganzen unwillkürlich durch die Zimmerwand Harras Bericht erstatten.

Vielleicht wartet er gar nicht das Ende des Gespräches ab, sondern erhebt sich nach der Gesprächsstelle, die ihn über den Fall genügend aufgeklärt hat, huscht nach seiner Gewohnheit durch die Stadt und, ehe ich die Hörmuschel aufgehängt habe, ist er vielleicht schon daran, mir entgegenzuarbeiten.

Bei einigen Textarten fällt die Unterscheidung von fiktionalen und nicht fiktionalen Texten schwer. Dazu gehören u. a. *Tagebuchaufzeichnungen, Memoiren, Biografien / Autobiografien, Reisebeschreibungen* oder *Briefe*. Hier vermischen sich Fakten und Fiktion.

Aufgabe 2

Friedrich Dürrenmatt: „Warum Schreiben?" (1989)
Geben Sie eine strukturierte Inhaltsangabe des Textes von Friedrich Dürrenmatt.

Ich werde immer wieder gefragt, warum ich eigentlich schreibe. Gerade diese Frage zeigt die Schwierigkeit meines Berufs. Sie wird gestellt, weil mein Beruf offenbar nicht als selbstverständlich genommen wird. Gebe ich nun eine selbstverständliche Antwort, etwa: ich schreibe, um mich und meine Familie durchzubringen, oder: um die Leute zum Lachen und, was ebenso wichtig ist: zum Ärgern zu bringen, wird der Frager ungehalten, denn er fragt, um etwas ganz anderes zu hören, etwa: dass ich aus einem „inneren Drang" heraus schreibe. Jedoch, Hand aufs Herz, wenn es nun auch stimmen würde mit dem „inneren Drang", wer redet anständigerweise schon gerne davon. „Ich schreibe, um meine Familie durchzubringen" ist eine anständige Antwort. Doch haben wir damit die Schwierigkeiten der Schriftstellerei in der heutigen Zeit erst am Rande berührt, denn die Frage nach dem Sinn, nach dem Warum des Schreibens wird ja immer nur deshalb gestellt, weil sie mit der landläufigen Meinung Hand in Hand geht, der Schriftsteller müsse etwas zu sagen haben, wenn er schreibe. Und zu sagen hat nur der etwas, der etwas Außerordentliches zu sagen hat. Doch die Frage, warum einer schreibe, diese Frage des Normalbürgers wiederholt sich in veränderter Form in der Kritik, die nach der Aussage eines Stückes forscht.

Gefragt nach dem Sinn meiner Stücke, antworte ich meistens, dass wenn ich den Sinn meiner Geschichten wüsste, ich nur den Sinn hinschreiben würde, nur die Aussage, und mir den Rest ersparen könnte. Behaupte ich nun damit, meine Komödien hätten keinen Sinn? Ich glaube nicht. Ich meine vielmehr Folgendes: Wenn wir etwa nach dem Sinn der Natur fragen, so wird uns der Naturwissenschaftler in der Regel ausweichen. Seine Aufgabe ist nicht, dem Sinn der Natur nachzuforschen, sondern der Natur selber, ihren Gesetzen, ihrer Verhaltensweise, ihrer Struktur. Mehr verrät die Natur nicht. Ihr Sinn kann nur außerhalb ihrer liegen, die Frage nach ihrem Sinn ist eine philosophische Frage. Ähnlich nun liegt es bei der Frage nach dem Sinn eines Theaterstückes, zum Beispiel. Diese Frage ist eigentlich nicht dem Autor, sondern dem Kritiker zu stellen, der ja bekanntlich auf alles eine Antwort weiß.

In einer Inhaltsangabe werden keine Zitate oder Textbelege verwendet. Sie müssen sich von den Formulierungen der Vorlage lösen und den Inhalt in reduzierter Form wiedergeben. Dies erfordert ein gutes Textverständnis.

Aufgabe 3

Max Frisch: „Andorra" (1961)
Geben Sie eine gegliederte Inhaltsangabe des ersten Bildes aus Max Frischs Drama „Andorra".

Erstes Bild

Vor einem andorranischen Haus. Barblin weißelt die schmale und hohe Mauer mit einem Pinsel an langem Stecken. Ein andorranischer Soldat, olivgrau, lehnt an der Mauer.

BARBLIN: Wenn du nicht die ganze Zeit auf meine Waden gaffst, dann kannst du ja sehn, was ich mache. Ich weißle. Weil morgen Sanktgeorgstag ist, falls du das vergessen hast. Ich weißle das Haus meines Vaters. Und was macht ihr Soldaten? Ihr lungert in allen Gassen herum, eure Daumen im Gurt, und schielt uns in die Bluse, wenn eine sich bückt.
Der Soldat lacht.
Ich bin verlobt.
SOLDAT: Verlobt!
BARBLIN: Lach nicht immer wie ein Michelin-Männchen.
SOLDAT: Hat er eine Hühnerbrust?
BARBLIN: Wieso?
SOLDAT: Daß du ihn nicht zeigen kannst.
BARBLIN: Laß mich in Ruh!
SOLDAT: Oder Plattfüße?
BARBLIN: Wieso soll er Plattfüße haben?
SOLDAT: Jedenfalls tanzt er nicht mit dir.
Barblin weißelt.
Vielleicht ein Engel!
Der Soldat lacht.
Daß ich ihn noch nie gesehen hab.
BARBLIN: Ich bin verlobt!
SOLDAT: Von Ringlein seh ich aber nichts.
BARBLIN: Ich bin verlobt,
Barblin taucht den Pinsel in den Eimer.
und überhaupt – dich mag ich nicht.
Im Vordergrund, rechts, steht ein Orchestrion. Hier erscheinen – während Barblin weißelt – der Tischler, ein behäbiger Mann, und hinter ihm Andri als Küchenjunge.
TISCHLER: Wo ist mein Stock?
ANDRI: Hier, Herr Tischlermeister.
TISCHLER: Eine Plage, immer diese Trinkgelder, kaum hat man den Beutel eingesteckt –
Andri gibt den Stock und bekommt ein Trinkgeld, das er ins Orchestrion wirft, so daß Musik ertönt, während der Tischler vorn über die Szene spaziert, wo Barblin, da der Tischler nicht auszuweichen gedenkt, ihren Eimer wegnehmen muß. Andri trocknet einen Teller, indem er sich zur Musik bewegt, und verschwindet dann, die Musik mit ihm.
BARBLIN: Jetzt stehst du noch immer da?
SOLDAT: Ich hab Urlaub.
BARBLIN: Was willst du noch wissen?
SOLDAT: Wer dein Bräutigam sein soll.
Barblin weißelt.
Alle weißeln das Haus ihrer Väter, weil morgen Sanktgeorgstag ist, und der Kohlensack rennt in allen Gassen herum, weil morgen Sanktgeorgstag ist: Weißelt, ihr Jungfraun, weißelt das Haus eurer Väter, auf daß wir ein weißes Andorra haben, ihr Jungfraun, ein schneeweißes Andorra!
[...]

Aufgabe 4

Friedrich Nietzsche: „Vereinsamt“ (1884)
Geben Sie den Inhalt des Gedichts mit eigenen Worten wieder.

Vereinsamt

1 Die Krähen schrein
Und ziehen schwirren Flugs zur Stadt:
Bald wird es schnein –
Wohl dem, der jetzt noch – Heimat hat!

Nun stehst du starr,
Schaust rückwärts, ach! Wie lange schon!
Was bist du Narr
Vor winters in die Welt entflohn?

Die Welt – ein Tor
Zu tausend Wüsten stumm und kalt!
Wer das verlor,
Was du verlorst, macht nirgends halt.

Nun steht du bleich,
Zur Winter-Wanderschaft verflucht,
Dem Rauche gleich,
Der stets nach kältern Himmeln sucht.

Flieg, Vögel, schnarr
Dein Lied im Wüstenvogel-Ton!
Versteck du Narr,
Dein blutend Herz in Eis und Hohn!

Die Krähen schrein
Und ziehen schwirren Flugs zur Stadt:
Bald wird es schnein –
Weh dem, der keine Heimat hat!

3 Die Analyse von Gedichten

Gedichte gehören zur Gattung Lyrik, die neben Epik und Dramatik die dritte Hauptgattung der Literatur ist. Im Laufe der gymnasialen Oberstufe haben Sie Gedichte kennengelernt, die aufgrund ihrer Thematik bestimmte Besonderheiten aufweisen (z. B. Liebeslyrik, Naturlyrik, politische Lyrik). Des Weiteren folgen Gedichte formalen Ordnungsprinzipien. So unterscheidet man die antiken Formen wie z. B. Hymne oder Ode von den romanischen Formen der Ballade oder des Sonetts. Trotz unterschiedlichen inhaltlichen Themen und formalen Ordnungsprinzipien gibt es einige typische Besonderheiten, die Gedichte grundsätzlich von dramatischen oder erzählenden Texten unterscheiden.

3.1 Kennzeichen und Bauformen des Gedichts

Neben dem typischen Schriftbild gibt es weitere Besonderheiten, die helfen, ein Gedicht als solches auf Anhieb von anderen Texten abzugrenzen.

Wissen **Kennzeichen des Gedichts**

- **Vers / Verszeile:** bewusst geformte Wortreihe, deren jeweilige Anordnung eine Bedeutung hat und die mit dem Zeilenende abschließt
- **Strophe:** in Gruppen zusammengefasste Verse
- **Reim:** auffälligstes Klangelement; entscheidend bei den Reimwörtern ist die Aussprache, nicht das Schriftbild
- **Satzbau:** weicht oft von der Norm ab (z. B. durch Wiederholungen, ungewöhnliche Satzstellung oder unvollständige Sätze)
- **Klangcharakter:** wird erzeugt durch eine bestimmte Anordnung von betonten und unbetonten Silben (Versmaß / Metrum), wodurch ein bestimmter **Rhythmus** erzielt wird
- **Besonderheiten der Wortwahl:** sprachliche Bilder wie Vergleiche oder Metaphern
- **lyrisches Ich:** Bezeichnung des Sprechers, der sich in der ersten Person (ich) nennt; das lyrische Ich kann mit dem Autor identisch sein, muss aber nicht.

Visuelle Signale helfen, bestimmte Effekte zu verstärken oder Aussagen optisch zu unterstreichen. Solche Signale finden sich in zahlreichen Gedichten und bedürfen einer besonderen Betrachtung. Achten Sie daher bei der Interpretation von Gedichten auch auf Besonderheiten im Schriftbild.

Wissen **Visuelle Signale in Gedichten**

- **Leerzeilen** gliedern ein Gedicht in Abschnitte bzw. Strophen.
- Durch das **Einrücken** einzelner Verszeilen oder durch verschiedene Schrifttypen kann die inhaltliche Gliederung des Gedichts verdeutlicht werden; bestimmte Zusammenhänge oder Gegensätze können auf diese Weise betont werden.
- Durch die gleichmäßige **Länge der einzelnen Verszeilen** kann ein geschlossener und geordneter Eindruck erweckt werden. Verszeilen, die in ihrer Länge stark voneinander abweichen, wirken demgegenüber unruhig und disharmonisch.

Viele Gedichte entsprechen bestimmten formalen Merkmalen und lassen sich anhand einiger charakteristischer **Bauformen** identifizieren, wie z. B. die im Folgenden aufgelisteten:

- **Elegie:** in Distichen verfasst (vgl. Distichon, S. 23); wesentliche Themen sind wehmütige Erinnerungen, Liebesklage, Vergänglichkeit des Schönen, Sehnsucht nach dem Ideal;
- **Epigramm:** kurzes Sinngedicht (ursprünglich Distichon), meist ein antithetisch bzw. zugespitzt formulierter Gedanke; Sinnspruch mit Pointe;
- **Hymne:** feierlicher Lob- und Preisgesang in erhabener Sprache zur Verherrlichung von Göttern, Helden, Herrschern oder Tugenden;
- **Lied:** schlichter, aber unmittelbarer lyrischer Ausdruck; der Musik nahestehend; Strophen durch Reim und Parallelismus miteinander verbunden; meist drei- bis vierhebige Verse;
- **Ode:** strenge, strophisch gegliederte Form; hat Feierliches und Erhabenes zum Thema; Ausrufe, oft in Anredeform (eine Ode richtet sich an ein Gegenüber); oft freie Rhythmen (siehe S. 23), aber keine Reime;
- **Sonett:** besteht aus vier Strophen mit insgesamt 14 Zeilen; auf zwei vierzeilige Strophen (Quartett) folgen zwei Dreizeiler (Terzett); verschiedene Reimordnungen sind möglich; das Versmaß ist der Alexandriner (= sechshebiger Jambus mit einer Pause in der Mitte); besonders gebräuchlich im Barock, aber auch in der zeitgenössischen Literatur anzutreffen. Die Quartette bauen meist Spannung auf, indem sie eine Behauptung aufstellen, die Terzette lösen diese Spannung, indem sie die Folgerung darstellen.

3.2 Metrum, Reim und andere formale Klangelemente

Typische Aufgabenstellungen

- Bestimmen Sie das Metrum und überlegen Sie, welche Bedeutung und Funktion der Wechsel des Metrums haben könnte.
- Analysieren Sie das Gedicht unter Berücksichtigung der äußeren Form und beurteilen Sie die Wirkung der Reime.
- Erläutern Sie die Wirkung der Klangstruktur des Gedichts.

Bei der Analyse von Lyrik kommt es besonders darauf an, die formalen Gestaltungsmittel zu berücksichtigen und zu interpretieren. Dazu gehören das **Metrum,** der **Reim** und **andere Klangelemente.**

Tipp

Bei einer Gedichtinterpretation ist es wichtig, dass Sie Form, Sprache und Inhalt erkennen und zutreffend benennen können. Achten Sie immer auf eine **Verbindung von Form und Inhalt.**

Das **Versmaß** oder **Metrum** eines Gedichts ist das gleichbleibende Schema, nach dem sich betonte Silben (Hebung) und unbetonte Silben (Senkung) abwechseln. Von **fließendem Rhythmus** spricht man, wenn Hebungen, Senkungen und Pausen gleichmäßig verteilt sind. Von **strömendem Rhythmus** spricht man, wenn trotz eines regelmäßigen Metrums der Unterschied zwischen Hebungen und Senkungen größer wird. Die kleinste Einheit des Metrums ist der **Versfuß.** Er besteht aus einer bestimmten Anzahl und einer bestimmten Reihenfolge von betonten und unbetonten Silben.

Wissen **Versfüße**

- **Jambus:** Auf eine unbetonte Silbe folgt eine betonte (xx́ – *Am Brúnnen vór dem Tóre*).
- **Trochäus:** Auf eine betonte Silbe folgt eine unbetonte (x́x – *Fréude, schö́ner Gö́tterfúnken*).
- **Daktylus:** Auf eine betonte Silbe folgen zwei unbetonte (x́xx – *Ä́nnchen von Thárau ist's, díe mir gefä́llt*).
- **Anapäst:** Auf zwei unbetonte Silben folgt eine betonte (xxx́ – Träumereí).

Jambische und trochäische Verse sind leicht zu bestimmen; Anapäste und Daktylen lassen sich in der deutschen Dichtung oft nicht klar unterscheiden, deshalb ist es vertretbar, alle Verse mit Doppelsenkungen als daktylisch zu bezeichnen.

Liegen vor der ersten Hebung eines Verses eine oder (selten) zwei Silben, spricht man von **Auftakt.** Jamben oder daktylische Verse haben also einen Auftakt, Trochäen nicht.

Weist ein längerer Vers einen durch den Satzbau bedingten Einschnitt (z. B. ein Komma oder einen Punkt) auf, spricht man von einer **Zäsur.** Zäsuren bewirken Sprechpausen, gliedern den Text und verhindern Eintönigkeit.

Um das Metrum eines Gedichts zu bestimmen, empfiehlt es sich, den regelmäßigen Wechsel von Hebungen und Senkungen in einem Schema zu notieren.

Methodik **Das Metrum bestimmen**

- Setzen Sie für jede Silbe ein „x".
- Sprechen Sie die Verse möglichst ausdruckslos, um die Hebungen herauszuhören. Dieses „leiernde" Lesen bezeichnet man als Skandieren.
- Markieren Sie jede Hebung mit einem Akzent auf dem „x".
- Markieren Sie Zäsuren mit einem senkrechten Strich.

Das Metrum verleiht dem Gedicht eine rhythmische Struktur, die erst beim lauten Lesen verwirklicht wird. Da der Leser den Ton nicht nur in seiner Stärke, sondern auch in seiner Höhe und Dauer variieren kann, erfolgt der Vortrag in unterschiedlicher Weise. Man spricht von der rhythmischen Deutung des Textes.

Aufgabe 1

Eduard Mörike: „Er ist's" (1828)

1. Bestimmen Sie das metrische Schema in Eduard Mörikes Gedicht.
2. Erläutern Sie, in welchem Verhältnis Versmaß und Inhalt zueinander stehen.

Er ist's

Frühling lässt sein blaues Band
Wieder flattern durch die Lüfte;
Süße wohlbekannte Düfte
Streifen ahnungsvoll das Land.

Veilchen träumen schon,
Wollen balde kommen.
– Horch, von fern ein leiser Harfenton!
Frühling, ja du bist's!
Dich hab ich vernommen!

Wissen **Versmaße**

Folgende Versmaße sind in der deutschsprachigen Dichtung häufig anzutreffen:

- **Blankvers:** Idealvers des klassischen Dramas – fünfhebige Jamben ohne Reim (*Der Álte hát dem Kaíser mích verráten*, Friedrich Schiller)
- **Alexandriner:** barocker Versfuß (oft verwendet in Sonetten); sechshebiger Jambus mit einer Zäsur in der Mitte (*Ich weíß nicht wás ich wíll / ich wíll nicht wás ich weíß: // Im Sómmer ist mir kált / im Wínter íst mir heíß*, Martin Opitz)
- **Hexameter:** antiker Vers mit sechs Hebungen, dazwischen ein oder zwei Senkungen (*Jéder der ármen Verbrécher, der peínlich zum Tóde gefǘhrt wird* ..., Johann Wolfgang v. Goethe)
- **Pentameter:** antiker Vers mit sechs Hebungen und einer Zäsur; tritt fast nur in Verbindung mit einem Hexameter auf (vgl. Distichon, *Seí mir, Sónne, gegrǘßt // díe ihn so líeblich bescheínt*, Friedrich Schiller)
- **Distichon:** Doppelvers, der aus einem Hexameter und einem Pentameter besteht (*Ím Hexámeter steígt des Spríngquells flǘssige Sǻule. // Ím Pentámeter dráuf fállt sie melódisch herâb*, Friedrich Schiller)
- **freie Rhythmen:** reimlose Verse, die weder ein einheitliches Metrum noch eine festgelegte Zeilenlänge haben, aber trotzdem sehr rhythmisch klingen; sie eignen sich besonders, um Gefühle und Empfindungen auszudrücken.

Für die Interpretation ist vor allem bedeutsam, welche **Wirkung** ein bestimmtes Metrum oder ein bestimmter Rhythmus hat:

- Jambische Verse sind sehr häufig und wirken eher weich und gleitend.
- Trochäen wirken meist härter und kräftiger als jambische Verse.
- Daktylische Verse können feierlich wirken, rufen aber auch oft einen lebhaften und dynamischen Eindruck hervor.

Ein weiteres Mittel zur klanglichen Gestaltung eines Gedichts ist der **Reim.** Von einem Reim spricht man, wenn zwei oder mehr Wörter vom letzten betonten Vokal an gleich klingen. Nach der Position des Reims in der Zeile unterscheidet man

- **Endreim:** Gleichklang am Versende,
- **Binnenreim:** Gleichklang innerhalb eines Verses,
- **Anfangsreim:** Gleichklang am Anfang eines Verses.

Nach der lautlichen Qualität unterscheidet man

- **reinen Reim:** Reim, der, trotz unterschiedlicher Schreibweise, das gleiche Klangbild hat *(Geld / fällt)*, und
- **unreinen Reim:** stimmt im Klang nicht überein *(Gemüt / Lied)*.

Wissen Reimformen

Kadenz nennt man die metrische Form des Versschlusses. Je nach Klangfülle oder Silbenzahl unterscheidet man:

- **männlichen / stumpfen Reim:** einsilbiger Reim mit Hebung endend *(Wínd / Kínd)*. Männliche Kadenzen wirken fest und hart.
- **weiblichen / klingenden Reim:** zweisilbiger Reim bestehend aus betonter und unbetonter Silbe *(Gíp-fel / Wíp-fel)*. Weibliche Versschlüsse hinterlassen einen weichen und klanghaften Eindruck.
- **gleitenden / dreisilbigen Reim:** Auf die betonte Silbe folgen zwei unbetonte *(Sín-gen-de / Sprín-gen-de)*.
- **Doppelreim:** Reim ab dem vorletzten betonten Vokal, der sich auf zwei Wörter verteilen kann (*Die Abendwinde wehen / Ich muss zur Linde gehen*, Clemens Brentano)
- **Schüttelreim:** humoristische Variante des Doppelreims, bei dem die Anfangskonsonanten der Reimwörter vertauscht werden (*Du sollst dein krankes Nierenbecken / nicht mit zu kalten Bieren necken*, Eugen Roth)

Die **Reimfolge** bzw. das **Reimschema** einer Strophe lässt sich schematisch darstellen, indem man Reime mit Kleinbuchstaben bezeichnet, wobei gleiche Buchstaben für sich entsprechende Reime stehen.

Wissen Reimschemata

- **Paarreim:** Verbindung zweier unmittelbar aufeinanderfolgender Verszeilen (aabb)
- **Kreuzreim:** Reimen jeder Zeile mit der übernächsten, wodurch vier Verse miteinander verbunden werden (abab)
- **umarmender / umschließender Reim:** Paarreim, der von einem weiteren Reim umschlossen wird (abba)
- **Schweifreim:** zweigliedrige Strukturierung von sechs Versen, wobei sich zwischen das zweite Reimpaar ein dritter Reim schiebt (aabccb)
- **Waise:** ein ungereimter Vers in einem sonst gereimten Gedicht

Seltenere Reimanordnungen sind der **Dreireim** (aaa), der **verschränkte Reim** (abcabc), der **Haufenreim** (aaabbb) und der **unterbrochene Reim,** bei dem nur jede zweite Verszeile reimt (axay).

Aufgabe 2

1. Bestimmen und erläutern Sie das Reimschema in Eduard Mörikes Gedicht „Er ist's“ auf Seite 22.
2. Beachten Sie, wie die Reime zur Textgliederung und Hervorhebung dienen.

Reime erfüllen verschiedene Funktionen. Sie dienen

- der **akustischen Aufwertung** eines Textes,
- als **Bauelement** des Gedichts, d. h., Reime gliedern, indem sie Verse miteinander verknüpfen oder voneinander abgrenzen, und sie strukturieren Gedanken,
- als **Stilelement** des Gedichts, d. h., durch den Reim werden bedeutsame Wörter hervorgehoben; der Reim sorgt für Klangreichtum und kann eine harmonische Stimmung erzeugen, in die sich der Inhalt einfügt oder zu der er in ein Spannungsverhältnis tritt.

Während im 19. Jahrhundert fast alle Gedichte gereimt waren, ist der **Reim in der Gegenwartsliteratur** zu einer Ausnahme geworden. Dies hat vor allem drei Gründe:

- Der Zwang, an das Versende Reimwörter setzen zu müssen, behindert die Aussagemöglichkeiten und schränkt die Gestaltungsfreiheit ein.
- Der Reim schafft durch den Gleichklang Harmonie. Doch dieser Effekt ist oft unerwünscht.
- Viele Reime haben sich durch ständigen Gebrauch abgenutzt, wodurch sie langweilig oder sogar peinlich geworden sind *(Herz / Schmerz, Liebe / Triebe)*.

Wissen **Besondere Strophenformen**

- **Volksliedstrophe:** jambischer Vierzeiler mit drei oder vier Hebungen, meist Kreuzreim mit abwechselnd männlichen und weiblichen Kadenzen, häufigste Strophenform
- **Chevy-Chase-Strophe:** Vierzeiler mit abwechselnd drei und vier Hebungen, zwei Waisen (alternativ mit Kreuzreim oder reimlos), nur männliche Kadenzen, häufig in Balladen
- **Madrigal** (Schäfergedicht): einstrophiges Gedicht mit freier Silben-, Vers- und Reimfolge (vier bis 20 regellos verbundene jambische, trochäische oder daktylische Zeilen – auch Waisen) sowie ländlich-idyllischen Motiven
- **Stanze:** jambischer Achtzeiler (ursprünglich mit elf Silben), übliche Reimform: abababcc, Hervorhebung des letzten Verspaares durch die Reime
- **Terzine:** jambischer Dreizeiler mit fünf Hebungen, Kettenreim mit Schlusszeile: aba bcb ... cyc yzy z, inhaltliche Verknüpfung der Strophen, daher geeignet für umfangreiche Texte
- **Distichon:** Zweizeiler in der antiken Dichtung, besteht aus einem Hexameter und einem Pentameter
- **Kanzone:** allgemein – ein mehrstrophiges Gedicht oder Lied beliebigen Inhalts; die klassische Form besteht aus fünf bis sieben Strophen von 13 bis 21 Versen aus Elf- und Siebensilblern (siebte und zehnte Zeile) und einem Abgesang, der meist in zwei symmetrische Perioden zerfällt

Aufgabe 3

Otto Heinrich Kühner: „Unvergänglich" (1978)
Analysieren Sie die metrische Form und die Gliederung des folgenden Gedichts und beurteilen Sie die Wirkung der Reime.

Unvergänglich

Eine Rasierklinge, über Bord geworfen im Sund
Und liegend nun auf dem Meeresgrund,
Konnte, geschaffen zum Verbrauch und Verderben,
Weil rostfrei, nicht sterben.
Auch eine Nelke,
Dazu da, daß sie, laut Stammbuch, welke
Konnte, weil aus Polyäthylen,
Nicht vergehn;
Und die Butterbrothülle aus Cellophan,
Die Herr S. still vergrub an der Autobahn,
War so des Herrn S. in aller Stille
Vergrabene, nichtsterbliche Hülle.

Klangfiguren beruhen meist auf dem Prinzip der Wiederholung.

Wissen **Klangfiguren**

Klangfiguren auf Basis von Lauten

- **Assonanz** (Halbreim): Gleichklang der Vokale ab der letzten betonten Silbe *(schweifen / leise)*
- **Alliteration:** Gleichklang der betonten Anfangslaute von zwei oder mehr Wörtern *(Wechsel weniger Worte)*
- **Onomatopöie** (Lautmalerei): sprachliche Nachahmung natürlicher Geräusche zur Verstärkung des sinnlichen Eindrucks *(Kuckuck, summen)*
- **Häufung gleichartiger Vokale:** Wiederholung von dunklen bzw. dumpfen Vokalen *(a, o, ö, u, au)* oder hellen Vokalen *(e, i, ü);* eine Wirkung entsteht bei ungewöhnlicher Häufung betonter heller oder dunkler Vokale.
- **Paronomasie:** Wortspiel mit ähnlich lautenden Wörtern *(Das Haus war unbezahlt, nicht aber unbezahlbar)*

Klangfiguren auf Basis von Wortwiederholungen

- **Refrain (Kehrreim):** die regelmäßige Wiederholung eines Verses oder mehrerer Verse; der Refrain findet sich meist am Ende der Strophe.
- **Anapher:** Mehrere Verse oder Sätze beginnen mit dem gleichen Wort oder Satzteil (*Das Wasser rauscht', das Wasser schwoll,* Goethe).
- **Epipher:** Wiederholung eines Wortes am Ende aufeinanderfolgender Satzteile oder Sätze (*Ihr überrascht mich nicht / erschreck mich nicht,* Schiller)
- **Polyptoton:** Wiederholung des gleichen Wortes in verschiedenen Flexionsformen *(Wenn mancher Mann wüsste, / Wer mancher Mann war, / Gäb mancher Mann / Manchem Mann / Manchmal ein Jahr.)*

Klangfiguren haben bestimmte Funktionen und dienen
- der Hervorhebung wesentlicher Wörter und Gliederung des Textes,
- der Kennzeichnung der Versenden,
- der Herstellung von Klangbrücken (z. B. bei einem Zeilensprung),
- der Verbindung von Wörtern, Versen und Strophen,
- der Abbildung von Realitäten (z. B. Nachahmung von Geräuschen),
- der Erzeugung von Stimmung durch emotionale Assoziationen.

Aufgabe 4

Untersuchen Sie Mörikes Gedicht „Er ist's“ (S. 22) im Hinblick auf Klangfiguren und erläutern Sie deren Wirkung.

Methodik **Reim, Metrum und Klangfiguren analysieren**

- Bestimmen Sie das Versmaß und untersuchen es in seiner Wirkung.
- Fragen Sie bei Abweichungen vom Metrum nach der möglichen Absicht.
- Bestimmen Sie Reimform bzw. Reimschema und Reimfolge.
- Untersuchen Sie, wie die Reime den Text strukturieren und welche Wörter dadurch hervorgehoben werden.
- Beachten Sie weitere Klangfiguren.
- In welcher Beziehung stehen Klangeindruck und Textaussage?

Aufgabe 5

Georg Heym: „Die Stadt“ (1911)
Analysieren Sie das Gedicht unter besonderer Berücksichtigung seiner Epochenmerkmale.

Die Stadt

1 Im Dunkel ist die Nacht. Und Wolkenschein
Zerreißet vor des Mondes Untergang.
Und tausend Fenster stehn die Nacht entlang
Und blinzeln mit den Lidern, rot und klein.

Wie Aderwerk gehn Straßen durch die Stadt,
Unzählig Menschen schwemmen aus und ein,
Und ewig stumpfer Ton von dumpfem Sein
Eintönig kommt heraus in Stille matt.

Gebären, Tod, gewirktes Einerlei,
Lallen der Wehen, langer Sterbeschrei,
Im blinden Wechsel geht es dumpf vorbei.

Und Schein und Feuer, Fackel rot und Brand,
Die drohen im Weiten mit gezückter Hand
Und scheinen hoch von toter Wolkenhand.

3.3 Satzbau, Wortwahl und Bildlichkeit

Typische Aufgabenstellungen

- Analysieren Sie die Besonderheiten der Bildwahl und des Satzbaus.
- Interpretieren Sie das Gedicht unter Berücksichtigung der Bildhaftigkeit.
- Analysieren Sie das Gedicht im Hinblick auf seine Epochenmerkmale.

Gedichte enthalten in einem Minimum von Text ein Maximum an Aussage. Diese Prägnanz ist ein grundlegendes Prinzip der Gattung. Der **Satzbau,** die **Wortwahl** und die **Bildlichkeit** führen dazu, dass in wenigen Zeilen ein Höchstmaß an Bedeutung konzentriert werden kann. Daher ist die Untersuchung dieser **sprachlichen Gestaltungsmittel** ein besonderer Schwerpunkt jeder Gedichtinterpretation.

In einem Gedicht präsentiert der Autor seine Aussagen gleichzeitig in zwei verschiedenen Ordnungssystemen: in Sätzen und in Verszeilen. Bei der **Kombination von Satzbau und Versbau** ergeben sich mehrere Wirkungsmöglichkeiten, die im Folgenden aufgeführt sind.

Wissen **Verszeilen und Sätze**

- **Zeilenstil:** Die Verszeilen stimmen mit dem Satzbau überein. Sie unterstützen die Gliederung in einzelne Satzteile. Am Ende eines Verses finden sich häufig Satzzeichen und am Ende einer Strophe steht ein Punkt. Es wird ein geordneter und gleichmäßiger Eindruck erzeugt. Der Zeilenstil, der den gedanklichen Aufbau der Sätze unterstützt und ergänzt, ist der Normalfall und muss nicht erläutert werden.
- **Zeilensprung / Enjambement:** Die Versgrenze zerschneidet eine Sinneinheit, indem sie zusammengehörende Satzteile trennt, z. B. Adjektiv und Substantiv oder Substantiv und nachfolgendes Prädikat. Hierdurch gerät der Lesefluss ins Stocken und die Wörter am Versende sowie am Versanfang werden hervorgehoben. Diese Wirkung wird gesteigert, wenn das Enjambement zwischen Strophen erfolgt (Strophensprung).
- **Hakenstil:** Die meisten oder alle Verszeilen einer Strophe enden mit einem Zeilensprung. Der gesamte Satzbau wird durch die Versgrenzen deutlich gestört. Dies macht einen unruhigen und disharmonischen Eindruck. Der Hakenstil widerspricht den Erwartungen des Lesers, deshalb muss in diesem Fall immer nach der Wirkungsabsicht gefragt werden.

Aufgabe 6

Untersuchen Sie das Verhältnis von Verszeile und Sätzen in dem Gedicht „Die Stadt“ von Georg Heym (S. 27).

Der **Satzbau** weicht in Gedichten oft von der Norm ab. Oft sind Veränderungen der Wortfolge nötig, um das Metrum einzuhalten. Durch **ungewöhnliche Satzstellungen** und **auffällige Wiederholungen** entstehen zusätzliche Strukturen, wodurch das Gedicht nicht nur gegliedert wird, sondern auch seine Bedeutung unterstrichen und erweitert wird. Solche Abweichungen vom alltäglichen Sprachgebrauch erschweren unter Umständen das Textverständnis.

Wissen **Ungewöhnliche Satzstellungen**

Inversion
- Voranstellen von anderen Satzgliedern statt des Subjekts (*Gastfreundlich tönt dem Wanderer im / Friedlichen Dorfe die Abendglocke*, Friedrich Hölderlin)
- Nachstellen von Adjektiven (*zu tausend Wüsten stumm und kalt*, Friedrich Nietzsche – statt: *zu tausend stummen und kalten Wüsten*)
- Voranstellen von Genitivattributen (*deines Wipfelmeers gewaltig Rauschen*, Conrad Ferdinand Meyer – statt: *das gewaltig[e] Rauschen deines Wipfelmeers*)
- Trennen von zusammengehörenden Wörtern durch andere Satzteile (*Da macht ein Hauch mich von Verfall erzittern*, Georg Trakl – statt: *Da macht mich ein Hauch von Verfall erzittern*)

Ellipse
- Weglassen von Wörtern, die zur Bildung eines grammatisch vollständigen Satzes notwendig sind und leicht aus dem Sinnzusammenhang erschlossen werden können (*Zierlich der Kratzfuß der Landeskinder*, Heinz Piontek – das Verb fehlt)

Prolepse
- Unterbrechung des Satzes; in manchen Gedichten wird der Satz nach einem Nomen abgebrochen und anschließend mit dem passenden Pronomen wieder aufgenommen und zu Ende geführt (*Und die Wellen, sie zerschellen*, Heinrich Heine – statt: *Und die Wellen zerschellen*).

Ellipsen können die Erregung des Sprechers hervorheben (*Du nicht von Gott, Tyrann*, Gottfried August Bürger). In moderner Lyrik dient die konsequente Verknappung des Gedichts durch Ellipsen auch dazu, den Leser zur intellektuellen Mitarbeit herauszufordern. Er muss Fehlendes ergänzen, aus einzelnen Angaben Strukturen bilden und assoziieren.

Prolepsen heben das einleitende Satzglied hervor, sie dienen der Einhaltung des Metrums oder als Verständnishilfe in unübersichtlichen Sätzen.

Stilmittel der **Wiederholung bzw. Variationen** eignen sich besonders dazu, die innere Gliederung von Gedichten zu verdeutlichen. Sie schaffen Einheitlichkeit und tragen dazu bei, dass Gedichte als harmonisch und abgerundet empfunden werden. In der modernen Lyrik sind Wiederholungen besonders wichtig, um freien Versen einen poetischen Charakter zu geben und sie von alltäglicher Prosa abzusetzen.

Wissen **Stilmittel der Wiederholung**

- **Chiasmus:** Satzglieder werden spiegelbildlich angeordnet; es entsteht eine Überkreuzstellung (*Die Mühen der Gebirge liegen hinter uns / Vor uns liegen die Mühen der Ebenen,* Bertolt Brecht).
- **Häufung:** Sinnwiederholung – Wörter (auch Satzteile oder kurze Sätze) werden aneinandergereiht; es werden solche Wörter aneinandergereiht, die Gleiches aussagen oder die durch einen Oberbegriff ersetzt werden können.
- **Klimax:** Aufzählung, bei der die Aussage von Ausdruck zu Ausdruck gesteigert wird (*dann eine Fliege / vielleicht eine Maus / dann möglichst viele Menschen,* Erich Fried)
- **Leitmotiv:** Textwiederholung, die sich durch das ganze Gedicht zieht; ein Leitmotiv kann den Aufbau verdeutlichen, die Spannung steigern und symbolische Bedeutung haben.
- **Parallelismus:** Satzglieder werden in aufeinanderfolgenden Sätzen in der gleichen Reihenfolge angeordnet.
- **Pleonasmus:** wiederholende Wiedergabe von Begriffen durch sinngleiche, wenn auch verschiedene Wörter; gilt sowohl als Stilmittel als auch als Stilfehler *(schwarzer Rabe, weißer Schimmel)*
- **Synonym:** sinnverwandte bis fast bedeutungsgleiche Wörter von unterschiedlicher etymologischer Herkunft *(schauen – sehen – wahrnehmen – erkennen)*
- **Tautologie:** synonyme Wortwiederholung, Doppelbezeichnung desselben Begriffs durch gleichbedeutende und wortgleiche Wörter *(immer und ewig; sauber und rein)*
- **Textwiederholung:** Wiederholung von Einzelwörtern oder Wortgruppen (siehe Anapher, Epipher, S. 26)

Aufgabe 7

Untersuchen Sie Georg Heyms Gedicht „Die Stadt“ (S. 27) im Hinblick auf den Satzbau und die Stilmittel der Wiederholung und setzen Sie Ihre Beobachtungen in Bezug zum Inhalt.

Die Andersartigkeit von Gedichten, ihre befremdende Wirkung entsteht oft dadurch, dass **ungewöhnliche Wörter** verwendet und Wörter ungewöhnlich kombiniert werden. In Gedichten wird von der gängigen Wortwahl der Normalsprache häufig abgewichen.

Typische Beispiele für ungewöhnliche Wörter sind
- besonders gehobene, seltene oder veraltete Ausdrücke (*mit entblößtem Angesicht,* Heinrich Heine),
- kunstvolle, bildhafte Umschreibungen statt der direkten Benennung alltäglicher Vorgänge und Dinge (*die Nacht schwingt ihre Fahn / und führt die Sternen auf* steht für *Dämmerung*, Andreas Gryphius),
- nüchterne Wortwahl oder höchst expressive und emotionale Sprache.

Methodik **Die Wortwahl analysieren**

Wenn Sie die Sprache eines Gedichts analysieren, beachten Sie:
- **inhaltliche Aspekte,** d. h. bestimmte Bedeutungsfelder und ihre Beziehung zueinander,
- **formale Aspekte,** d. h. das Vorkommen und die Verteilung von Substantiven, Adjektiven und Verben (Tauchen an bestimmten Stellen auffällig häufig Substantive, Adjektive oder Verben auf? Sind sie in ihrer herkömmlichen Bedeutung verwendet oder sind sie verfremdet? Gibt es neue Wortbildungen?),
- **Wahl der Stilebene** (z. B. Umgangssprache, Dialekt, feierlicher Tonfall, dichterisch überhöhte Sprache, Fachsprache),
- **Schlüsselwörter,**
- **Stimmungen,** die durch die Wortwahl erzielt werden,
- **Bewegungen,** die durch Verben hervorgerufen werden (z. B. Dynamik, Aktivität, Starrheit, Bewegungsarmut),
- **Qualität der Adjektive** (wertende oder beschreibende Adjektive).

Achten Sie bei allen oben genannten Punkten darauf, dass Sie stets den Bezug zur Gesamtaussage herstellen.

Wissen **Denotat und Konnotat**

Viele Wörter haben nicht nur einen klar definierten begrifflichen Inhalt (= Denotat), sondern sie sind zusätzlich mit einem darüber hinausgehenden Vorstellungsgehalt, d. h. Assoziationen, verbunden (= Konnotat).

Beispiel Rose:
- Denotat: bestimmte Pflanzengattung mit gefiederten Blättern, fünfteiligen Blüten usw.
- Konnotat: Schönheit und Liebe

Assoziative Verknüpfungen sinntragender Wörter mit weiteren, oft emotionalen Vorstellungen sind ein wesentliches Element der Lyrik. Bei Farben spielen Konnotationen eine besonders große Rolle, und dabei können oft sehr unterschiedliche Vorstellungen assoziiert werden. Welche von mehreren möglichen Vorstellungen aktiviert wird, wird durch den Textzusammenhang festgelegt. In einem Liebesgedicht wird die Farbe Rot andere Vorstellungen aktivieren als in einem politischen Gedicht.

Oft schließen sich verschiedene Konnotationen zu **Assoziationsfeldern** zusammen. Für die Analyse gilt, dass sich die assoziierten Vorstellungen immer in den Kontext einfügen müssen. So sind Spekulationen ausgeschlossen. Allerdings gibt es dort, wo Konnotationen vorherrschen, also besonders in der Lyrik, Mehrdeutigkeiten und daher Spielräume für unterschiedlich akzentuierte Interpretationen.

Aufgabe 8

Volker Braun: „Durchgearbeitete Landschaft" (1974)
In diesem Gedicht aus der ehemaligen DDR geht es um Braunkohlegewinnung im Tagebau und die anschließende Rekultivierung. Interpretieren Sie das Gedicht, indem Sie die Sprache und den Inhalt aufeinander beziehen. Achten Sie auf die konnotativen Bedeutungen.

Durchgearbeitete Landschaft

Hier sind wir durchgegangen
Mit unsern verschiedenen Werkzeugen

Hier stellten wir etwas Hartes an
Mit der ruhig rauchenden Heide

Hier lagen die Bäume verendet, mit nackten
Wurzeln, der Sand durchlöchert bis in die Adern
Und ausgepumpt, umzingelt der blühende Staub

Mit Stahlgestängen, aufgerissen die Orte, weggeschnitten
Überfahren der Dreck mit rohen Kisten, abgeteuft die
teuflischen Schächte mitleidlos

Ausgelöffelt die weichen Lager, zerhackt, verschüttet,
zersiebt, das Unterste gekehrt nach oben und durchgewalkt und entseelt und zerklüftet alles

Hier sind wir durchgegangen.

Und bepflanzt mit einem durchdringenden Grün
Der Schluff, und kleinen Eichen ohne Furcht

Und in ein plötzliches zartes Gebirge
Die Bahn, gegossen aus blankem Bitum

Das Restloch mit blauem Wasser
Verfüllt und Booten: der Erde
Aufgeschlagenes Auge

Und der weiße neugeborene Strand
Den wir betreten

Zwischen uns.

Sprachliche Bilder sind eine Form uneigentlichen Sprechens, d.h., die Wörter bringen etwas anderes zum Ausdruck als das, was sie normalerweise bezeichnen.

Wissen **Sprachbilder**

- **Metapher:** häufigste Bildform, bei der eine Bildvorstellung auf eine andere übertragen wird; so entstehen Ausdrücke mit neuer Bedeutung (*Wipfelmeer*, Conrad Ferdinand Meyer).
  Die **unbewusste Metapher** ist bereits Bestandteil der Alltagssprache, dazu gehören einerseits die notwendigen Metaphern, die etwas bezeichnen, für das es keine andere Bezeichnung gibt *(Flaschenhals, Tischbein)*; andererseits gehören auch die „verblassten" Metaphern dazu, die durch den vielfachen Gebrauch bekannt sind *(rauschendes Fest, Katerfrühstück)*.
  Die **echte / bewusste Metapher** wird wegen ihrer stilistischen Wirkung verwendet; sie ist neu und überrascht den Leser.
- **Vergleich:** Zwei Gegenstände oder Bereiche werden miteinander verbunden, um etwas ihnen Gemeinsames auszudrücken; beide Teile haben mindestens eine gemeinsame Eigenschaft *(ein Mann wie ein Baum)*.
- **Chiffre** (absolute Metapher): Zeichen einer Geheimschrift, die nur der entziffern kann, der den Schlüssel kennt; in lyrischen Texten versteht man darunter stark verschlüsselte, rätselhafte Bilder ohne erkennbaren Bezug zur Wirklichkeit. Sie entstehen, wenn der Dichter einem oder mehreren Wörtern willkürlich einen neuen Sinn gibt; sie können nur aus dem Textzusammenhang erschlossen werden (*blaues Klavier*, Else Lasker-Schüler); Chiffren sind typisch für die moderne Lyrik, besonders für die sogenannte hermetische (d.h. verschlossene) Lyrik.
- **Tropen:** Wörter oder sprachliche Wendungen, die im übertragenen, bildlichen Sinn gebraucht werden; im Tropus wird ein Unterschied zwischen dem Gesagten und Gemeinten deutlich.
- **Personifikation:** Nicht menschliche Erscheinungen oder abstrakte Begriffe werden als menschlich handelnde und fühlende Wesen dargestellt (*Veilchen träumen schon*, Eduard Mörike); das Gegenteil der Personifikation bezeichnet man als Verdinglichung.
- **Synästhesie:** eine Koppelung der Eindrücke wesensverschiedener Sinne: Geruchsempfindungen mit Eindrücken des Tastsinns, Klänge mit Farben als Farbhören, Musiksehen (*Golden wehn die Töne nieder*, Clemens Brentano)

Sprachliche Bilder schaffen in literarischen Texten eine gewisse Vieldeutigkeit. In der Interpretation haben Sie die Aufgabe, die abweichende Bedeutung im Zusammenhang des Textes zu klären und in Bezug auf seine Aussage zu deuten.

Um das **zentrale Bild** eines Gedichts zu deuten, muss man seine beiden Grundformen kennen: das einfache Bild und das Sinnbild. Das **einfache Bild,** z.B. ein beispielhaftes Geschehen oder eine typische Situation, meint nicht mehr, als es sagt. Das **Sinnbild** hingegen meint mehr und anderes, als es sagt. Hinter der wörtlichen Bedeutung ist eine weitere Aussage erkennbar. Bei Sinnbildern unterscheidet man zwischen **Allegorie** und **Symbol.**

Wissen Allegorie und Symbol

- **Allegorie:** Verbildlichung von abstrakten Begriffen, d. h., ein Autor hat zuerst eine allgemeine Idee und konstruiert dann dazu die passenden Bildteile (eine blinde Frau steht für Gerechtigkeit).
- **Symbol:** bildhaftes Zeichen (Gegenstand, Person oder Geschehen), welches eine abstrakte Bedeutung hat, d. h., ein Autor hat ein anschauliches Bild aus der Realität und nachher erkennt er in diesem Bild eine allgemeine Idee (eine Taube symbolisiert den Frieden; ein Herz symbolisiert Liebe).

Aufgabe 9

Marie Luise Kaschnitz: „Hiroshima" (1957)
Verfassen Sie eine zusammenhängende Interpretation des folgenden Gedichts von Marie Luise Kaschnitz. Gehen Sie dabei besonders auf die Form und den Inhalt ein.

Hiroshima

Der den Tod auf Hiroshima warf
Ging ins Kloster, läutet dort die Glocken
Der den Tod auf Hiroshima warf
Sprang vom Stuhl in die Schlinge, erwürgte sich.
Der den Tod auf Hiroshima warf
Fiel in Wahnsinn, wehrt Gespenster ab
Hunderttausend, die ihn angehen nächtlich
Auferstandene aus Staub für ihn.

Nichts von alledem ist wahr.
Erst vor kurzem sah ich ihn
Im Garten seines Hauses vor der Stadt.
Die Hecken waren noch jung und die Rosenbüsche zierlich.
Das wächst nicht so schnell, daß sich einer verbergen könnte
Im Wald des Vergessens. Gut zu sehen war
Das nackte Vorstadthaus, die junge Frau
Die neben ihm stand im Blumenkleid
Das kleine Mädchen an ihrer Hand
Der Knabe der auf seinem Rücken saß
Und über seinem Kopf die Peitsche schwang.
Sehr gut erkennbar war er selbst
Vierbeinig auf dem Grasplatz, das Gesicht
Verzerrt von Lachen, weil der Photograph
Hinter der Hecke stand, das Auge der Welt.

Aufgabe 10

Sarah Kirsch: „Die Luft riecht schon nach Schnee“ (1977)
Analysieren Sie das Gedicht unter besonderer Berücksichtigung der sprachlichen Bilder und erläutern Sie, inwieweit das Gedicht als moderne Lyrik bezeichnet werden kann.

Die Luft riecht schon nach Schnee

1 Die Luft riecht schon nach Schnee, mein Geliebter
Trägt langes Haar, ach der Winter, der Winter der uns
Eng zusammenwirft steht vor der Tür, kommt
Mit dem Windhundgespann. Eisblumen
Streut er ans Fenster, die Kohlen glühen im Herd, und
Du Schönster Schneeweißer legst mir deinen Kopf in den Schoß

Ich sage das ist
Der Schlitten der nicht mehr hält, Schnee fällt uns
Mitten ins Herz, er glüht
Auf den Aschenkübeln im Hof Darling flüstert die Amsel

Explizite Hinweise auf die übertragene Bedeutung finden sich oft in allegorischen Gedichten, seltener in symbolischen. Oft wird das Gemeinte im Titel genannt, manchmal am Anfang oder Ende des Textes erläutert.

Implizite Hinweise sind schwieriger zu deuten. In vielen Gedichten wird nicht ausdrücklich mitgeteilt, auf welche allgemeine Idee sich ein Bild bezieht und was es bedeutet. Es wird nur durch auffällige Textelemente signalisiert, dass es eine zweite Bedeutungsebene gibt. Signale sind meist Ausdrücke, die auf der wörtlichen Ebene keinen Sinn ergeben, unter Umständen aber auch formale Auffälligkeiten.

Methodik **Sprachbilder verstehen**

Sie können sinnbildliche Gedichte nur verstehen, wenn Ihnen der Autor Hinweise gibt. Solche Hinweise können ausdrücklich und deutlich (explizit) oder unausgesprochen und andeutungsweise (implizit) gegeben werden.

3.4 Regeln zur Analyse von Gedichten

Nicht immer gelingt es, ein Gedicht befriedigend zu deuten. Keine Panik, wenn Sie das Gedicht trotz gründlicher Analyse nicht ganz verstanden haben. Stellen Sie in diesem Fall Ihren eigenen Verständnisvorgang in den Mittelpunkt Ihrer Darstellung. Legen Sie während der Interpretation Ihre Verständnisprobleme dar, formulieren Sie Unsicherheiten und begründen Sie Ihre Zweifel.

Die gründliche Analyse ist das Fundament Ihres Interpretationsaufsatzes, denn so verhindern Sie Fehldeutungen, und die Niederschrift wird erleichtert. Zu den Vorbereitungen gehören folgende Arbeitschritte.

Methodik **Die Gedichtanalyse vorbereiten**

1. Schritt: Erfassen der Aufgabenstellung
- Überlegen Sie genau, was von Ihnen verlangt wird.

2. Schritt: Lektüre
- Halten Sie Ihre ersten Eindrücke fest.
- Notieren Sie, was Sie über das Gedicht, das Thema, das Motiv und die Form wissen.
- Erstellen Sie eine vorläufige Deutungshypothese.

3. Schritt: Systematische Analyse
- Stellen Sie Ihr Vorverständnis infrage.
- Untersuchen Sie den Aufbau, die Formelemente, die inhaltlichen Elemente und die Bildhaftigkeit.
- Fragen Sie, in welche Zeit das Gedicht gehört.

4. Schritt: Rückblick
- Haben Sie alles getan, was in der Aufgabenstellung verlangt wird?
- An welcher Stelle können Sie Kenntnisse aus dem Unterricht einbinden?
- Wie hat sich Ihre Deutungshypothese verändert?

5. Schritt: Gliederung
- Die Darstellung enthält immer eine Einleitung mit den Grundinformationen, einen gegliederten Hauptteil mit den Analyseergebnissen und einen Schluss, der zusammenfasst und abrundet.

Bei schwierigen Texten können Sie schon während der Lektüre Ihre Probleme und Fragen formulieren. Diese Notizen können Sie später für Ihre Einleitung verwenden. Am Schluss des Aufsatzes können Sie darauf eingehen, ob sich Ihr Vorverständnis geändert hat bzw. ob ihre Fragen eine Antwort gefunden haben. So macht Ihr Aufsatz einen geschlossenen Eindruck.

Bei der Darstellung Ihrer Ergebnisse können Sie auf zwei verschiedene Weisen vorgehen:
- **lineares Verfahren:** Die Darstellung orientiert sich an der Reihenfolge der Verse und Versgruppen.
- **aspektorientiertes Verfahren:** Die Darstellung ist nach den einzelnen Gesichtspunkten der Untersuchung gegliedert.

Methodik Aufbau einer linearen Darstellung

Einleitung
- Grundinformation (Autor, Titel, Entstehungszeit, Thema)
- Vorverständnis (Eindruck, Fragen, Deutungshypothese)

Hauptteil
- Überblick über die Makrostruktur; äußere Gliederung (Schriftbild, Versgruppen)
- Rhythmus und Klangcharakter
- Sprecher und Hauptinhalt
- Detailanalyse der einzelnen Versgruppen (Strophen): abschnittweise Darstellung der wechselseitigen Beziehung von Inhalt, Form, Stil und Bedeutung

Schluss
- Zusammenfassung und abschließende Deutung des gesamten Gedichts
- Vergleich mit dem Vorverständnis
- Einordnung in Zusammenhänge (historisch, literaturgeschichtlich)

Bei der Darstellung der Sachverhalte sollten Sie die Beschreibung und Deutung miteinander verbinden. Beschreiben Sie nur die Sachverhalte, die auch gedeutet werden.

Tipp

- Vermeiden Sie reine Beschreibungen ohne Deutung.
- Deutungen müssen begründet werden und nachvollziehbar sein.
- Vermeiden Sie Spekulationen ohne Textbezug.
- Vermeiden Sie Wertungen zum Text.

Zitate sind die Beweisstücke Ihrer Analyse, um Ihre Gedanken nachzuprüfen. Schreiben Sie nicht ganze Strophen ab; Zitate ersetzen keine Begründungen. Wählen Sie Ihre Zitate sorgfältig aus (siehe Hinweise zum richtigen Zitieren, S. 10).

Wenn Sie nicht zitieren, sollten Sie sich vom Wortlaut des Gedichts lösen und in eigenen Worten formulieren. Umgangssprachliche oder saloppe Formulierungen sind nicht zulässig; erforderlich ist eine **sachliche und korrekte Ausdrucksweise** auf einem hohen Abstraktionsniveau (siehe Hinweise zur richtigen Beschreibungssprache, S. 63). Benutzen Sie **fachspezifische Begriffe,** weil diese das Gemeinte wesentlich genauer bezeichnen als Wörter der Umgangssprache.

Vermeiden Sie das Einfügen von erworbenem **Hintergrundwissen,** wenn es nicht ausdrücklich verlangt wird oder keinen klaren Bezug zum Untersuchungstext darstellt – auch wenn Sie sich in Ihren Vorbereitungen intensiv damit beschäftigt haben; verwenden Sie Ihr Hintergrundwissen vielmehr dazu, das vorgelegte Gedicht zu erklären; stellen Sie immer einen Bezug zwischen Vorwissen und Gedicht her.

Wichtig sind ein **klarer Aufbau** und die **folgerichtige Gedankenführung;** gliedern Sie Ihren Aufsatz in große Abschnitte und machen Sie innerhalb dieser Abschnitte deutliche Absätze, wenn Sie zu einem anderen Aspekt übergehen.

Vermeiden Sie das Aneinanderreihen von Hauptsätzen; gedankliche Zusammenhänge müssen durch die entsprechenden sprachlichen Formulierungen angezeigt werden (siehe Formulierungshilfen, S. 63).

Aufgabe 11

Ingeborg Bachmann: „Reklame" (1956/57)
Untersuchen Sie Form und Inhalt des Gedichts, indem Sie herausarbeiten, was gesagt wird, wie es gesagt wird und welche Funktion die Form im Hinblick auf den Inhalt hat.

Reklame

Wohin aber gehen wir
ohne sorge sei ohne sorge
wenn es dunkel und wenn es kalt wird
sei ohne sorge
aber
mit musik
was sollen wir tun
heiter und mit musik
und denken
heiter
angesichts eines Endes
mit musik
und wohin tragen wir
am besten
unsre Fragen und den Schauer aller Jahre
in die Traumwäscherei ohne sorge sei ohne sorge
was aber geschieht
am besten
wenn Totenstille

eintritt

Aufgabe 12

Schreiben Sie selbst ein Parallelgedicht zu Ingeborg Bachmanns „Reklame". Der Titel Ihres Gedichts soll allerdings „Internet" lauten. Halten Sie sich dabei an die formalen Vorgaben Bachmanns.

4
Die Analyse von Dramentexten

Beim Drama, das auch Stück oder Bühnenstück genannt wird, handelt es sich in erster Linie um eine Textvorlage für eine auf der Bühne von verschiedenen Figuren direkt in Rede und Gegenrede dargestellte Handlung. Ein Drama besteht nicht nur aus dem Text, den die Schauspieler auf der Bühne sprechen, sondern dazu gehören auch das Bühnenbild, die Requisiten und Kostüme.

4.1
Kennzeichen von dramatischen Texten

Typische Aufgabenstellungen

- Analysieren Sie die Gespräche und Selbstgespräche in dem vorliegenden Textauszug.
- Charakterisieren Sie die Dialoge.
- Beschreiben Sie die Sprache der Figuren.

Ein Dramentext ist klar und übersichtlich aufgebaut und weist deutliche Gliederungseinheiten auf, die bereits im Druckbild erkennbar sind und die den Handlungs- und Ereignisverlauf in mehr oder weniger umfangreiche Abschnitte teilen. Die grundlegenden Elemente des Aufbaus eines Dramas sind **Akt** und **Szene.**

Wissen **Dramenaufbau**

- Der **Akt** ist ein geschlossener Handlungsabschnitt des Dramas. Seine Funktion besteht in der Strukturierung des Geschehensablaufs. Ein Akt bezeichnet formal den Zeitraum zwischen dem Auf- und Zuziehen des Bühnenvorhangs, daher stammt auch die deutsche Bezeichnung **Aufzug**.
- Ein Akt besteht aus mehreren **Szenen.** Eine Szene beginnt und endet dann, wenn mindestens eine Figur die Bühne betritt oder verlässt, daher auch die deutsche Bezeichnung **Auftritt**. Ein Szenenwechsel ergibt sich demzufolge durch eine Veränderung der Figurenkonstellation oder aber durch einen Wechsel des Handlungsortes.

Dem Drama kann ein **Prolog** vorausgehen, der von einer oder mehreren Personen szenisch dargestellt oder erzählend vorgetragen wird. Im Prolog wird das Publikum begrüßt, über die Handlung des Stücks informiert oder das folgende Schauspiel wird angekündigt.

Am Ende des Dramas kann ein **Epilog,** also ein Nachwort, stehen, in welchem dem Zuschauer nach Beendigung der Handlung z. B. mitgeteilt wird, was er aus dem Stück lernen soll.

Ein weiteres Element des Dramas ist der **Chor.** Im antiken Drama bestand er aus einer Gruppe von Sängern und Tänzern, die in das Geschehen eingriffen oder es kommentierten. Im neuzeitlichen Drama kommt ein Chor eher selten zum Einsatz. Im modernen Drama, z. B. bei Bertolt Brecht, übernimmt der Chor die Rolle des Sprechers, der das Geschehen kommentiert.

Solche und andere direkt an das Publikum gerichteten Mitteilungen haben verschiedene Funktionen:

- Sie **desillusionieren** den Zuschauer und erinnern daran, dass es sich nur um ein Spiel handelt (z. B. Prolog, Epilog, Spielleiter).
- Sie **informieren** das Publikum und erleichtern so das Verständnis der Handlung (z. B. Beiseitesprechen, Monolog).
- Sie **kommentieren** die Bühnenhandlung und lenken das Verständnis der Zuschauer in die gewünschte Richtung (z. B. Kommentarfiguren, Chor).

Die Handlung des Dramas wird in der **Figurenrede** vermittelt. Diese besteht aus Monologen und Dialogen.

Wissen **Figurenrede**

- Als **Monolog** bezeichnet man die Rede einer einzelnen Person. Diese ist entweder allein oder registriert beim Sprechen andere Anwesende nicht (Beiseitesprechen). Die Hauptfunktion des Monologs liegt vor allem darin, Reflexionen, Affekte, innere Zwiespälte und Entscheidungsprozesse darzustellen; er kann auch Ausdruck der Leere und Isoliertheit sein.
- **Dialog** nennt man die Rede und Gegenrede zwischen zwei oder mehreren Figuren. Durch den Dialog kommt es zur Entwicklung der Handlung und Figurencharakterisierung.

Will der Autor ein auf der Bühne schwer darstellbares Ereignis oder ein zurückliegendes Geschehen beschreiben, kann er folgende Formen der Figurenrede verwenden:

- **Botenbericht:** Technik der Rückblende im Drama, indem eine Person, ein Bote, von zurückliegenden Ereignissen, die nicht auf der Bühne aufgeführt werden können und müssen, berichtet.

- **Teichoskopie** (Mauerschau): Ein Beobachter übermittelt Geschehnisse, welche sich zeitgleich außerhalb der Bühne ereignen; so können Vorgänge in das Drama einbezogen werden, die sich auf der Bühne nicht oder nur schwer darstellen lassen (z. B. Schlachten).

Die Figurenrede bildet den **Haupttext.** Alles, was nicht zur Figurenrede gehört, bezeichnet man im Drama als **Nebentext.** Dies sind

- **Regieanweisungen,** in denen die Figuren in Aussehen, Kleidung, Bewegung, Mimik und Gestik, stellenweise auch in ihrem Gemütszustand beschrieben werden, sowie
- **Szenenanmerkungen,** in denen wichtige Hinweise zum Bühnenbild, zu Requisiten oder Geräuschen gegeben werden.

Für die Figuren im Drama gelten die drei **Grundfunktionen des Sprechens.** Die von einer Figur gesprochenen Sätze geben Auskunft über

- die räumliche und zeitliche Situation; den Handlungszusammenhang und die Einschätzung der anderen Figuren (Darstellungsfunktion),
- das Empfinden der Figuren in verschiedenen Situationen (Ausdrucksfunktion),
- die Erwartungen und Forderungen einer Figur und ihre Beziehung zu anderen Figuren (Appellfunktion).

Methodik **Die Sprache der Figuren untersuchen**

- Die **Wortwahl** informiert über den Bildungsstand einer Figur und die Einschätzung des Gesprächspartners (z. B. Fremdwörter, Schimpfwörter).
- Der **Satzbau** (verschachtelt, einfach, unvollständig) und die Satzlänge können etwas über den Bildungsstand, aber auch über die momentane psychische Verfassung aussagen (Wut, Angst).
- Die **Satzzeichen** geben Informationen über die Sprechweise und das Sprechtempo (Fragen, Ausrufe, Pausen, Ankündigungen).
- In **bildhaften Ausdrücken** (Metaphern) können die Motive und Ziele des Sprechers verschleiert ausgedrückt werden.
- In **Anreden,** Unterbrechungen, Einwürfen usw. wird die Beziehung der Figuren zueinander verdeutlicht.

Die Beziehung der Sprecher zueinander spiegelt sich in der Redesituation. Man unterscheidet:

- die **symmetrische Kommunikation,** bei der die Stellung der Sprecher gleich und gleichberechtigt ist, und
- die **komplementäre Kommunikation,** bei der es überlegene und unterlegene Sprecher gibt.

Um die Redesituation genau zu bestimmen, untersuchen Sie, welchen Anteil die einzelnen Figuren am Dialog haben und wer die Initiative im Gespräch ergreift. Prüfen Sie, ob es typische Gesprächsmuster gibt wie Fragen – Antworten oder Vorwerfen – Rechtfertigen. Einige Gesprächsformen sind im Drama wie im wirklichen Leben oft anzutreffen.

Wissen **Gesprächsformen im Drama**

- **Erkundungsgespräch:** Die Figuren unterhalten sich, tauschen Meinungen aus, ohne zu einem Gesprächsergebnis kommen zu wollen.
- **Entscheidungsdialog:** Die Figuren erörtern und beraten die Sachverhalte im Hinblick auf eine Entscheidung, ohne dabei in Streit zu geraten.
- **Auseinandersetzung:** Die Figuren tragen sprachlich einen Konflikt aus.
- **Aneinandervorbeireden:** Die Figuren folgen ihren eigenen Gedankengängen, ohne auf die Äußerungen der anderen einzugehen.
- **Enthüllungsdialog:** Eine Figur will im Gespräch etwas aufdecken, was die andere mehr oder weniger zu verhindern versucht.

In vielen Fällen gibt die Gestaltung des Dialogs Hinweise darauf, wie das Stück aufzunehmen ist. Unter diesem Aspekt unterscheidet man:

- **pathetischen Stil** (höchste Sprachebene, Verse, rhetorischer Schmuck): Das Publikum blickt zu den Figuren auf, behandelt werden grundlegende Ideen.
- **realistischen Stil** (stilisierte Alltagsprosa): Das Publikum betrachtet die Figuren als ihresgleichen.
- **ironischen Stil** (soziale und individuelle Sprachmerkmale werden besonders betont): Das Publikum blickt mit Mitleid, Spott oder Verachtung auf die Figuren herab.

Aufgabe 1

Bertolt Brecht: „Der Jasager" (1931; 2. Fassung)
In welcher Form wird im ersten Teil von Brechts Stück „Der Jasager" mit dem Publikum kommuniziert? Welche Funktion hat diese Form der Kommunikation?

Bertolt Brecht hat 1931 zwei kleine Operntexte (Musik von Kurt Weill) veröffentlicht, die speziell zur Aufführung in Schulen gedacht waren. Unter den gegensätzlichen Titeln „Der Jasager" und „Der Neinsager" werden unterschiedliche Verhaltensweisen in ähnlichen Situationen vorgeführt.

DER GROSSE CHOR:
Wichtig zu lernen vor allem ist Einverständnis.
Viele sagen ja, und doch ist da kein Einverständnis.
Viele werden nicht gefragt, und viele
Sind einverstanden mit Falschem. Darum:
Wichtig zu lernen vor allem ist Einverständnis.

Der Lehrer in Raum 1, die Mutter und der Knabe in Raum 2.

DER LEHRER: Ich bin der Lehrer. Ich habe eine Schule in der Stadt und habe einen Schüler, dessen Vater tot ist. Er hat nur mehr seine Mutter, die für ihn sorgt. Jetzt will ich zu ihnen gehen und ihnen Lebewohl sagen, denn ich begebe mich in Kürze auf eine Reise in die Berge. Es ist nämlich eine Seuche bei uns ausgebrochen, und in der Stadt jenseits der Berge wohnen einige große Ärzte. *Er klopft an die Tür.* Darf ich eintreten?

DER KNABE *tritt aus Raum 2 in Raum 1:* Wer ist da? Oh, der Lehrer ist da, der Lehrer kommt, uns zu besuchen!

DER LEHRER: Warum bist du so lange nicht zur Schule in die Stadt gekommen?

DER KNABE: Ich konnte nicht kommen, weil meine Mutter krank war.

DER LEHRER: Das wußte ich nicht, daß deine Mutter auch krank ist. Bitte, sag ihr gleich, daß ich hier bin.

DER KNABE *ruft nach Raum 2:* Mutter, der Lehrer ist da.

DIE MUTTER *sitzt in Raum 2:* Bitte ihn, hereinzukommen.

DER KNABE: Bitte, treten Sie ein.

Sie treten beide in Raum 2.

DER LEHRER: Ich bin lange nicht hier gewesen. Ihr Sohn sagt, die Krankheit hat auch Sie ergriffen. Geht es Ihnen jetzt besser?

DIE MUTTER: Leider geht es mir nicht besser, da man gegen diese Krankheit ja bis jetzt keine Medizin kennt.

DER LEHRER: Man muß etwas finden. Daher komme ich, um Ihnen Lebewohl zu sagen: morgen begebe ich mich auf eine Reise über die Berge, um Medizin zu holen und Unterweisung. Denn in der Stadt jenseits der Berge sind die großen Ärzte.

DIE MUTTER: Eine Hilfsexpedition in die Berge! Ja, in der Tat, ich habe gehört, daß die großen Ärzte dort wohnen, aber ich habe auch gehört, daß es eine gefährliche Wanderung ist. Wollen Sie etwa mein Kind mitnehmen?

DER LEHRER: Das ist keine Reise, auf die man ein Kind mitnimmt.

DIE MUTTER: Gut. Ich hoffe, Sie kehren gesund zurück.

DER LEHRER: Jetzt muß ich gehen. Leben Sie wohl.

Ab in Raum 1.

DER KNABE *folgt dem Lehrer nach Raum 1:* Ich muß etwas sagen.

Die Mutter horcht an der Tür.

DER LEHRER: Was willst du sagen?

DER KNABE: Ich will mit Ihnen in die Berge gehen.

DER LEHRER:

Wie ich deiner Mutter bereits sagte
Ist es eine schwierige und
Gefährliche Reise. Du wirst nicht
Mitkommen können. Außerdem:
Wie kannst du deine Mutter
Verlassen wollen, die doch krank ist?
Bleibe hier. Es ist ganz
Unmöglich, daß du mitkommst.

DER KNABE:

Eben weil meine Mutter krank ist
Will ich mitgehen, um für sie
Bei den großen Ärzten in der Stadt jenseits der Berge
Medizin zu holen und Unterweisung.

DER LEHRER: Ich muß noch einmal mit deiner Mutter reden.

Er geht nach Raum 2 zurück. Der Knabe horcht an der Tür.

DER LEHRER: Ich bin noch einmal zurückgekommen. Ihr Sohn sagt, daß er mit uns gehen will. Ich sagte ihm, daß er Sie doch nicht verlassen könne, wenn Sie krank sind, und daß es eine schwierige und gefährliche Reise sei. Er könne ganz unmöglich mitkommen, sagte ich. Aber er sagte, er müsse mit, um für Ihre Krankheit in der Stadt jenseits der Berge Medizin zu holen und Unterweisung.

DIE MUTTER: Ich habe seine Worte gehört. Ich zweifle nicht an dem, was der Knabe sagt – daß er gern mit Ihnen die gefährliche Wanderung machen will. Komm herein, mein Sohn!

Der Knabe tritt in Raum 2.

Seit dem Tag, an dem
Uns dein Vater verließ
Habe ich niemanden
Als dich zur Seite.
Du warst nie länger
Aus meinem Gedächtnis und aus meinen Augen
Als ich brauchte, um
Dein Essen zu bereiten
Deine Kleider zu richten und
Das Geld zu beschaffen.

DER KNABE: Alles ist, wie du sagt. Aber trotzdem kann mich nichts von meinem Vorhaben abbringen.

DER KNABE, DIE MUTTER, DER LEHRER:

Ich werde (er wird) die gefährliche Wanderung machen
Und für deine (meine, ihre) Krankheit
In der Stadt jenseits der Berge
Medizin holen und Unterweisung.

DER GROSSE CHOR:

Sie sahen, daß keine Vorstellungen
Ihn rühren konnten.
Da sagten der Lehrer und die Mutter
Mit einer Stimme:

DER LEHRER, DIE MUTTER:

Viele sind einverstanden mit Falschem, aber er
Ist nicht einverstanden mit der Krankheit, sondern
Daß die Krankheit geheilt wird.

DER GROSSE CHOR:

Die Mutter aber sagte:

DIE MUTTER:

Ich habe keine Kraft mehr.
Wenn es sein muß
Geh mit dem Herrn Lehrer.
Aber kehr schnell zurück.

II

DER GROSSE CHOR:
Die Leute haben die Reise
In die Berge angetreten.
Unter ihnen befanden sich der Lehrer
Und der Knabe.
Der Knabe war den Anstrengungen nicht gewachsen:
Er überanstrengte sein Herz
Das die schnelle Heimkehr verlangte.
Beim Morgengrauen am Fuße der Berge
Konnte er kaum seine müden
Füße mehr schleppen.

Es treten in Raum 1: der Lehrer, die drei Studenten, zuletzt der Knabe mit einem Krug.

DER LEHRER: Wir sind schnell hinangestiegen. Dort ist die erste Hütte. Dort wollen wir ein wenig verweilen.

DIE DREI STUDENTEN: Wir gehorchen.

Sie treten auf das Podest in Raum 2. Der Knabe hält den Lehrer zurück.

DER KNABE: Ich muß etwas sagen.

DER LEHRER: Was willst du sagen?

DER KNABE: Ich fühle mich nicht wohl.

DER LEHRER: Halt! Solche Dinge dürfen nicht sagen, die auf eine solche Reise gehen. Vielleicht bist du müde, weil du das Steigen nicht gewohnt bist. Bleib ein wenig stehen und ruhe ein wenig.

Er tritt auf das Podest.

DIE DREI STUDENTEN: Es scheint, daß der Knabe müde ist vom Steigen. Wir wollen den Lehrer darüber befragen.

DER GROSSE CHOR: Ja. Tut das!

DIE DREI STUDENTEN *zum Lehrer*: Wir hören, daß dieser Knabe müde ist vom Steigen. Was ist mit ihm? Bist du besorgt seinetwegen?

DER LEHRER: Er fühlt sich nicht wohl, aber sonst ist alles in Ordnung mit ihm. Er ist müde vom Steigen.

DIE DREI STUDENTEN: So bist du also nicht besorgt seinetwegen?

Lange Pause.

DIE DREI STUDENTEN *untereinander:*
Hört ihr? Der Lehrer hat gesagt
Daß der Knabe nur müde sei vom Steigen.
Aber sieht er nicht jetzt ganz seltsam aus?
Gleich nach der Hütte kommt der schmale Grat.
Nur mit beiden Händen zufassend an der Felswand
Kommt man hinüber.
Hoffentlich ist er nicht krank.
Denn wenn er nicht weiter kann, müssen wir ihn
Hier zurücklassen.

Sie rufen nach Raum 1 hinunter, die Hand wie einen Trichter vor dem Mund:

Bist du krank? – Er antwortet nicht. – Wir wollen den Lehrer fragen. *Zum Lehrer*: Als wir vorhin nach dem Knaben fragten, sagtest du, er sei nur müde vom Steigen, aber jetzt sieht er ganz seltsam aus. Er hat sich auch gesetzt.

DER LEHRER: Ich sehe, daß er krank geworden ist. Versucht doch, ihn über den schmalen Grat zu tragen.

DIE DREI STUDENTEN: Wir versuchen es.

Technikum: die drei Studenten versuchen, den Knaben über den „schmalen Grat" zu bringen. Der „schmale Grat" muß von den Spielern aus Podesten, Seilen, Stühlen usw. so konstruiert werden, daß die drei Studenten zwar allein, nicht aber, wenn sie auch noch den Knaben tragen, hinüberkommen.

DIE DREI STUDENTEN: Wir können ihn nicht hinüberbringen, und wir können nicht bei ihm bleiben. Was auch sei, wir müssen weiter, denn eine ganze Stadt wartet auf die Medizin, die wir holen sollen. Wir sprechen es mit Entsetzen aus, aber wenn er nicht mit uns gehen kann, müssen wir ihn eben hier im Gebirge liegenlassen.

DER LEHRER: Ja, vielleicht müßt ihr es. Ich kann mich euch nicht widersetzen. Aber ich halte es für richtig, daß man den, welcher krank wurde, befragt, ob man umkehren soll seinetwegen. Ich trage in meinem Herzen großes Leid um dieses Geschöpf. Ich will zu ihm gehen und ihn schonend auf sein Schicksal vorbereiten.

DIE DREI STUDENTEN: Bitte, tue das.

Sie stellen sich mit den Gesichtern gegeneinander.

DIE DREI STUDENTEN, DER GROSSE CHOR:
Wir wollen ihn fragen (sie fragten ihn), ob er verlangt (verlange)
Daß man umkehrt (umkehre) seinetwegen
Aber auch wenn er es verlangt
Wollen wir (wollten sie) nicht umkehren
Sondern ihn liegenlassen und weitergehen.

DER LEHRER *ist zu dem Knaben nach Raum 1 hinabgestiegen:* Hör gut zu! Da du krank bist und nicht weiter kannst, müssen wir dich hier zurücklassen. Aber es ist richtig, daß man den, welcher krank wurde, befragt, ob man umkehren soll seinetwegen. Und der Brauch schreibt auch vor, daß der, welcher krank wurde, antwortet: Ihr sollt nicht umkehren.

DER KNABE: Ich verstehe.

DER LEHRER: Verlangst du, daß man umkehren soll deinetwegen?

DER KNABE: Ihr sollt nicht umkehren!

DER LEHRER: Bist du also einverstanden, daß du zurückgelassen wirst?

DER KNABE: Ich will es mir überlegen. *Pause des Nachdenkens.* Ja, ich bin einverstanden.

DER LEHRER *ruft von Raum 1 nach Raum 2:* Er hat der Notwendigkeit gemäß geantwortet.

DER GROSSE CHOR UND DIE DREI STUDENTEN *diese im Hinabgehen nach Raum 1:* Er hat gesagt: Geht weiter!

Die drei Studenten bleiben stehen.

DER LEHRER: Geht jetzt weiter, bleibt nicht stehen
Denn ihr habt beschlossen, weiterzugehen.

Die drei Studenten bleiben stehen.

DER KNABE: Ich will etwas sagen: Ich bitte euch, mich nicht hier liegenzulassen, sondern mich ins Tal hinabzuwerfen, denn ich fürchte mich, allein zu sterben.

DIE DREI STUDENTEN: Das können wir nicht.

DER KNABE: Halt! Ich verlange es.

DER LEHRER:

Ihr habt beschlossen, weiterzugehen und ihn dazulassen.
Es ist leicht, sein Schicksal zu bestimmen
Aber schwer, es zu vollstrecken.
Seid ihr bereit, ihn ins Tal hinabzuwerfen?

DIE DREI STUDENTEN: Ja.

Die drei Studenten tragen den Knaben auf das Podest in Raum 2.

Lehne deinen Kopf an unsern Arm.
Strenge dich nicht an.
Wir tragen dich vorsichtig.

Die drei Studenten stellen sich vor ihn, ihn verdeckend, an den hinteren Rand des Podestes.

DER KNABE *unsichtbar:*

Ich wußte wohl, daß ich auf dieser Reise
Mein Leben verlieren könnte.
Der Gedanke an meine Mutter
Hat mich verführt zu reisen.
Nehmt meinen Krug
Füllt ihn mit der Medizin
Und bringt ihn meiner Mutter
Wenn ihr zurückkehrt.

DER GROSSE CHOR:

Dann nahmen die Freunde den Krug
Und beklagten die traurigen Wege der Welt
Und ihr bitteres Gesetz
Und warfen den Knaben hinab.
Fuß an Fuß standen sie zusammengedrängt
An dem Rande des Abgrunds
Und warfen ihn hinab mit geschlossenen Augen
Keiner schuldiger als sein Nachbar
Und warfen Erdklumpen
Und flache Steine
Hinterher.

4.2
Formen des Dramas

Dramatische Texte weisen zwar bestimmte einheitliche Merkmale auf, dennoch grenzt man innerhalb dieser Gattung anhand bestimmter Kriterien verschiedene Dramenformen voneinander ab.

So lassen sich Dramen rein formal betrachtet nach der Anzahl der Akte unterteilen. Man unterscheidet in der Regel:

- **Einakter,** in denen in einem Akt die Handlung konzentriert ist und kaum Szenenwechsel zu beobachten sind, üblich ist diese Form seit Mitte des 18. Jahrhunderts; seit Beginn des 20. Jahrhunderts beliebte Form des Dramas;
- **Dreiakter,** in denen im ersten Akt die zu dem Konflikt führenden Umstände dargestellt werden, im zweiten der Konflikt entfaltet und im dritten aufgelöst wird; diese Gliederung entspricht der von Aristoteles geforderten Dreiteilung der Handlung. Der Dreiakter findet sich besonders in den Gesellschaftsstücken des skandinavischen Dramatikers Henrik Ibsen.
- **Fünfakter,** in denen die Handlung in fünf Stufen eingeteilt ist. Der fünfstufige Aufbau wird auch als Fünf-Akt-Schema bezeichnet und ist charakteristisch für das klassische Drama.

Wissen Der Fünfakter

- **erster Akt:** Die **Exposition** informiert über den Schauplatz, die Zeit und Situation; sie charakterisiert die Hauptfiguren, ihre Interessen und Beziehungen und stellt die Vorgeschichte dar; unter Umständen wird auf zukünftiges Geschehen vorgegriffen.
- **zweiter Akt:** Die Handlung zielt auf den Konflikt ab (**steigende Handlung**). Das erregende Moment ist eine wichtige Entscheidung, ein plötzliches Ereignis, aus dem sich die dramatischen Aktionen entwickeln.
- **dritter Akt:** Der Konflikt ist auf seinem Höhepunkt und die Handlung schlägt plötzlich um. Die **Peripetie** (Wendepunkt) bringt einen unerwarteten Umschwung in das Schicksal des Helden.
- **vierter Akt:** Die auf die Katastrophe hin **fallende Handlung** wird durch das retardierende Moment aufgehalten.
- **fünfter Akt:** In der **Katastrophe** findet der Konflikt seine Lösung.

Seit der Antike unterscheidet man die Dramentypen **Tragödie** und **Komödie,** die sich unter anderem im Hinblick auf ihren Ausgang voneinander abgrenzen.

Wissen Tragödie und Komödie

- Die **Tragödie** (Trauerspiel) beruht auf dem tragischen Moment, d. h. der unlösbaren Verstrickung des Helden bzw. der Heldin in sein / ihr Schicksal. Grundthemen sind Fragen nach Ich und Welt, Freiheit und Zwang, Schuld und Vergeltung.
- Die **Komödie** (Lustspiel) gestaltet einen Scheinkonflikt, dessen Verwicklungen bis hin zur glücklichen Auflösung Lachen bewirkt. Die Handlung wird durch Wortkomik und pantomimische Elemente bestimmt. Inhaltliche Elemente sind die Verwechslung und Verwirrung, thematisiert werden menschliche Schwächen.

Eine Mischform aus Tragödie und Komödie ist die **Tragikomödie,** in der tragische und komische Elemente so zusammenwirken, dass die Tragik humoristisch gemildert ist. Die Katastrophe am Ende des Stückes bleibt meistens aus.

Es entstanden im Laufe der Zeit weitere Formen der Komödie:
- **Commedia dell'Arte,** eine volkstümliche italienische Stegreifkomödie aus der Mitte des 16. Jahrhunderts. Professionelle Schauspieler stellten auf Wanderbühnen Handlungsabläufe dar, die, vorab skizziert, aus der jeweiligen Situation weiterentwickelt wurden.
- **Farce,** ein possenhaftes Stück in Versen aus dem 18. Jahrhundert (in Deutschland). Ihr Verfasser zielt auf menschliche Unzulänglichkeiten ab und verspottet literarische Gegner.

- **Schwank,** eine scherzhafte Erzählung, seit Ende des 19. Jahrhunderts auch ein lustiges Schauspiel, in dem Tücken des Alltags derb oder sogar obszön dargestellt werden. Das wirkungsvolle kurze Spiel ist komisch anekdotenhaft, in Versen oder Prosa verfasst; oft lehrhaft, jedoch nicht so anspruchsvoll wie die Komödie.

Nach thematischen Gesichtspunkten unterscheidet man u. a.:

- das **bürgerliche Trauerspiel,** eine durchweg in Prosa abgefasste Dramenform des 18. und 19. Jahrhunderts, in der die Figuren der bürgerlichen Umwelt und Geisteshaltung entstammen. Hier ist die Ständeklausel, die in der Tragödie vorherrscht, überwunden und somit steht dieser Dramentyp im Gegensatz zur heroischen / aristokratischen Tragödie.
- das **Volksstück,** eine Dramenform seit der zweiten Hälfte des 19. Jahrhunderts. Es ist im bäuerlichen, kleinbürgerlichen oder proletarischen Milieu angesiedelt und dient der Unterhaltung.

Seit dem 20. Jahrhundert haben sich verschiedene moderne Dramentypen entwickelt:

- **absurdes Theater,** entstanden in den fünfziger / sechziger Jahren des 20. Jahrhunderts. Es bringt die Ausweglosigkeit der menschlichen Existenz zum Ausdruck und stellt bürgerliche Wertvorstellungen infrage. Das Kontinuum von Raum und Zeit der Handlung wird zuweilen ebenso aufgelöst wie die dialogische Struktur.
- **Dokumentartheater,** Dramengattung des 20. Jahrhunderts, die mithilfe dokumentarischen Materials (Akten, Protokolle, Reden, Fotos) Authentizität vermitteln will. Es bedient sich oft der Form des Gerichtsverfahrens und verfolgt meist eine politische Absicht.
- **episches Theater,** von Bertolt Brecht entwickelte Darstellungsform, deren wesentliches Mittel der Verfremdungseffekt ist. Damit soll der Zuschauer provoziert werden, sodass er sich von dem Geschehen distanziert. Ziel ist die Erkenntnis gesellschaftlicher Verhältnisse bzw. Missstände. Weitere Gestaltungsmittel: ins Publikum gesprochene Kommentare durch einen Erzähler, Lieder, Spruchbänder oder Textprojektionen.

Betrachtet man den Ausgang eines Dramentextes, so gibt es

- die **geschlossene Dramenform,** in der ein Wendepunkt die Handlung zum lösenden Schluss öffnet, d. h. Untergang des Helden (in der Tragödie) bzw. humorvolle Entwirrung (in der Komödie), und
- die **offene Dramenform,** d. h., die Konflikte sind nicht gelöst und die Fragen des Zuschauers bleiben unbeantwortet (vorherrschend im modernen Drama, besonders im absurden Theater).

Wissen **Geschlossene und offene Dramenform**

Kennzeichen der geschlossenen Dramenform

- Die Haupthandlung ist durchgängig, d. h., alle Ereignisse sind miteinander verknüpft und führen auf ein Ziel hin.
- Die Handlung erfolgt in einer geringen Zeiterstreckung (kurze gespielte Zeit).
- Man beschränkt sich auf wenige Schauplätze.
- Eine geringe Zahl von Figuren steht in einem klaren Beziehungsgeflecht zueinander.
- Es dominiert bei allen Figuren und in sämtlichen Situationen ein einheitlich hoher Sprachstil.

Kennzeichen der offenen Dramenform

- Das Geschehen ist nicht mehr einsträngig, sondern besteht aus verschiedenen Handlungsteilen. So entsteht eine lockere, episodische Struktur.
- Die Dramenhandlung erstreckt sich über größere Zeiträume (oft Jahre).
- Die Handlung spielt an verschiedenen Orten.
- Die Zahl der Figuren ist groß, viele Figuren treten nur zu bestimmten Zeitpunkten, z. B. in einzelnen Jahren, auf.
- Es gibt keinen einheitlichen Redestil, sondern die sozialen und individuellen Merkmale der Figuren zeigen sich auch in ihrer unterschiedlichen Redeweise.
- Die zentrale Hauptfigur tritt meist in allen Szenen auf, das Grundthema wird in allen Szenen variiert und Symbole oder Leitmotive wiederholen sich in den verschiedenen Szenen, um den Zusammenhalt zu wahren.

Aufgabe 2

Franz Xaver Kroetz: „Schritte“ (1982/83)

1. Vergleichen Sie den Handlungsverlauf in Brechts Stück „Der Jasager“ (S. 42) und Kroetz’ Szene „Schritte“.
2. Ordnen Sie Kroetz’ „Schritte“ einer Dramenform zu und begründen Sie Ihre Zuordnung.

In den Jahren 1982 und 1983 hat Kroetz 15 kurze Stücke geschrieben, die er gemeinsam unter dem Titel „Furcht und Hoffnung der BRD“ veröffentlicht hat. Eines davon ist die folgende Szene.

In einer kleinen, normalen Wohnung; sauber alles. Hinten raus vielleicht ein Balkon, Wohnung im dritten Stock, Wohnblock, man sieht auf andere Häuser.
Früher Morgen vermutlich. Willi im Schlafanzug, hektisch, zerfahren, zwischendurch still, weiß nicht was tun, rennt rum „wie bestellt und nicht abgeholt“ an diesem frühen Morgen. Martha schon angezogen, nette, saubere Frau, ein bissl rundlich, sie hat es eilig, sie macht alles routiniert und schnell, sparsam. Bloß frühstücken tut sie kräftig, wenn auch schnell. Und er schaut ihr zu. Vielleicht Frühmusik aus dem Radio, oder etwas Ähnliches. Er ist ihr oft im Weg während der Szene, aber sie beachtet ihn zu wenig. Sie kennt das alles wohl schon. Jeden Morgen das gleiche?

WILLI *schaut ihr beim Frühstücken zu, verschränkt die Hände, spannt sie, bis die Knöchel krachen, haut auf den Tisch, wischt den Schlag entschuldigend wieder weg, schweigt, steht auf, setzt sich wieder, schaut, steht wieder auf, geht zum Balkon, leise:* Guten Morgen, Unglück. Die Nacht ist vorbei, die Träume ausgeträumt, darfst weitermachen! Schönen guten Morgen, Verzweiflung und Scheiße! *Schaut seine Frau an, nickt.* Die Tiere im

Käfig erwachen und rütteln. Hallo? Hallo! *Er rüttelt an der Balkontür.* Ist da noch wer außer mir? Ich will mich unterhalten! Guten Morgen. Hallo, ich heiß Willi Gerngroß. Ich bin ein kleiner Mann in einer kleinen Wohnung mit einer kleinen Frau *haut seiner Frau schnell auf den Hintern,* die ich liebe. Genau. *Pause.* Hallo? *Er geht an die Wand, horcht, klopft, horcht.* Morsezeichen der Versuchstiere. *Hochdeutsch:* Wie bringt man die Pferde zum Saufen? Die wollen nicht. Die deutsche Wirtschaft hat keinen Durst. Weil sie keinen Durst hat, kriege ich keine Luft mehr, ich, der Gerngroß Willi mit dem Audi 80, bin als Arbeitsloser das Versuchstier der Wirtschaftslenker und Herren Politiker. Am guten Willen für den Willi fehlt es ihnen nicht. Man will die Investitionstätigkeit der trägen Pferde anregen. Mit allen Mitteln, wenn es sein muss! Man spart sogar bei meiner Unterstützung, wenn gar nix anderes mehr hilft, und schenkt das Ersparte den Unternehmern, vielleicht dass sie mir von meinem Ersparten einen Arbeitsplatz schenken. Allerdings nur, wenn ich ein Einsehn zeige! Und darauf verzichte, dass ich *laut* jeden Tag ein Fleisch im Teller haben muss, und der Kaffee immer ein echter sein muss, und im Fall einer Krankheit nicht die Krankenkasse belaste, sondern die Zähne zusammenbeiße, und im Falle eines Todes auf einen pompösen Sarg verzichte, kann sein *kleine Pause* kann sein: Die Rettung ist nah. Ich muss *laut* verzichten lernen, ich muss den Gürtel enger schnallen, ich muss einsehen, dass ich über meine Verhältnisse gelebt habe und faul war. Ich, der Gerngroß Willi, lebend im Jahr 1983, habe zu viel. *Er geht in die angrenzenden Zimmerchen, zeigt sie her.* Ich habe zu viel. Ich habe zu viel. Ich habe zu viel! Und das Schlimmste ist, ich habe mich an dieses Vielzuviel gewöhnt. Das geht ins Uferlose! Ich habe momentan 825 Mark Arbeitslosenunterstützung. Das ist zu viel. Auch meine Frau hat viel zu viel! Sie heißt Martha und arbeitet im Kaufhof. Sie verdient netto einen guten Tausender im Monat für die Tätigkeit einer Verkäuferin bei den Strampel- und Strumpfhosen. *Zu seiner Frau:* Du hast zu viel. Du hast über deine Verhältnisse gelebt, du musst den Gürtel enger schnallen. *Laut:* Das sieht doch ein jeder, der Augen im Kopf hat, dass wir zu viel haben. *Kleine Pause.* Wie ich noch der Ehre für würdig befunden worden bin, eine Arbeit tun zu dürfen, habe ich in manchem Monat sogar 1700 Mark nach Hause gebracht. Ich sollte mich schämen! *Schreit sich an.* Schäm dich! *Kleine Pause.* Ich hab Polsterer gelernt und 1967, als ich in diesem Beruf wegen Konkurs „meiner" Firma nicht mehr hab arbeiten können, kurzfristig auf Lagermeister umgesattelt. Lagermeister in einer Papierwarenfabrik. Vor anderthalb Jahren hat die Firma den Direktverkauf eingestellt und mich ausgestellt. Seitdem bin ich im Wartestand und Versuchstier in der vom Staat nach Kräften geförderten Versuchsserie Wirtschaftspolitik: man testet, wie viel man mir zumuten kann, bis ich mich umbring. *Größere Pause, er schaut sie an, sie frühstückt weiter, er fällt ein bissl zusammen, lächelt verlegen, setzt sich zu ihr, haut wieder auf den Tisch, wischt den Schlag wieder entschuldigend weg.*

MARTHA: Tust vorher noch frühstückn, mit vollem Magen stirbt es sich leichter.

Pause

WILLI: Hab keinen Hunger. *Kleine Pause, dann laut:* Gikeriki, der Hahn bin i, kochn tust du und essn tu i.

MARTHA *nickt.*

WILLI: Bin kein Hahn mehr, gell?

MARTHA: Doch.

WILLI: Lüge. *Kleine Pause, schaut wie sie isst.* Mir hättn nicht heiratn sollen.

MARTHA *lacht:* Genau.

WILLI: Spät, die Einsicht!

MARTHA: Besser spät wie nie. *Pause*

WILLI: Guten Morgen.

MARTHA: Ham mir schon dreimal gsagt. *Pause*

WILLI: Guten Morgen allerseits. Das Tagwerk beginnt: Im Schweiße deines Angesichts sollst du dein Brot essen. *Kleine Pause.* Wo nimm ich den Schweiß her? *Kleine Pause.* Ich hab schon lange nimmer geschwitzt. *Pause, dann ehrlicher, ruhiger:* Entschuldigung. Es tut mir leid. Aber ich hab einen ganzen Tag vor mir und denk jetzt schon, dass ich wahnsinnig werd.

MARTHA: Genau. *Kleine Pause.* Willst kein Kaffee, noch is er heiß!

WILLI: Nein.

MARTHA: Tust nachher frühstücken, hast Zeit.

WILLI: Genau.

MARTHA: Mir schmeckts, obwohls mir pressiert. Leider.

WILLI: Jawoll. *Nickt, steht wieder auf, nimmt seine „Wanderungen" im Raum wieder auf, horcht, klopft etc.* Hörst sie?

MARTHA: Wen?

WILLI: Die andern. *Kleine Pause.* Schreie, Tränen, Klopfen.

MARTHA *nickt:* In deim Kopf.

WILLI *stur:* Schreie, Tränen, Klopfen. *Pause*

MARTHA *ruhig, ehrlich, gut:* Man darf sich net abdrängen lassen, Willi, und zum eigenen Narrn machen.

WILLI: Weil ich horch? *Kleine Pause.* Im Gegensatz zu dir hör ich was.

MARTHA *nickt:* Iss wenigstens was.

WILLI: Hab keinen Hunger.

MARTHA: Wenn man hinter sich die Tür zusperrt und keinen mehr hereinlasst, geht man unter.

WILLI: Wer das Klopfzeichen kennt, darf herein.

MARTHA: Zieh dich wenigstens an, dassd ausschaust, wie ein Mensch.

WILLI: So.

MARTHA *mit dem Frühstück fertig, räumt ein bissl ab, geht ins Bad etc., macht sich zum Fortgehen fertig.* Schau dich an!

WILLI *rennt ihr überall hin nach.* Schau dich an! – Was die Frau redt. *Pause, dann wie eine große Entdeckung:* Soll ich dir was verraten? Wo ich durch Nachdenken drauf kommen bin? Ein Geheimnis?

MARTHA *nickt.*

WILLI *wie einen Trumpf ausspielend:* Ein Arbeitsloser ist automatisch aus der Gewerkschaft draußen, weil er keine Arbeit mehr hat.

MARTHA: Is er ned.

WILLI: Das wirst du wissen. *Laut:* Is er schon!

MARTHA: Dann is es ungerecht.

WILLI: Mach was dagegen. *Penetrant:* Du zahlst ein Prozent von deim Lohn Gewerkschaftsbeitrag im Monat. Das ist seit alters her so, oder?

MARTHA *nickt.*

WILLI: Eben. Wennst keinen Lohn mehr hast, weilst keine Arbeit mehr hast, dann zahlst du ein Prozent von nix, und darum bist du nimmer Gewerkschaftsmitglied. So einfach is das. *Kleine Pause.* Der Arbeitende is sogar der natürliche Feind des Arbeitslosen, genau!

MARTHA: Zahlst den Beitrag von der Unterstützung?

WILLI: Das ist verboten, das ist Betrug. Wenns dir da drauf kommen, dann wirst du bestraft. Vortäuschung von Arbeit ist verboten.

MARTHA *trocken:* Spinnst du?

WILLI: Eine Gewerkschaft hat nur einen Sinn, wenn jemand eine Arbeit hat. *Kleine Pause.* Hast du schon einmal einen Arbeitslosen streikn gsehn?

MARTHA *lacht.*

WILLI: Ebn, ich auch nicht. Gibt es Tarifverhandlungen für die Arbeitslosen? *Deutlich:* Manteltarifverhandlungen? Nicht einmal einen Mantel-Vertrag gibt es, wo jeder Arbeitslose für den Winter einen solchen kriegt. *Pause.*

MARTHA: Du siehst am frühen Morgen schon wieder alles schwarz.

WILLI: Ich seh es so, wie es ist. Das is der Unterschied. Ein Arbeitsloser fallt heraus aus alle andern, wenn er arbeitslos wird, und keiner haltet ihn. Ohne Werkausweis kommt er ned einmal am Pförtner von seiner alten Firma vorbei. Er wird dem Werkschutz übergebn, wenn er die alten Kollegn besuchn will.

MARTHA: Zerfleisch dich doch ned selber, Willi, das hat doch keinen Sinn.

WILLI: Tust mit?

MARTHA: Bei was?

WILLI: Beim Zerfleischen.

MARTHA: Nein. *Kleine Pause.* Wie spät is es?

WILLI *nachmachend:* Beim Gongschlag ist es sieben Uhr neunzehn.

MARTHA: Ebn, höchste Zeit für mich.

WILLI: Genau. *Kleine Pause.* Das is es: ein Arbeitsloser ist allein. Das ist das Geheimnis.

MARTHA: Als ob ich zu meinem Vergnügn gehen tät!

WILLI: Nimmst mich mit?

MARTHA *lacht.*

WILLI *nickt.*

MARTHA *kommt hergerichtet aus dem Bad.* Schau mich lieber an, und sei froh, dassd eine saubere Frau hast. Gfall ich dir?

WILLI: Ja.

MARTHA *lächelt.*

WILLI: Ein paar Minuten hast noch Zeit. Lass mich ganz schnell, dass ich mich nachher ned so allein fühl!

MARTHA: Du hast ja einen Vogel.

WILLI *lauernd:* Magst kein Arbeitslosensperma.

MARTHA *sauer:* Nein.

WILLI: Ich auch nicht. *Pause.* Ebn.

MARTHA: Einfälle hat der Mensch, wo man schon im Mantel is.

WILLI: Lasst mich erst wieder, wenn ich eine Arbeit hab.

MARTHA: Mit der Arbeit hat das nix zum tun, sondern mit dem Menschn.

WILLI: Aber der Mensch is seine Arbeit.

MARTHA: Ja, und drum pressiert es mir jetzt.

WILLI: Warum lasst mich allein? Immer so allein?

MARTHA: Ich komm nach der Arbeit pünktlich heim, kannst die Uhr danach stelln.

WILLI: Weißt schon, was ich mein.

MARTHA: Nix weiß ich, wo ich sogar koch und den Haushalt mach. Sag nicht: mach du, wenn ich ausm Haus bin, hast Zeit!

WILLI: Bin von dir allein gelassen, ich fühl es.

MARTHA: Ich hab keinen andern.

WILLI: Den ganzn Tag, wenn ich daheim bin, dann mal ich mir aus, was du mit die andern Männer jetzt grad im Kaufhof machst.

MARTHA: Ja.

WILLI: Was ja?

MARTHA: Malst es dir aus, dann vergeht dir die Zeit.

WILLI: Sau.

MARTHA: Wie man sich bettet, so liegt man.

WILLI: Ich bin abgedeckt und frier.

MARTHA: Jetzt is aber höchste Zeit.

WILLI: Hau schon ab.

MARTHA *hat alles.* Dummkopf! *Gibt ihm einen Kuss, einen kleinen.* Wennst überhaupt nimmer weißt, was du tun sollst, haust die Handtücher in die Waschmaschin, mir ham nämlich keine mehr.

WILLI: Genau. Auf Wiedersehen.

MARTHA: Tschüss. *Sie geht ab.*

Große Pause, Willi geht zum Balkon, schaut hinunter, sieht sie wohl die Straße überqueren, in die U-Bahn gehen, dreht sich wieder um, nimmt schließlich Kaffee vom Ofen, setzt sich an den Tisch, schaut, wartet, nickt, trinkt in kleinen Schlucken, schaut wieder zum Balkon, steht auf, geht hin, schaut hinunter.

WILLI: Hallo, guten Morgen allerseits. Ich bin hier oben, soll ich kommen? *Kaum merklich macht er mit den Armen Flügelschlagbewegungen.*

4.3
Handlung, Figuren, Raum und Zeit

Neben der Frage, wie die Figuren miteinander reden und der Zuschauer bzw. Leser angesprochen wird, ist es bei der Dramenanalyse wichtig zu untersuchen, zu welcher Zeit und an welchem Ort die Ereignisse geschehen.

Typische Aufgabenstellungen
- Erläutern Sie die Personenkonstellation.
- Suchen Sie Beispiele für die direkte und indirekte Charakterisierung.
- Welche Funktion haben Raum und Requisiten?
- Erläutern Sie die Bedeutung des Faktors Zeit in der Handlung dieses Stücks.
- Welche Rolle spielen die zeitlichen Bedingungen (historischer Hintergrund) für das Verständnis dieses Stückes?

Die Handlung im Drama ist durch drei Elemente gekennzeichnet:
- eine oder mehrere handelnde Personen,
- eine zeitliche Abfolge mit Anfang und Ende,
- einen oder mehrere Schauplätze.

Man unterscheidet grundsätzlich zwischen **Haupthandlung** und **Nebenhandlung**. Die Haupthandlung kann von der Nebenhandlung unterbrochen oder begleitet werden. Die Nebenhandlung kann die Haupthandlung auf einer zweiten Ebene spiegeln. Wird in die Haupthandlung eine geschlossene und meist locker verknüpfte Nebenhandlung eingeschoben, spricht man von einer **Episode**. Episoden dienen als Kontrast oder Verstärkung der Haupthandlung.

Bei der Dramenanalyse sollte man zwischen den äußeren Vorgängen (Intrigen oder Machtkämpfen) und der inneren Entwicklung der Figuren (Einsicht oder Verrohung) unterscheiden. Daher gibt es
- die **äußere Handlung,** d. h. die Abfolge direkt wahrnehmbarer Vorgänge, und
- die **innere Handlung,** d. h. die geistige, seelische und moralische Entwicklung einer Figur.

Tipp

Die innere und die äußere Handlung wird durch das Reden der Figuren vermittelt. Beide Handlungen stehen in einem engen Wechselverhältnis. Die äußeren Vorgänge verändern das Bewusstsein der Figuren, und ihr verändertes Bewusstsein bestimmt den weiteren (äußeren) Handlungsverlauf.

Weitere Aspekte, die in einem Drama immer untersucht werden müssen, sind

- **Handlungsschritte:** Die Einzelhandlungen sind dadurch gekennzeichnet, dass die Figuren eine vorhandene, meist konfliktgeladene Situation verändern bzw. das Opfer solcher Veränderungen werden; im Wechsel von Aktion und Reaktion entsteht eine neue Situation, die wiederum der Ausgangspunkt für den nächsten Schritt ist.
- **Handlungsspielraum:** Figuren können den Gang der Handlung aktiv und zielgerichtet bestimmen oder das Geschehen passiv als Opfer über sich ergehen lassen; somit stellt sich die Frage nach dem Handlungsspielraum der Figuren – können sie sich frei entscheiden oder sind sie von vornherein in ihren Handlungsmöglichkeiten begrenzt bzw. können sie überhaupt nicht handeln?
- **Tempo der Handlung:** Darunter versteht man die Veränderung einer Situation in einer bestimmten Geschwindigkeit. Die Figuren können von sehr schnellen Entwicklungen betroffen sein, die sie in kürzester Zeit in die Katastrophe treiben, sie können aber auch in festgefahrenen Verhältnissen stecken, aus denen kein Weg hinausführt. Man unterscheidet daher den dynamischen Handlungsverlauf und den statischen Handlungsverlauf. Bei dem **dynamischen Handlungsverlauf** verändert sich die Situation rasch. Viele Einzelhandlungen führen zu Resultaten, die weitere Handlungen hervorrufen. Angekündigte Ereignisse treten sehr bald ein. Daher stehen die Figuren unter Zeit- und Entscheidungsdruck. In Dramen des 18. und 19. Jahrhunderts ist dies der Regelfall. Bei dem **statischen Handlungsverlauf** verändert sich die Situation langsam oder gar nicht. Zwischen der Ankündigung eines Geschehens und seiner Verwirklichung vergeht viel Zeit. Daher haben auch die Figuren Zeit, ihr Handeln bleibt oft folgenlos, und am Ende befinden sie sich in (fast) der gleichen problematischen Lage wie zu Beginn. In dieser Weise verlaufen des Öfteren Dramen des 20. Jahrhunderts (besonders im absurden Theater).

Im Drama wird die Handlung gewöhnlich durch einen **Konflikt** ausgelöst und vorangetrieben. Konflikte können als Auseinandersetzungen zwischen mehreren Figuren oder in der Seele eines einzelnen Individuums ablaufen. Dementsprechend lassen sich zwei Arten von Konflikten feststellen:

- äußerer Konflikt, in dem zwei oder mehr Parteien um Macht, Besitz, die Gunst eines Menschen oder Ähnliches streiten;
- innerer Konflikt, in dem sich eine Figur zwischen entgegengesetzten Wünschen, Forderungen, Idealen oder Erwartungen entscheiden muss.

Aufgabe 3

1. Interpretieren Sie die Szene „Schritte“ von Franz Xaver Kroetz (S. 48) im Hinblick auf den Handlungsspielraum, den die dargestellten Figuren haben.
2. Charakterisieren Sie die Figur des Willi und sein Verhältnis zu Martha.

Der Autor hat jede Figur mit einer bestimmten Anzahl von Merkmalen ausgestattet. Die Merkmale kann man in drei Kategorien ordnen:

- soziale Merkmale (Stand, Milieu oder Beruf),
- äußere Merkmale (Körper, Kleidung oder Gewohnheiten),
- innere Merkmale (Eigenschaften oder Einstellungen).

Wissen **Direkte und indirekte Charakterisierung**

Die **direkte Charakterisierung** erfolgt

- durch den Autor (bzw. den Erzähler) oder
- durch die Figuren.

Die **indirekte Charakterisierung** erfolgt

- durch das Verhalten der Figur(en) in verschiedenen Situationen oder
- durch die jeweilige Redeweise der Figur(en).

Charakterisiert der Autor bei der **direkten Charakterisierung** die Figur selbst, können diese Hinweise nur dem Leser (im Nebentext) gegeben werden. Wird die Figur von anderen Figuren charakterisiert, die sich beschreibend und beurteilend äußern, sind solche Fremddarstellungen natürlich subjektiv, sie können verzerrt oder falsch sein. Ebenso können Selbstdarstellungen einer Figur einseitig oder verzerrt sein, besonders wenn sie im Dialog gegeben werden. Die Glaubwürdigkeit des Sprechers muss daher beachtet werden.

Bei der **indirekten Charakterisierung** werden dem Zuschauer / Leser Informationen gegeben, aus denen er selbst Schlussfolgerungen ziehen muss: Aus dem sprachlichen Verhalten lassen sich Schlüsse ziehen, denn die Art, wie sich eine Figur äußert (Stil, Satzbau, Wortwahl), gibt Hinweise auf ihren Bildungsstand, ihre Einstellung zum Gesprächspartner, ihre seelische Verfassung usw. Auch in der Handlungsweise werden Wesenszüge der Figur sichtbar.

Die **Figurenkonstellation** bezeichnet die Beziehungen der Figuren in einem Drama; das Personenverzeichnis liefert oft einen guten Überblick über die im Drama auftretenden Figuren und gibt vorab wichtige Informationen, die für die direkte Charakterisierung wichtig sein können (z. B. Beruf).

Typische Konstellationen sind

- Gegnerschaft zwischen Helden bzw. Protagonisten und dem Gegenspieler bzw. Antagonisten; Intriganten und Opfer; Liebhaber(in) und Nebenbuhler(in),
- partnerschaftliche Verbindungen zwischen Herr(in) und Diener(in); Liebhaber und Geliebter,
- Figuren mit gegensätzlichen Merkmalen wie adlig – bürgerlich; anerkannt – verachtet; klug – dumm usw.,
- Unterscheidung zwischen Hauptfiguren (treten häufig auf) und Nebenfiguren (weniger Auftritte).

Methodik **Die Figurenkonstellation untersuchen**

- Welche Figuren sind partnerschaftlich verbunden? Aufgrund welcher Gemeinsamkeiten?
- Lassen sich die Figuren innerhalb einer Gruppe hierarchisch ordnen?
- Welche Figuren oder Figurengruppen stehen sich als Gegner gegenüber? Aufgrund welcher Interessen?
- Ist die Konstellation stabil? Oder ändern sich die Partnerschaften, Gegnerschaften und Machtverhältnisse?

Der Zuschauer bzw. Leser will wissen, was die Figuren unternehmen, was ihnen zustößt, wie die Ereignisse zusammenhängen: Er empfindet **Spannung.** Spannung entsteht nicht nur durch die Frage, was passiert und wer etwas tut, sondern auch durch die Neugier darauf, wie und warum etwas geschieht. Daher können auch Stücke spannend sein, deren Ausgang bekannt ist. Beim Spannungsaufbau lassen sich vier Phasen unterscheiden:

- **Spannungserzeugung:** Eine Frage wird aufgeworfen.
- **Spannungssteigerung:** Das Interesse des Zuschauers bzw. Lesers an der Beantwortung dieser Frage wird gesteigert.
- **Spannungsverzögerung** (retardierendes Moment): Die Beantwortung der Frage wird hinausgeschoben.
- **Spannungslösung:** Die Frage wird beantwortet.

Des Weiteren unterscheidet man

- **Finalspannung:** Die Spannung wird durch den zentralen Konflikt oder die zentrale Frage erzeugt und am Schluss des Dramas gelöst. Der Spannungsbogen erstreckt sich über den ganzen Text.
- **Detailspannung:** Der Spannungsbogen beschränkt sich nur auf einen Teil des Dramas, in der die Frage aufgeworfen und schon bald beantwortet wird.

Aufgabe 4

1. Interpretieren Sie die Szene aus Brechts „Der Jasager“ (S. 42) unter besonderer Berücksichtigung des Handlungsverlaufs und der Raumkonzeption.
2. Erläutern Sie die Figurenkonstellation und Figurenkonzeption.
3. Konzipieren Sie für die Szene zusätzliche Verfremdungseffekte. Begründen Sie Ihre Konzeption.

Beim Lesen von Dramen begegnet man zwei gegensätzlichen Vorstellungen von der Ausgestaltung von **Raum** bzw. Schauplätzen auf der Bühne.

- **Visuelles Raumkonzept:** Das Bühnenbild soll so realistisch und ausführlich aussehen, dass die Illusion eines echten Schauplatzes erzeugt wird. Deshalb macht der Autor detaillierte Angaben zu der Raumausstattung, zu den Requisiten, den Geräuschen usw.
- **Verbales Raumkonzept:** Das Bühnenbild besteht nur aus wenigen, zum Teil gleichbleibenden Gegenständen. Die Vorstellung des konkreten Schauplatzes entsteht erst in der Fantasie des Zuschauers und wird durch Äußerungen der Figuren hervorgerufen (Wortkulisse). Diese Technik des gesprochenen Raums spielte in der Vergangenheit eine große Rolle, als die Möglichkeiten, ein realistisches Bühnenbild aufzubauen, gering waren. In neuerer Zeit wird sie eingesetzt, um die Zuschauer daran zu hindern, sich der Illusion der gespielten Welt hinzugeben (z. B. im epischen Theater).

Methodik **Die räumliche Konzeption analysieren**

Bei der Analyse des Raums ist darauf zu achten,

- ob und in welchem Umfang in den Nebentexten die Gestaltung des Schauplatzes festgelegt wird (Bühnenanweisung) und
- wie im Dialog und Monolog die räumlichen Gegebenheiten dargestellt werden.

Requisiten, die längere Zeit auf der Bühne zu sehen sind, in das Spiel der Figuren einbezogen werden oder oft erwähnt werden, enthalten wichtige Hinweise für Zuschauer und Leser. Bei der Lektüre eines Dramas sollte man darauf achten, welche Requisiten wiederholt im Neben- oder Haupttext auftauchen.

Für das Verständnis eines Dramas sind der Raum und seine Ausgestaltung von großer Bedeutung – auch dann, wenn das Stück nur gelesen wird.

Wissen **Funktionen des Raums**

Der Raum dient

- als Aktionsfeld der Figuren; bestimmtes Geschehen (z. B. Belauschen einer Intrige) wird erst durch die räumliche Anordnung möglich,
- der indirekten Charakterisierung von Figuren (z. B. durch Requisiten),
- der Spiegelung der momentanen inneren Verfassung der Figuren, hierbei spielen auch Licht- und Toneffekte eine große Rolle (z. B. Dämmerung oder Gewitter),
- der symbolischen Verdeutlichung der Aussage. Mithilfe von Requisiten oder durch den Kontrast unterschiedlich ausgestatteter Räume kann auf grundlegende Probleme hingewiesen werden.

Aufgabe 5

Heiner Müller: „Fleischer und Frau“ (1974)

1. Erläutern Sie die Szene aus Heiner Müllers Drama, indem Sie die Raum- und Zeitstruktur besonders berücksichtigen.
2. Ordnen Sie anhand bestimmter Kriterien den Textausschnitt dem modernen Drama zu und begründen Sie Ihre Aussagen detailliert.

Im Braunhemd auf dem grünen Zweig

Kleinstadtfleischerei. Der Mann zieht seinen Fleischerkittel aus und eine SA-Uniform an. Die Frau nimmt ihm die Kleidungsstücke ab und reicht ihm die Uniformteile zu.

FRAU: Seit du in der SA bist, hab ich keine ruhige Minute.
Das steht bis auf die Straße für zweihundert Gramm, und keinem geht's schnell genug.

MANN: Daß ich in die SA gegangen bin, ist Dienst am Kunden. Wir hätten kein Fleisch am Haken. Und dein Bett wär auch leer, hab ich recht. Besser braun als feldgrau.

FRAU: Ich sag ja nichts.

MANN *malt sich ein Hakenkreuz auf die Stirn, die Frau hält den Spiegel:* Ein feindliches Bombenflugzeug ist bei der Stadt abgestürzt, im Wäldchen am Fluß, ein Amerikaner.

FRAU: Den sollt ihr wohl gefangennehmen.

MANN: Was weiß ich.

SA marschiert

Deutscher Wald. SA marschiert. Geräuschkulisse des deutschen Faschismus: Reden Heil Saalschlacht Kristallnacht Krieg.

SA / Heinz ist gewachsen / Bis zuletzt am Maschinengewehr / Siegfried kommt nach mir / Gestern kam der Brief / Dreimal operiert es ist die Galle / Im Osten stehts nicht gut / Kannst du was lockermachen, meine Ältste hat Verlobung / bis zuletzt am Maschinengewehr / ich kanns nicht machen / Gestern kam der Brief / Hast du gesagt im Osten stehts nicht gut / Trink mein Bier, kommt eine herein, rothaarig / Vielleicht kann ichs machen / Aber zu meiner Frau kein Wort / Kennst du den: ein Jude geht in Puff. Sagt die Wirtin: Sie können jetzt nicht rauf. Goebbels ist oben. Sagt der Jude / Teilung Halt / Der hat sein Fett / Den Arsch aufreißen / Rübe ab / Der ist halb verbrannt / Vielleicht ein Neger / Alles Juden

Pause, in der nur das Stöhnen des verwundeten Piloten zu hören ist.

TRUPPFÜHRER: Das schlägt in dein Fach, Sabest, du bist Fleischer.

Vom Amerikaner

Fleischerei, Fleischer und Frau. Kunden.

KUNDIN: Mein Mann läßt sagen: Herzlichen Glückwunsch, Herr Sabest, zum Verdienstkreuz. Der Herr Sabest, wenn der an der Front wäre, tät aus den Russen Beefsteak machen. Drei Schnitzel.

KUNDE: Die Heimat braucht auch Männer, was, Frau Sabest.

FRAU: Mein Mann ist krank. Sonst wär er nicht mehr hier. Vom Schwein?

KUNDE *lacht:* Vom Amerikaner.

Fleischers Traum

Das Innere eines Tieres / Menschen. (Wald aus Eingeweiden.) Blutregen. An einem Fallschirm hängt überlebensgroß eine Puppe, die mit dem Sternenbanner bekleidet ist. Ebermasken in SA-Uniform schießen auf die Puppe, erst nacheinander, dann gleichzeitig. Aus den Einschußlöchern rieselt Sägemehl. (Die Schüsse ohne Laut bzw. mit Schalldämpfer.) Wenn die Puppenhülle leer ist, wird sie vom Fallschirm gerissen und zerfetzt. Tanz der Ebermasken. Sie stampfen die Fetzen in das Sägemehl.

Die Frau

Swar im April, nachts, ich wach auf vom Schießen
Und seh im Feuerschein das leere Bett.
Ich weiß auch gleich, er ist dem Toten nach
Dem Amerikaner, weil der Russe kommt.
Ich denk, vielleicht ists gut so, morgen ist
Der Russe hier und besser Witwe als
Die Frau von einem der unterm Messer lebt.
Dann steh ich auf: was mach ich ohne Mann
Den Laden halt ich nicht und wer soll schlachten
Das Fleisch abladen ist auch Männerarbeit
Und die Kinder sind auch da. Ein Mann hat leicht
Ins Wasser gehen wenn er nicht weiter weiß
Und ich steh da, drei Kinder auf dem Hals
Und kann noch froh sein, wenn ich keins im Bauch hab
Wer gibt mir was.

Im Hemd ihm nachgerannt den Weg am Fluß
Den Schlüssel nicht vergessen, die Haustür zu
Und mich gefragt im Rennen: warum rennst du
Kehr um Bleib stehn Lauf langsam Was kommt kommt
Hast du den Amerikaner umgebracht
Freiwillig oder nicht, er hats getan
Wenn du ihn einholst jetzt was hast du gewonnen
Wenn du zu spät kommst was hast du verlorn.
Aber als ob sie nicht zu mir gehörn
Die Beine rennen weiter. Dann
Hör ich ihn stolpern durch das harte Schilf
Aufs Tiefe zu, den Toten im Genick
Ich denk noch: gut daß er nicht schwimmen kann
Da stirbt sichs leichter. Dann hör ich ihn brülln
Im Ersaufen.

Damals was hätt er machen solln als schießen.
Der Laden ging auch gut nachdem, die halbe
SA gab sich die Klinke in die Hand
Blut fängt Fliegen. Aber das ist auch wahr:
Er hätt sich nicht abjagen brauchen jetzt
Nach einem schnellen Tod und über Nacht mich
Zur Witwe machen, weil der Russe kommt
Hätt er den Amerikaner nicht erschossen
Der hatte auch Befehl und Krieg ist Krieg.
Wer konnte wissen daß es anders kommt
Eh Gras wächst über den, ein Sieg nach dem andern.
Und jetzt ists so gekommen und er stirbt jetzt.
Das soll vorbei sein. Warum bleib ich stehn
Halt mit den Händen meine Beine fest
Daß ich nicht losrenn und hol ihn heraus.
Er ist mein Mann. Daß ich mit ihm sterb, weil ich
Mit ihm gelebt hab war nicht ausgemacht.
Ich bin ihm eine gute Frau gewesen
Der Laden und der Haushalt und die Kinder
Und immer noch die Beine aufgemacht
Wenn ers gewollt hat. Und wie seh ich aus.
Hände wie Reibeisen, Hornhaut auf den Knien.
Meine besten Jahre. Wem bin ich was schuldig.
Er kann nicht schwimmen. Ich hol ihn heraus.
Wenn er mich mitnimmt, was wird aus den Kindern.
Kann sein, wenn ich ihn aus dem Wasser zieh
Daß ich ihn unters Beil schlepp. Warum ich.
Jetzt wird's auch wohl zu spät sein. Alles still.
Das Schießen wird schon laut. Das ist der Russe.
Besser ich weiß von nichts. Heim eh es hell wird.
Die Fische werden ihn nicht fressen. Mann.
Wenn er gefunden wird, ich weiß von nichts.
Vielleicht ists nicht zu spät. Ich hol ihn.

Kampf im Wasser
Ich hab ihn umgebracht. Er oder ich.
Das Wasser wärs gewesen ohne mich auch.
Und jetzt bin ichs die ihm den Weg gezeigt hat.
Wenn mir der Mann den Hals abreißt, muß ich
Stillhalten. Die Kinder sind auch da. Tot ist tot.

Bei der Untersuchung des Dramas spielt der Faktor **Zeit** in mehrfacher Hinsicht eine entscheidende Rolle. Für das Verständnis des Textes ist es beispielsweise wichtig zu wissen, unter welchen historischen Bedingungen eine Figur einen Entschluss fasst, zu welcher Tageszeit etwas geschieht oder in welchem Lebensabschnitt jemand von einem Ereignis betroffen ist. Hilfreich ist es, die zeitlichen Bedingungen im Hinblick auf folgende Punkte zu bestimmen.

Methodik Die zeitlichen Bedingungen untersuchen

- In welcher historischen Zeit spielt die Handlung?
- Was sind die politischen, sozialen, weltanschaulichen Hintergründe des Stückes?
- In welchem Verhältnis steht diese Zeit zur Gegenwart des zeitgenössischen und heutigen Publikums?
- In welchem Lebensabschnitt stehen die Figuren (z. B. erste Liebe, Midlife-Crisis, Todesnähe)?
- Kommt der Jahres- bzw. Tageszeit eine Bedeutung zu (z. B. Osterglocken in Goethes „Faust“, nächtlicher Spuk)?
- Stehen die Figuren unter Zeitdruck oder haben sie Zeit?

Es folgt eine Zusammenfassung aller bisher genannten Aspekte, die bei der Untersuchung eines Dramas eine Rolle spielen können.

Methodik Das Bühnengeschehen analysieren

Analyse des Handlungsverlaufs
- In welchen Schritten und in welchem Tempo geschehen die Ereignisse?
- Wie hängen äußere und innere Handlung zusammen?
- Welchen Handlungsspielraum haben die Figuren?

Analyse der Figuren
- Welche Merkmale werden dargestellt?
- Gibt es Veränderungen?
- In welchem Verhältnis stehen direkte und indirekte Charakterisierung zueinander?
- Wie sind die Figuren konzipiert?
- Gibt es bedeutsame Unterschiede in der Konzeption einzelner Figuren?
- In welchem Verhältnis stehen die Figuren zueinander? Verändert sich die Beziehung?

Analyse des Raums
- Ist der Schauplatz eher visuell oder verbal konzipiert?
- Sind die räumlichen Gegebenheiten für den Handlungsverlauf wichtig?
- Dienen Räume und Requisiten dazu, Figuren zu charakterisieren, Stimmungen oder Probleme zu verdeutlichen?

Analyse der Zeitumstände
- Wirken sich historische Ereignisse und Zustände auf Figuren und Handlungen aus?
- Welche Bedeutung haben die Zeitpunkte des Geschehens für die Figuren (Tages-, Jahres-, Lebenszeit)?

Bei der Textanalyse ist zu beachten, dass in einem Stück in der Regel nie alle Punkte gleichermaßen bedeutend sind und der Fragenkatalog nicht komplett abgearbeitet werden muss. Konzentrieren Sie sich bei einer freien Aufgabenstellung auf das, was Ihnen besonders wichtig erscheint. Werden in der Aufgabe bestimmte Aspekte genannt, gehen Sie darauf ein.

Aufgabe 6

Friedrich Schiller: „Maria Stuart“ (1800)
Analysieren Sie den Ausschnitt aus Schillers „Maria Stuart“, indem Sie die Figurenkonstellation genau erläutern und den Dialogverlauf beschreiben.

Erster Aufzug
Im Schloss zu Fotheringhay. – Ein Zimmer

Erster Auftritt
Hanna Kennedy, Amme der Königin von Schottland, in heftigem Streit mit Paulet, der im Begriff ist, einen Schrank zu öffnen. Drugeon Drury, sein Gehilfe, mit Brecheisen

KENNEDY: Was macht Ihr, Sir? Welch neue Dreistigkeit!
Zurück von diesem Schrank!
PAULET: Wo kam der Schmuck her?
Vom obern Stock ward er herabgeworfen,
Der Gärtner hat bestochen werden sollen
Mit diesem Schmuck – Fluch über Weiberlist!
Trotz meiner Aufsicht, meinem scharfen Suchen
Noch Kostbarkeiten, *noch* geheime Schätze!
(Sich über den Schrank machend)
Wo das gesteckt hat, liegt noch mehr!
KENNEDY: Zurück, Verwegner!
Hier liegen die Geheimnisse der Lady.
PAULET: Die eben such' ich.
(Schriften hervorziehend)
KENNEDY: Unbedeutende
Papiere, bloße Übungen der Feder,
Des Kerkers traur'ge Weile zu verkürzen.
PAULET: In müß'ger Weile schafft der böse Geist.
KENNEDY: Es sind französische Schriften.
PAULET: Desto schlimmer!
Die Sprache redet Englands Feind.
KENNEDY: Konzepte
Von Briefen an die Königin von England.
PAULET: Die überliefr' ich – Sieh! Was schimmert hier?
(Er hat einen geheimen Ressort geöffnet und zieht aus einem verborgenen Fach Geschmeide hervor.)
Ein königliches Stirnband, reich an Steinen,
Durchzogen mit den Lilien von Frankreich!
(Er gibt es seinem Begleiter.)
Verwahrt's, Drury. Legt's zu dem Übrigen!
(Drury geht ab.)
KENNEDY: O schimpfliche Gewalt, die wir erleiden!
PAULET: Solang' sie noch besitzt, kann sie noch schaden,
Denn alles wird Gewehr in ihrer Hand.
KENNEDY: Seid gütig, Sir. Nehmt nicht den letzten Schmuck
Aus unserm Leben weg! Die Jammervolle
Erfreut der Anblick alter Herrlichkeit,
Denn alles andre habt Ihr uns entrissen.
PAULET: Es liegt in guter Hand. Gewissenhaft
Wird es zu seiner Zeit zurückgegeben!
KENNEDY: Wer sieht es diesen kahlen Wänden an,
Dass eine Königin hier wohnt? Wo ist
Die Himmeldecke über ihrem Sitz?
Muss sie den zärtlich weichgewöhnten Fuß
Nicht auf gemeinen rauen Boden setzen?
Mit grobem Zinn – die schlecht'ste Edelfrau
Würd' es verschmähn – bedient man ihre Tafel.
PAULET: So speiste sie zu Sterlyn ihren Gatten,
Da sie aus Gold mit ihrem Buhlen trank.
KENNEDY: Sogar des Spiegels kleine Notdurft mangelt.
PAULET: Solang' sie noch ihr eitles Bild beschaut,
Hört sie nicht auf zu hoffen und zu wagen. [...]

4.4
Regeln zur Analyse von dramatischen Texten

Bei der Analyse von Ausschnitten aus Dramentexten gibt es zwei Besonderheiten:

- Das Vorwissen aus dem Unterricht über Figuren und Handlung, Aufbau und Bauform sowie die Aussageabsicht des Autors selbst bilden den Hintergrund Ihrer Textanalyse. Ihre Untersuchungsergebnisse sollten damit im Einklang stehen.
- Die vorgelegte Szene kann nicht isoliert betrachtet werden, sondern sie muss in den Handlungszusammenhang, den Aufbau und die Intention des gesamten Dramas eingeordnet werden.

Aufgrund dieser Besonderheiten wird die Standardaufgabe („Analysieren Sie diesen Textausschnitt.“) häufig mit weiterführenden Aufgaben kombiniert, die sich auf den gesamten Dramentext beziehen und Kenntnisse aus dem Unterricht verlangen (z. B. „Analysieren Sie diesen Textausschnitt und begründen / beurteilen Sie das Verhalten der Figuren.“).

Die Untersuchung eines Dramentextes erfordert einen längeren, intensiven Analyseprozess. Führen Sie nacheinander zwei Arbeitsgänge durch:

- die **Vorarbeiten,** d. h. die sachgerechte Analyse des Textausschnitts (gegebenenfalls unter den in der Aufgabe vorgegebenen Aspekten), und
- die **Niederschrift,** d. h. das Aufschreiben der Untersuchungsergebnisse in einer folgerichtigen und plausiblen Argumentation.

Tipp

Es ist unverzichtbar, den zu interpretierenden Text gründlich und unter verschiedenen Aspekten durchzuarbeiten und sich Stichworte dazu zu notieren. Ein Text erschließt sich oft durch farbige Unterstreichungen schneller und präziser.

Die folgenden Arbeitsschritte, die die Vorarbeiten zu Ihrer Analyse gliedern, dienen als Orientierung und sind gegebenenfalls an die konkrete Aufgabenstellung anzupassen. Wenn Sie die im Folgenden beschriebenen Arbeitsschritte zur Analyse eines Dramentextes einhalten, haben Sie eine gute Grundlage, um anschließend Ihre Untersuchungsergebnisse zu formulieren.

Methodik Die Dramenanalyse vorbereiten

1. Arbeitsschritt
- Festhalten des ersten Eindrucks (dieser kann später in der Einleitung verwendet werden)
- Klärung der Handlungsvoraussetzungen (aktueller Stand der Handlung, an dem der Textausschnitt einsetzt)
- Bestimmung des Handlungsortes und der Figuren
- Gliederung des Ausschnitts in verschiedene Auftritte

2. Arbeitsschritt
- schrittweise Analyse des Gesprächsverlaufs
- Erschließen der Ziele, Absichten und Beziehungen der Figuren
- Erfassen der nicht sprachlichen Vorgänge (Sprechtexte sind zugleich Handlungsanweisungen.)
- Charakterisierung der Rede und des Stils

3. Arbeitsschritt
- Untersuchung bestimmter Aspekte, die in der Aufgabenstellung genannt werden
- Bei einer offenen Aufgabenstellung („Analysieren Sie den Text.") wählen Sie selbst Aspekte, die Ihnen wichtig erscheinen.
- Berücksichtigen Sie z. B. inhaltliche Aspekte, die sich aus dem Vorwissen aus dem Unterricht ergeben, oder konzentrieren Sie sich auf charakteristische Merkmale der Figuren, Figurenkonstellation und die Funktion von Raum und Requisiten.

4. Arbeitsschritt
Vor der Niederschrift der Ergebnisse wird der Blick nochmals auf das gesamte Drama gelenkt; stellen Sie sich dabei folgende Fragen:
- Was bedeutet diese Szene für das Schicksal der Figuren?
- Was erfährt der Zuschauer Neues, werden Spannungen erzeugt oder gelöst?
- Welche Funktion hat die Szene im Aufbau des Dramas?
- Was trägt die Szene zur Aussage des Stücks bei?

Wie bei jeder anderen Textanalyse gibt es zwei unterschiedliche Verfahren, den Text zu untersuchen, nämlich
- das **lineare Verfahren,** bei dem der Text in der vorgegebenen Reihenfolge schrittweise vom Anfang bis zum Ende untersucht wird (sinnvoll, wenn der Dialogverlauf, die Redestrategie der Figuren oder der Gedankenaufbau eines Monologs aufgezeigt werden sollen), und
- das **aspektorientierte Verfahren,** bei dem nacheinander einzelne Gesichtspunkte des Textes untersucht werden (sinnvoll, wenn in der Aufgabe viele Aspekte angegeben werden).

Methodik Gliederung einer Dramenanalyse

Einleitung
- Angaben zu Autor, Titel, Akt und Auftritt, Entstehungszeit und Thema
- Angaben zum Schauplatz, den auftretenden Figuren und den unmittelbaren Handlungsvoraussetzungen
- Es ist außerdem sinnvoll, an dieser Stelle ein erstes vorläufiges Textverständnis in Form einer Arbeitshypothese zu formulieren.

Hauptteil
- lineare oder aspektorientierte Untersuchung
- Deuten Sie den Text beim linearen Verfahren Abschnitt für Abschnitt.
- Dabei dürfen Sie die Dialoge und Monologe nicht paraphrasieren.
- Gliedern Sie den Hauptteil beim aspektorientierten Verfahren nach den einzelnen Deutungsaspekten. Beziehen Sie sich dabei in jedem Abschnitt auf den gesamten Textausschnitt.

Schluss
- Möglich sind: verallgemeinernde Zusammenfassung der Untersuchungsergebnisse; Blick auf übergreifende Zusammenhänge; Erläuterung der verschiedenen Funktionen der Dramenszenen.
- Versuchen Sie zu formulieren, welchen Beitrag der Textausschnitt für die Wirkung und Aussage des Dramas leistet.

Sie sollten Ihre Analyse so anlegen, dass ihr Verstehensprozess mühelos nachvollzogen werden kann. Helfen Sie dem Leser, den Aufbau Ihrer Arbeit zu durchschauen und den roten Faden zu erkennen.

- Gliedern Sie Ihren Text in Abschnitte. Setzen Sie innerhalb dieser Abschnitte Absätze, wenn Sie von einem Aspekt zum anderen übergehen.
- Informieren Sie den Leser über Ihre Vorgehensweise. Besonders neue Abschnitte sollten mit entsprechenden Hinweisen eingeleitet werden (z. B. *Ich gehe nun auf folgenden Aspekt ein …, Ein weiterer Aspekt ist …, Abschließend möchte ich …* usw.)
- Paraphrasen sind zu vermeiden, d. h., man sollte sich sprachlich nicht zu eng an die Textvorlage anlehnen. Die Dialoge sollten nicht nur erläuternd und kommentierend zusammengefasst werden. Vielmehr sollten Beschreibungen und Deutungen miteinander verknüpft werden.

Methodik **Die richtige Beschreibungssprache verwenden**

- Verwenden Sie die **Zeitform der Gegenwart.** Textanalysen und Interpretationen werden im Präsens verfasst, auch wenn die Texte selbst in der Vergangenheitsform stehen.
- Benutzen Sie eine **sachlich korrekte Ausdrucksweise.**
- **Fachbegriffe** dienen zur genaueren Bezeichnung des Gemeinten. Wer die Fachterminologie benutzt, zeigt Distanz zum Text und vermeidet die Gefahr, ihn bloß zu paraphrasieren.
- Benutzen Sie **logische Verknüpfungen,** um Zusammenhänge zu verdeutlichen.
- Verwenden Sie die **indirekte Redewiedergabe,** um dem Leser zu verdeutlichen, dass Aussagen von einer Figur stammen und nicht Ihre eigenen Ansichten sind. Achten Sie dabei auf die Redeeinleitung und den Gebrauch des Konjunktivs in der indirekten Rede.
- Zur Verwendung von **Zitaten** siehe S. 10.

Um logische Zusammenhänge zu verdeutlichen, ist es sinnvoll, bestimmte gedankliche Zusammenhänge durch entsprechende sprachliche Formulierungen auszudrücken.

Tipp

Folgerung
Hieraus ergibt sich ...
Folglich ...
Das lässt erkennen, dass ...

Beleg
Dies wird deutlich in der Zeile ...
Darauf weist auch ... hin.

Einschränkung
Allerdings ist zu berücksichtigen, dass ...
Einerseits ..., andererseits ...

Fortführung
Darüber hinaus findet sich ...
Zudem zeigt sich ...
Außerdem ...

Begründung
Denn ...
Da ...

Aufgabe 7

Heiner Müller: „Das Laken oder Die unbefleckte Empfängnis" (1974)
Interpretieren Sie den Text und deuten Sie ihn als modernes Drama.

Berlin 1945. Ein Keller. Zwei Frauen auf Koffern.

EIN MANN *kommt:*
Da steht der Russe. Hier steht die SS.
Am Eck die Fleischerei ist ausgebrannt.
Die guten Schinken.
Schlachtlärm.
EIN SOLDAT *stürzt herein, reißt sich die Uniform vom Leib:*
Habt ihr was gesehn?
Schweigen.
DER MANN: Das schmeckt nach Hochverrat.
DER SOLDAT: Ich brauch Zivil.
DER MANN *zu der jungen Frau:*
Geh nachsehn, ob der Russe vorgeht.
Die Frau kriecht aus dem Keller. Schweigen. Die Frau kommt zurück.
JUNGE FRAU: Ja.
Der Mann wirft dem Soldaten eine Jacke zu.
DER MANN: Ein Laken.
ALTE FRAU: Nicht von meinen.
JUNGE FRAU: Hab ich mehr?
DER SOLDAT *zur alten Frau:*
Dein Laken wärmt dich nicht, Frau, wenn du kalt bist.
ALTE FRAU: Und die SS, wenn die das hängen sehn
Hängt uns.
DER MANN: Das ist auch wahr. Da helf sich einer.
Schlachtlärm.
DER SOLDAT: Was da herankommt, ist nicht die SS.
DER MANN: Kamerad, du hast die Tapferkeit gelernt
Zeig, daß du was gelernt hast. Frau, das Laken.
Die Frauen geben Laken heraus. Der Mann gibt eines an den Soldaten weiter.
DER SOLDAT: Ich mach, was ihr gewollt habt.
DER MANN: Ja. Machs schnell.
Der Soldat geht mit dem Laken hinaus und kommt zurück mit leeren Händen. Zwei SS-Männer treten in den Keller, das zerrissene Laken am Boden nachschleifend.
1. SS-MANN: Was siehst du, Kamerad?
2. SS-MANN: Zwei Hochverräter.
1. SS-MANN *richtet die Maschinenpistole auf den Kameraden:*
Zwei?
2. SS-MANN: Vier.
1. SS-MANN: Was steht auf Hochverrat?
2. SS-MANN *grinst und zieht einen Strick aus der Tasche:*
Der Strick.
DER MANN: Ihr Herren, uns laßt aus. Der ists gewesen.
Er zeigt auf den Soldaten.
DER SOLDAT *zeigt auf den Mann:*
Ich hab gemacht, was der gewollt hat.
DER MANN: Ich
Habs nicht gewollt.
ALTE FRAU: Wir haben nichts gewollt.
Schlachtlärm. Die SS-Männer stürzen sich auf den Soldaten und schleifen ihn hinaus. Der Soldat schreit.
JUNGE FRAU: Hört wie er schreit.
ALTE FRAU: Nicht mehr.
DER MANN: Ich hol die Jacke.
Der Mann kriecht aus dem Keller und kommt schnell zurück, ohne die Jacke.
DER MANN: Der Russe kommt. Was läuft, ist die SS.
Die Jacke haben sie ihm ausgezogen.
Zwei Soldaten und ein Kommandeur der Roten Armee treten in den Keller, die Soldaten mit dem Leichnam des Deserteurs, den sie auf das Laken legen.
KOMMANDEUR: Hitler kaputt jetzt Frieden. Sohn?
MANN: Sohn.
Die alte Frau nickt heftig.
KOMMANDEUR: Chleb.
Einer der Soldaten wirft ihr ein Brot zu, der andere bricht sein Brot übers Knie und teilt mit dem ersten. Der Kommandeur und die Soldaten salutieren und verlassen den Keller. Über dem Toten beginnt der Kampf der Überlebenden um das Brot.

5
Die Analyse von epischen Texten

Epische Texte bilden neben Lyrik und Dramatik eine der drei literarischen Grundgattungen. Sie umfassen alle Möglichkeiten fiktiven Erzählens, ob in Versen oder in Prosa. Bei der Analyse geht es unter anderem darum, den Text in seiner jeweils charakteristischen Erzählweise zu beschreiben und zu erklären. Sie werden feststellen, dass epische Texte und die Interpretationen solcher Texte ähnliche Elemente aufweisen, wie Sie sie bereits in den vorangegangenen Kapiteln erarbeitet haben. Darüber hinaus zeichnet sich diese Gattung jedoch durch Merkmale aus, die einer besonderen Betrachtung bedürfen.

5.1
Kennzeichen von epischen Texten

Die künstlerische Intention eines Autors kann von einem bereits vorhandenen **Stoff** angeregt werden, der, real oder fiktiv, durch Bearbeitung und Verknüpfung zum eigentlichen Stoff wird.

Im Stoff findet der Autor sein Thema, d.h. den Grundgedanken, die Problematik oder die Grundidee für seine Geschichte. Die **Grundidee** ist der äußerst abstrahierte und komprimierte Kern einer Geschichte, der einen Sinn vermitteln und zur Deutung anregen soll.

Der Autor organisiert nach seinen künstlerischen Intentionen eine Abfolge der Ereignisse **(Fabel** oder **Plot)**, d.h., er verändert Zeiten und Räume, bildet nach seiner Vorstellung Figuren und Figurenkonstellation, betont Wesentliches, lässt Unwichtiges fort, relativiert, verknüpft und trennt und schafft so eine neue fiktive Wirklichkeit.

Wissen **Fiktion**

Fiktion ist das Grundelement der epischen (und dramatischen) Dichtung. Erfundene Sachverhalte werden real dargestellt, und es wird auf diese Weise Wirklichkeitsillusion erzeugt, d.h., das Geschehen wird so erzählt, wie es in Wirklichkeit sein könnte.

Um dem Leser seine Geschichte und Absicht vermitteln zu können, wählt der Autor ein erzählendes Medium: den **fiktiven Erzähler,** von dem nicht auf den Autor geschlossen werden darf. Der Autor kann, je nach seiner künstlerischen Intention, den Erzähler gestalten und ihn mit einem spezifischen Verhalten und einer angemessenen Sprache ausstatten.

Wissen **Autor und Erzähler**

Autor und Erzähler sind zu unterscheiden:
- Der **Autor** ist eine real existierende Person, die eine bestimmte Intention hat, vor der Niederschrift eines Textes über Auswahl und Anordnung des Stoffs entscheidet und festlegt, in welcher Weise dieser Stoff erzählt wird.
- Der **Erzähler** ist eine vom Autor erfundene Figur (oft aber auch nur eine anonyme „Erzählinstanz"), die im Text auftritt und den Stoff aus ihrer Perspektive vermittelt und unter Umständen eigene Ansichten dazu äußert.

5.2 Formen epischer Texte

Innerhalb der Gattung Epik gibt es unterschiedliche Arten von erzählenden Texten. Formal betrachtet kann man die Texte einteilen in Versepos und Erzählprosa. Durchgesetzt hat sich die Einteilung in Kurzepik und Großepik.

Wissen **Kurzepik und Großepik**

- Die **Kurzepik** umfasst kürzere epische Texte wie *Erzählung, Kurzgeschichte, Novelle, Anekdote, Fabel, Märchen, Sage* und *Legende.*
- Die **Großepik** zeichnet sich aus durch Ausführlichkeit und ausschmückende Darstellung. Zu ihr gehören *Roman* und *Versepos.*

Jede Erzählform hat ihre besonderen Eigenschaften und Aspekte, auf die Sie beim Interpretieren achten sollten. Oftmals gibt die Aufgabenstellung Hinweise.

Typische Aufgabenstellungen
- Finden Sie im Text typische Merkmale der Kurzgeschichte.
- Interpretieren Sie die Novelle unter besonderer Berücksichtigung der Merkmale dieser Textsorte.
- Erläutern Sie anhand des vorliegenden Textes die typischen Merkmale einer Anekdote.

Wissen **Merkmale ausgewählter epischer Kleinformen**

- **Erzählung:** epische Kleinform (bis ca. 20 Seiten), deren Aufbau nicht festgelegt ist, die aber über eine in Schritten entwickelte, meist realistische Handlung und über Nebenhandlungen verfügt; kürzer als der Roman, breiter als die Kurzgeschichte angelegt
- **Kurzgeschichte:** kurze, prägnante, auf einen Höhepunkt zulaufende Geschichte, deren Helden oft gesellschaftliche Außenseiter in Grenzsituationen sind; formale Merkmale sind offener Anfang und offenes Ende (keine Exposition und kein abgerundeter Schluss); realistische, nüchterne Schreibweise
- **Novelle:** Darstellung eines zentralen Konflikts mit einer geradlinig konzentrierten Handlungsführung (Exposition, Steigerung, pointierter Wendepunkt, Abfall, Ausklang); Leitmotive und Dingsymbol führen auf den zentralen Konflikt hin; Bemühen um objektive Darstellung; macht den Zusammenhang von Schicksal und Charakter deutlich

Viele epische Texte gehen auf eine mündliche Volkstradition zurück. Zu den mündlich überlieferten Formen der Epik gehören u. a. das Märchen und die Sage.

- **Märchen:** Typisch sind die Eingangsformel, die Hauptfigur in der Bewährung, Kontrastfiguren, die der Zeit und des Raumes enthoben sind, der glückliche Ausgang mit Schlussformel. Man unterscheidet überlieferte **Kunstmärchen** (= Werk eines bestimmten Dichters, d. h. schriftlich überliefert) und **Volksmärchen** (= keinem bestimmten Autor zuzuordnen).
- **Sage:** Sie greift im Gegensatz zum frei erfundenen Märchen ein tatsächliches Geschehen auf. Die Sage erzählt von einem historischen Geschehen mit realem Kern und hat oft einen tragischen Ausgang.

Didaktische Formen der Epik zielen auf die Belehrung des Lesers ab:

- **Legende:** Erzählung aus dem Leben eines Heiligen; reale Figur in einer nicht realen Situation; guter Ausgang
- **Fabel:** Kurztext, der eine Moral oder Lehre vermittelt; Tiere sind Handlungsträger und werden mit typischen menschlichen Eigenschaften ausgestattet; die Fabel besteht aus den Elementen Situation, Rede und Gegenrede, Ergebnis (Pointe); Ironie und Satire sind häufiges Gestaltungsprinzip mit dem Ziel der Gesellschaftskritik.
- **Parabel:** kurze Erzählung mit Gleichnischarakter, d. h. Darstellung des Allgemeinen im Besonderen durch eine Bild- und Sachebene; typisierende Figuren; eine Parabel versucht, die Existenz zu deuten.
- **Kalendergeschichte:** Ereignisse aus dem Volksleben; im einfachen und verständlichen Stil geschrieben, um zu belehren, zu unterhalten oder Anweisungen für bestimmtes Verhalten zu geben

Der Unterhaltung dienen Formen der komischen Epik:

- **Schwank:** scherzhafte Karikatur von Alltagsnormen; einsträngige Handlung mit Pointe; Gestaltungsmittel sind Gegensätze, Übertreibung oder Typisierung
- **Anekdote:** besonderes Ereignis aus dem Leben einer historischen Persönlichkeit; steigende Spannung mit Pointe als Lösung; Unterhaltung und Belehrung durch Aufzeigen des Typischen am Einzelfall

Der **Roman** als epische Großform verfügt oft über mehrere Handlungsstränge und Hauptfiguren. Im 20. Jahrhundert entstanden neue Erzähltechniken, die sich auf die Figurendarstellung und die Raum-, Zeit- und Sprachgestaltung auswirkten. Die Gattung Roman lässt sich in verschiedene Formen einteilen; hierbei gibt es freilich Überschneidungen.

Wissen **Formen des Romans**

Verschiedene Formen des Romans sind u. a.:

- **Abenteuerroman:** Darstellung von gesuchten / erduldeten Abenteuern
- **Bildungsroman:** Bildungsgang des Helden als Prozess: Jugendjahre – Krise und Auseinandersetzung mit der Welt – Erkenntnis, d. h. Einordnung in die Welt und Anerkennung notwendiger Normen
- **Briefroman:** ein Roman in Briefform, in dem die Briefe schreibende Figur die Rolle des Erzähler übernimmt
- **Entwicklungsroman:** chronologische Darstellung der Entwicklung eines Helden
- **Gesellschaftsroman:** realistische Darstellung von Zeitereignissen in fiktiver Handlung; psychologische Analyse der Figuren
- **Kriminalroman:** auf Spannung angelegter Roman, bei dem der Verbrecher bzw. das Verbrechen im Mittelpunkt steht
- **Künstlerroman:** Darstellung des problematischen Verhältnisses eines Künstlers zu seiner Umwelt
- **Staatsroman / utopischer Roman:** Darstellung eines meist idealisierten Gegenentwurfs zu realen gesellschaftlichen / politischen Gegebenheiten

Hinsichtlich der Qualität eines Romans ist der Begriff **Trivialroman** wichtig. Es handelt sich um eine Romanform, die lediglich der Unterhaltung dient und deren Komposition und Handlungsverlauf klar und vorhersagbar sind. Die Figuren sind typisiert, die Orte austauschbar. Das Weltbild ist undifferenziert, die Sprache emotional und anspruchslos.

Aufgabe 1

Heinrich Bölls „Monolog eines Kellners“ (S. 71) ist eine Kurzgeschichte; Franz Kafkas Text „Vor dem Gesetz“ (S. 87) ist eine Parabel. Finden Sie in den Texten Beispiele für die Merkmale der jeweiligen Textsorte.

5.3 Der Erzähler

Typische Aufgabenstellungen

- An welchen Stellen des Textes wird der Erzähler sichtbar?
- Interpretieren Sie den Text unter Berücksichtigung des Erzählerverhaltens und dessen Wirkung auf den Leser.
- Erläutern Sie die Haltung des Erzählers gegenüber dem Erzählten und belegen Sie dies mit kennzeichnenden Stellen.

Der **Erzähler** ist die vom Autor erfundene Figur oder Erzählinstanz, die zwischen den dargestellten Vorgängen und den Lesern vermittelt und unter Umständen ihre eigenen Ansichten dazu äußert. Der Erzähler kann in zwei Formen auftreten: als **Ich-Erzähler** oder als **Er-Erzähler.**

Wissen **Die Erzählform: Ich-Erzähler und Er-Erzähler**

- Der **Ich-Erzähler** erzählt in der Ich-Form von dem Geschehen und ist Teil der Handlung. Er ist eine handelnde Figur und als solche deutlich zu erkennen und zu beschreiben.
- Der **Er-Erzähler** spielt in der Handlung keine Rolle; er erzählt nur die Geschichte anderer Figuren. Er tritt daher nicht als eine eigenständige, ausgestaltete und beschreibbare Figur auf.

Der **Er-Erzähler** ist gewöhnlich nur daran zu erkennen, wie er das Geschehen erzählt und gegebenenfalls kommentiert. Auch wenn der Er-Erzähler nicht als charakterisierbare Figur zu greifen ist, existiert er doch als ein vom Autor eingesetztes Medium mit eigenem Standort und eigenen Einstellungen, die analysiert werden müssen.

Der **Ich-Erzähler** verfügt über einen auf seine Erfahrungen beschränkten Blickwinkel. Er kann nur von seinen eigenen Gefühlen und Gedanken berichten. Andere Figuren werden aus der Außensicht dargestellt, denn der Ich-Erzähler hat keinen Einblick in ihr Innenleben.

Die Figur, die sich mit „ich" bezeichnet, tritt in einer Ich-Erzählung immer in zwei Rollen auf:

- als **erzählendes Ich** (= der Erzähler einer Geschichte) und
- als **erlebendes Ich** (= der Erzähler ist eine handelnde Figur).

Aufgabe 2

Bestimmen Sie in den folgenden Texten den Erzähler: „Monolog eines Kellners" von Heinrich Böll (S. 71), „Das Fenster-Theater" von Ilse Aichinger (S. 72) und „Grün ist schöner" von Gabriele Wohmann (S. 76).

Der Erzähler nimmt einen bestimmten Blickwinkel auf das Geschehen ein und entscheidet so, wie der Stoff auf den Leser wirkt. Man spricht daher von dem Blickwinkel oder der **Erzählperspektive,** aus der ein Geschehen dargestellt wird. Die Art, wie der Erzähler über die Geschehnisse und Figuren spricht, nennt man auch **Erzählverhalten.**

Wissen Möglichkeiten des Erzählverhaltens

Man unterscheidet

- **auktoriales Erzählverhalten**: Die Erzählerfigur tritt deutlich in Erscheinung und vermittelt das Geschehen.
- **personales Erzählverhalten**: Der Erzähler wird kaum bemerkt und wählt die Perspektive einer Figur.
- **neutrales Erzählverhalten**: Der Erzähler wählt die Perspektive einer Kamera und erzählt „von außen“.

Ein **auktorialer Erzähler** kommentiert und kommuniziert mit dem Leser. Zu dem Geschehen hat er Distanz. Er erzählt von einem überlegenen Standort aus und kennt die Gefühle und Gedanken aller Figuren (allwissender Erzähler). Ist eine Ich-Erzählung eher auktorial erzählt, steht das erzählende Ich in einem deutlichen zeitlichen und geistigen Abstand zu dem erlebenden Ich und erzählt, was es „einst“ erlebt hat. Sein Blick ist begrenzt, da ihm die Innensicht anderer versperrt ist.

Der **personale Erzähler** mischt sich kaum in das Geschehen ein und kommuniziert nicht mit dem Leser. Er übernimmt weitgehend den Blickwinkel einer Figur, d. h., der Horizont des Erzählers (und damit auch des Lesers) ist auf den Erfahrungsbereich dieser Perspektivenfigur eingeschränkt. Ist eine Ich-Erzählung eher personal erzählt, so unterscheidet sich das erzählende Ich im Blickwinkel nicht von dem erlebenden Ich (z. B. beim Führen eines Tagebuchs).

Der **neutrale Erzähler** beschreibt das Geschehen nur von außen, Gefühle und Gedanken kommen nicht zur Sprache. Gespräche werden unkommentiert in direkter Rede wiedergegeben. Der Leser hat so den Eindruck, unmittelbarer Zeuge des Geschehens zu sein.

Wissen Erzählhaltung

Die Wertvorstellungen des Erzählers bestimmen, in welcher Weise der Leser den Stoff (Figuren, Handlung, Ort und Zeit) sieht. Der Erzähler kann unterschiedliche **Erzählhaltungen** zum Erzählten einnehmen, d. h., er kann z. B. Sympathie, Ironie oder Distanz zeigen. Seine Haltung kann sich selbst innerhalb eines kurzen Textes verändern.

Aufgabe 3

Heinrich Böll: „Monolog eines Kellners“ (1955)

1. Analysieren Sie das Erzählerverhalten in der folgenden Kurzgeschichte.
2. Erzählen Sie die Geschichte ab Zeile 50 nochmals, wählen Sie den personalen Er-Erzähler, wobei der Junge die Perspektivenfigur ist.

1 Ich weiß nicht, wie es hat geschehen können; schließlich bin ich kein Kind mehr, bin fast fünfzig Jahre und hätte wissen müssen, was ich tat – und hab's doch getan, noch dazu, als ich schon Feierabend hatte und mir eigentlich nichts mehr hätte passieren können. Aber es ist passiert, und so hat mir der Heilige Abend die Kündigung beschert. Alles war reibungslos verlaufen: Ich hatte beim Dinner serviert, kein Glas umgeworfen, keine Soßenschüssel umgestoßen, keinen Rotwein verschüttet, mein Trinkgeld kassiert und mich auf mein Zimmer zurückgezogen, Rock und Krawatte aufs Bett geworfen, die Hosenträger von den Schultern gestreift, meine Flasche Bier geöffnet, hob gerade den Deckel von der Terrine und roch: Erbsensuppe. Die hatte ich mir beim Koch bestellt, mit Speck, ohne Zwiebeln, aber sämig, sämig. Sie wissen sicher nicht, was sämig ist; es würde lange dauern, wenn ich es Ihnen erklären wollte: Meine Mutter brauchte drei Stunden, um zu erklären, was sie unter sämig verstand. Na, die Suppe roch herrlich, und ich tauchte die Schöpfkelle ein, füllte meinen Teller, spürte und sah, daß die Suppe richtig sämig war – da ging meine Zimmertür auf, und herein kam der Bengel, der mir beim Dinner aufgefallen war: klein, blaß, bestimmt nicht älter als acht, hatte sich den Teller hoch füllen und alles, ohne es anzurühren, wieder abservieren lassen: Truthahn und Kastanien, Trüffeln und Kalbfleisch, nicht mal vom Nachtisch, den doch kein Kind vorübergehen läßt, hatte er auch nur einen Löffel gekostet, ließ sich fünf halbe Birnen und nen halben Eimer Schokoladensoße auf den Teller kippen und rührte nichts, aber auch nichts an, und sah doch dabei nicht mäklig aus, sondern wie jemand, der nach einem bestimmten Plan handelt. Leise schloß er die Tür hinter sich und blickte auf meinen Teller, dann mich an: „Was ist denn das?“ fragte er. „Das ist Erbsensuppe“, sagte ich. „Die gibt es doch nicht“, sagte er freundlich, „die gibt es doch nur in dem Märchen von dem König, der sich im Wald verirrt hat.“ Ich hab's gern, wenn Kinder mich duzen: die Sie zu einem sagen, sind meistens affiger als die Erwachsenen. „Nun“, sagte ich, „eins ist sicher: das ist Erbsensuppe.“ – „Darf ich mal kosten?“ – „Sicher, bitte“, sagte ich, „setz dich hin.“ Nun, er aß drei Teller Erbsensuppe, ich saß neben ihm auf meinem Bett, trank Bier und rauchte und konnte richtig sehen, wie sein kleiner Bauch rund wurde, und während ich auf dem Bett saß, dachte ich über vieles nach, was mir inzwischen wieder entfallen ist; zehn Minuten, fünfzehn, eine lange Zeit, da kann einem schon viel einfallen, auch über Märchen, über Erwachsene, über Eltern und so. Schließlich konnte der Bengel nicht mehr, ich löste ihn ab, aß den Rest der Suppe, noch eineinhalb Teller, während er auf dem Bett neben mir saß. Vielleicht hätte ich nicht in die leere Terrine blicken sollen, denn er sagte, „Mein Gott, jetzt habe ich dir alles aufgegessen.“ – „Macht nichts“, sagte ich, „ich bin noch satt geworden. Bist du zu mir gekommen, um Erbsensuppe zu essen?“ – „Nein, ich suche nur jemand, der mir helfen kann, eine Kuhle zu finden; ich dachte, du wüßtest eine.“ Kuhle, Kuhle, dann fiel's mir ein, zum Murmelspielen brauchte man eine, und ich sagte: „Ja, weißt du, das wird schwer sein, hier im Haus irgendwo eine Kuhle zu finden.“ – „Können wir nicht eine machen“, sagte er, „einfach eine in den Boden des Zimmers hauen?“ Ich weiß nicht, wie es hat geschehen können, aber ich hab's getan, und als der Chef mich fragte: „Wie konnten Sie das tun?“ wußte ich keine Antwort. Vielleicht hätte ich sagen sollen: „Haben wir uns nicht verpflichtet, unseren Gästen jeden Wunsch zu erfüllen, ihnen ein harmonisches Weihnachtsfest zu garantieren?“ Aber ich hab's nicht gesagt, ich hab geschwiegen. Schließlich konnte ich nicht ahnen, daß seine Mutter über das Loch im Parkettboden stolpern und sich den Fuß brechen würde, nachts, als sie betrunken aus der Bar zurückkam. Wie konnte ich das wissen? Und daß die Versicherung eine Erklärung verlangen würde, und so weiter, und so weiter. Haftpflicht, Arbeitsgericht, und immer wieder: unglaublich. Sollte ich ihnen erklären, daß ich die drei Stunden, drei geschlagene Stunden lang mit dem Jungen Kuhle gespielt habe, daß er immer gewann, daß er sogar von meinem Bier getrunken hat, – bis er schließlich todmüde ins Bett fiel? Ich hab nichts gesagt, aber als sie mich fragten, ob ich es gewesen bin, der das Loch in den Parkettboden geschlagen hat, da konnte ich nicht leugnen; nur von der Erbsensuppe haben sie nichts erfahren, das bleibt unser Geheimnis. Fünfunddreißig Jahre im Beruf, immer tadellos geführt. Ich weiß nicht, wie es hat geschehen können; ich hätte wissen müssen, was ich tat, und hab's doch getan: Ich bin mit dem Aufzug zum

Hausmeister hinuntergefahren, hab' Hammer und Meißel geholt, bin mit dem Aufzug wieder raufgefahren, hab ein Loch in den Parkettboden gestemmt. Schließlich konnte ich nicht ahnen, daß seine Mutter darüber stolpern würde, als sie nachts um vier betrunken aus der Bar zurückkam. Offen gestanden, ganz so schlimm finde ich es nicht, auch nicht, daß sie mich rausgeschmissen haben. Gute Kellner werden überall gesucht.

Aufgabe 4

Ilse Aichinger: „Das Fenster-Theater" (1953)

1. Analysieren Sie die Erzählweise unter besonderer Berücksichtigung des Erzählerverhaltens und der Erzählhaltung.
2. Zeigen Sie, an welchen Stellen von der vorherrschenden Perspektive abgewichen wird, und erläutern Sie die Funktion dieser Abweichung.

Die Frau lehnte am Fenster und sah hinüber. Der Wind trieb in leichten Stößen vom Fluss herauf und brachte nichts Neues. Die Frau hatte den starren Blick neugieriger Leute, die unersättlich sind. Es hatte ihr noch niemand den Gefallen getan, vor ihrem Haus niedergefahren zu werden. Außerdem wohnte sie im vorletzten Stock, die Straße lag zu tief unten. Der Lärm rauschte nur mehr leicht herauf. Alles lag zu tief unten. Als sie sich eben vom Fenster abwenden wollte, bemerkte sie, dass der Alte gegenüber Licht angedreht hatte. Da es noch ganz hell war, blieb dieses Licht für sich und machte den merkwürdigen Eindruck, den aufflammende Straßenlaternen unter der Sonne machen. Als hätte einer an seinen Fenstern die Kerzen angesteckt, noch ehe die Prozession die Kirche verlassen hat. Die Frau blieb am Fenster.

Der Alte öffnete und nickte herüber. Meint er mich? dachte die Frau. Die Wohnung über ihr stand leer, und unterhalb lag eine Werkstatt, die um diese Zeit geschlossen war. Sie bewegte leicht den Kopf. Der Alte nickte wieder. Er griff sich an die Stirne, entdeckte, dass er keinen Hut aufhatte, und verschwand im Innern des Zimmers.

Gleich darauf kam er in Hut und Mantel wieder. Er zog den Hut und lächelte. Dann nahm er ein weißes Tuch aus der Tasche und begann zu winken. Erst leicht und dann immer eifriger. Er hing über die Brüstung, dass man Angst bekam, er würde vornüberfallen. Die Frau trat einen Schritt zurück, aber das schien ihn nur zu bestärken. Er ließ das Tuch fallen, löste seinen Schal vom Hals – einen großen bunten Schal – und ließ ihn aus dem Fenster wehen. Dazu lächelte er. Und als sie noch einen weiteren Schritt zurücktrat, warf er den Hut mit einer heftigen Bewegung ab und wand den Schal wie einen Turban um seinen Kopf. Dann kreuzte er die Arme über der Brust und verneigte sich. Sooft er aufsah, kniff er das linke Auge zu, als herrsche zwischen ihnen ein geheimes Einverständnis. Das bereitete ihr so lange Vergnügen, bis sie plötzlich nur mehr seine Beine in dünnen, geflickten Samthosen in die Luft ragen sah. Er stand auf dem Kopf. Als sein Gesicht gerötet, erhitzt und freundlich wieder auftauchte, hatte sie schon die Polizei verständigt.

Und während er, in ein Leintuch gehüllt, abwechselnd an beiden Fenstern erschien, unterschied sie schon drei Gassen weiter über dem Geklingel der Straßenbahnen und dem gedämpften Lärm der Stadt das Hupen des Überfallautos. Denn ihre Erklärung hatte nicht sehr klar und ihre Stimme erregt geklungen. Der alte Mann lachte jetzt, sodass sich sein Gesicht in tiefe Falten legte, streifte dann mit einer vagen Gebärde darüber, wurde ernst, schien das Lachen eine Sekunde lang in der hohlen Hand zu halten und warf es dann hinüber. Erst als der Wagen schon um die Ecke bog, gelang es der Frau, sich von seinem Anblick loszureißen.

Sie kam atemlos unten an. Eine Menschenmenge hatte sich um den Polizeiwagen gesammelt. Die Polizisten waren abgesprungen, und die Menge kam hinter ihnen und der Frau her. Sobald man die Leute zu verscheuchen suchte, erklärten sie einstimmig, in diesem Hause zu wohnen. Einige davon kamen bis zum letzten Stock mit. Von den Stufen beobachteten sie, wie die Männer, nachdem ihr Klopfen vergeblich blieb und die Glocke allem Anschein nach nicht funktionierte, die Tür aufbrachen. Sie arbeiteten schnell und mit einer Sicherheit, von der jeder Einbrecher lernen konnte. Auch in dem Vorraum, dessen Fenster auf den Hof sahen, zögerten sie nicht eine Sekunde. Zwei von ihnen zogen die Stiefel aus und schlichen um die Ecke. Es war inzwischen finster geworden. Sie stießen an einen Kleiderständer, gewahrten den Lichtschein am Ende des schmalen Ganges und gingen ihm nach. Die Frau schlich hinter ihnen her. Als die Tür aufflog, stand der alte Mann, mit dem Rücken zu ihnen gewandt, noch immer am Fenster. Er hielt ein großes, weißes Kissen auf dem Kopf, das er immer wieder abnahm, als bedeutete er jemandem, dass er schlafen wolle. Den Teppich, den er vom Boden genommen hatte, trug er um die Schultern. Da er schwerhörig war, wandte er sich auch nicht um, als die Männer schon knapp hinter ihm standen und die Frau über ihn hinweg in ihr eigenes finsteres Fenster sah.

Die Werkstatt unterhalb war, wie sie angenommen hatte, geschlossen. Aber in die Wohnung oberhalb musste eine neue Partei eingezogen sein. An eines der erleuchteten Fenster war ein Gitterbett geschoben, in dem aufrecht ein kleiner Knabe stand. Auch er trug sein Kissen auf dem Kopf und die Bettdecke um die Schultern. Er sprang und winkte herüber und krähte vor Jubel. Er lachte, strich mit der Hand über das Gesicht, wurde ernst und schien das Lachen eine Sekunde lang in der hohlen Hand zu halten. Dann warf er es mit aller Kraft den Wachleuten ins Gesicht.

Bei der Analyse von epischen Texten ist darauf zu achten, wie der Erzähler vom Geschehen berichtet. Man spricht dabei von **Erzählformen.**

Wissen **Formen der Erzählerrede**

- **raffender Bericht:** Die Handlung wird straff und in starker Zeitraffung wiedergegeben, das Geschehen wird nur in Umrissen dargestellt.
- **szenische Darstellung:** Das Geschehen wird ausführlich, zeitdeckend oder nur in geringer Zeitraffung wiedergegeben, häufig in Figurenrede.
- **Kommentar (Erörterung):** Der Erzähler nutzt die Handlungsunterbrechung für ausführliche Äußerungen allgemeiner Art, mit denen er zu dem Erzählten Stellung nimmt.
- **Beschreibung:** Der Zustand einer Person oder einer Sache wird ausführlich dargestellt, während die Handlung stillsteht.

Aufgabe 5

Johann Peter Hebel: „Kaiser Napoleon und die Obstfrau in Brienne“ (1809)
Finden Sie Beispiele für verschiedene Formen der Erzählerrede.

Der große Kaiser Napoleon brachte seine Jugend, als Zögling, in der Kriegsschule zu Brienne zu, und wie? Das lehrten in der Folge seine Kriege, die er führte, und seine Taten. Da er gerne Obst aß, wie die Jugend pflegt, so bekam eine Obsthändlerin daselbst manchen schönen Batzen von ihm zu lösen. Hatte er je einmal kein Geld, so borgte sie. Bekam er Geld, so bezahlte er. Aber als er die Schule verließ, um nun als kenntnisreicher Soldat auszuüben, was er dort gelernt hatte, war er ihr doch einige Taler schuldig. Und, als sie das letzte Mal ihm einen Teller voll saftiger Pfirsiche oder süßer Trauben brachte: „Fräulein“, sagte er, „jetzt muss ich fort, und kann Euch nicht bezahlen. Aber ihr sollt nicht vergessen sein.“ Aber die Obstfrau sagte: „O reisen Sie wegen dessen ruhig ab, edler, junger Herr. Gott erhalte Sie gesund, und mache aus Ihnen einen glücklichen Mann.“

– Allein auf einer solchen Laufbahn, wie diejenige war, welche der junge Krieger jetzt betrat, kann doch auch der beste Kopf so etwas vergessen, bis zuletzt das erkenntliche Gemüt ihn wieder daran erinnert. Napoleon wird in kurzer Zeit General und erobert Italien. Napoleon geht nach Ägypten, wo einst die Kinder Israel das Zieglerhandwerk trieben, und liefert ein Treffen bei Nazareth, wo vor 1800 Jahren die hochgelobte Jungfrau wohnte. Napoleon kehrt mitten durch ein Meer voll feindlicher Schiffe nach Frankreich und Paris zurück und wird erster Konsul. Napoleon stellt in seinem unglücklich gewordenen Vaterlande die Ruhe und Ordnung wieder her und wird französischer Kaiser, und noch hatte die gute Obstfrau in Brienne nichts als sein Wort: „Ihr sollt nicht vergessen sein!“ Aber ein Wort noch immer so gut als bares Geld und besser. Denn als der Kaiser in Brienne einmal erwartet wurde, er war aber in der Stille schon dort und mag wohl sehr gerührt gewesen sein, wenn er da an die vorige Zeit gedacht, und an die jetzige, und wie ihn Gott in so kurzer Zeit, und durch so viele Gefahren unversehrt bis auf den neuen Kaiserthron geführt hatte, da blieb er auf der Gasse plötzlich stille stehen, legte die Finger an die Stirne, wie einer, der sich auf etwas besinnt, nannte bald darauf den Namen der Obstfrau, erkundigte sich nach ihrer Wohnung, die so ziemlich baufällig war, und trat mit einem einzigen treuen Begleiter zu ihr hinein. Eine enge Türe führte ihn in ein kleines, aber reinliches Zimmer, wo die

Frau mit zwei Kindern am Kamin kniete und ein sparsames Abendessen bereitete.

„Kann ich hier etwas zur Erfrischung haben?", so fragte der Kaiser. – „Ei ja!", erwiderte die Frau, „die Melonen sind reif", und holte eine. Während die zwei fremden Herren die Melone verzehrten und die Frau noch ein paar Reiser an das Feuer legte: „Kennt Ihr denn den Kaiser auch, der heute hier sein soll?", fragte der eine. „Er ist noch nicht da", antwortete die Frau, „er kommt erst. Warum soll ich ihn nicht kennen? Manchen Teller und manches Körbchen voll Obst hat er mir abgekauft, als er noch hier in der Schule war." – „Hat er denn auch alles ordentlich bezahlt?" – „Ja freilich, er hat alles ordentlich bezahlt." Da sagte zu ihr der fremde Herr: „Frau, Ihr geht nicht mit der Wahrheit um, oder Ihr müsst ein schlechtes Gedächtnis haben. Fürs Erste, so kennt Ihr den Kaiser nicht. Denn ich bin's. Fürs andere hab ich Euch nicht so ordentlich bezahlt, als Ihr sagt, sondern ich bin Euch zwei Taler schuldig oder etwas"; und in diesem Augenblick zählte der Begleiter auf den Tisch eintausendundzweihundert Franken, Kapital und Zins. Die Frau, als sie den Kaiser erkannte, und die Goldstücke auf dem Tisch klingeln hörte, fiel ihm zu Füßen und war vor Freude und Schrecken und Dankbarkeit ganz außer sich, und die Kinder schauen auch einander an und wissen nicht, was sie sagen sollen. Der Kaiser aber befahl nachher, das Haus niederzureißen und der Frau ein andres an den nämlichen Platz zu bauen. „In diesem Hause", sagte er, „will ich wohnen, sooft ich nach Brienne komme, und es soll meinen Namen führen." Der Frau aber versprach er, er wolle für ihre Kinder sorgen. Wirklich hat er auch die Tochter derselben bereits ehrenvoll versorgt, und der Sohn wird auf kaiserliche Kosten in der nämlichen Schule erzogen, aus welcher der große Held selber ausgegangen ist.

Methodik Die Analyse des Erzählers

Ich-Erzählung oder Er-Erzählung
Handelt es sich um eine Ich-Erzählung, muss der Erzähler auch in seiner Eigenschaft als Figur der Handlung (als erlebendes Ich) charakterisiert werden.

Erzählverhalten
Sowohl bei der Er-Erzählung als auch bei der Ich-Erzählung muss das Erzählverhalten (personal, auktorial, neutral) bestimmt werden. Gibt es Perspektivwechsel? Wie wirkt sich das auf die Wahrnehmung des Lesers aus?

Erzählhaltung
Welche Haltung nimmt der Erzähler zu dem Geschehen und den Figuren ein? Wo werden seine Einstellungen und Ansichten deutlich? Welche Weltanschauung hat er? Welche Rolle spielt dies für das Textverständnis?

Formen der Erzählerrede
In welcher Art und Weise berichtet der Erzähler vom Geschehen?

5.4 Handlung, Figuren, Raum und Zeit

5.4.1 Handlung

Typische Aufgabenstellungen

- Skizzieren Sie die Handlungsschritte.
- Erläutern Sie den symbolischen Gehalt der Handlung.
- Klären Sie die Merkmale der Situation. Inwiefern ermöglicht diese Situation Handeln und was ist das Resultat der Handlungen?

Wissen Handlungsschritte

Die Abfolge des Geschehens, auch „Fabel“ genannt, wird in der Inhaltsangabe erfasst. Die Erzählhandlung läuft meistens in drei Schritten ab:

- **Ausgangssituation**, die für die Figur(en) Möglichkeiten zum Handeln bietet,
- **Verhalten** oder Handeln der Figur(en), die eine der Möglichkeiten ergreift / ergreifen oder auch nicht,
- **Ergebnis des Verhaltens** oder Handelns, d. h. Erfolg oder Misserfolg der Figur(en).

Einzelne Handlungselemente können ebenso wie einzelne Gegenstände eine zusätzliche Bedeutung haben. Als **symbolische Handlungen** weisen sie dann über sich selbst hinaus auf etwas anderes, besonders Bedeutsames hin.

Tipp

Es ist ratsam, bei Handlungen oder Ereignissen, die besonders hervorgehoben oder öfter wiederholt werden, nach einer möglichen symbolischen Bedeutung zu fragen.

Aufgabe 6

1. Erläutern Sie die Handlung von Hebels Kalendergeschichte „Kaiser Napoleon und die Obstfrau in Brienne“ (S. 73).
2. Untersuchen Sie den Aufbau dieser Geschichte und überlegen Sie, welche Wirkung dieser auf den damaligen Leser haben sollte.

Bei der Analyse des Geschehens ist es oft hilfreich, neben den äußeren Vorgängen auch die innere Entwicklung der Figuren gesondert zu betrachten. Man unterscheidet demnach äußere Handlung und innere Handlung.

Wissen Äußere und innere Handlung

- **Äußere Handlung** nennt man die Abfolge „sichtbarer“ Vorgänge.
- **Innere Handlung** nennt man die geistige, seelische und moralische Entwicklung einer Figur.

Aufgabe 7

Gabriele Wohmann: „Grün ist schöner" (1960)
Finden Sie Beispiele für äußere und innere Handlung.

Ich bin ein grüner Mensch. Grün mit grünblauen Placken. Grüne Haut. Die Lippen von einem so schwärzlichen Grün, daß die Leute sich fürchten. Das wird überhaupt schlimm, wenn ich mal mehr unter Leute komme. In der Schule und dann als Erwachsener. Ich muß so viel wie möglich verdecken. Doktor Stempel hat auch immer Handschuhe an. Er hat Ekzem. Bei mir werden auch alle Leute neugierig drauf sein, was ich unter den Handschuhen habe. Sie werden denken, ich hätte Ekzem. Ich muß auch einen Namen dafür finden.

Das Kind drehte sich vor dem langen Badezimmerspiegel, betrachtete seinen nackten Körper, hob die stengeldünnen Ärmchen – alles grün, unten, oben; innen auch? Es trat näher an den Spiegel, streckte die Zunge heraus: finstere bläuliche Grünporen, ein fetter Grünlappen hing über die dunklen Lippen. Also auch innen grün. Es wischte den Tau seines Atems vom Glas, es lächelte sich zu: die blassen Zähne gefielen ihm.

Häßlich bin ich nicht. Nur unheimlich. Grüne Haut ist eigentlich schöner als braune oder rosige.

– Bist du schon im Wasser? rief die Stimme der Mutter die Treppe herauf und durch den Gangschlauch zu ihm ins Badezimmer. Bist du schon ein Frosch im Wasser? Grüner Frosch im Wasser?

– Ja! schrie es.

Es patschte sich schnell in die knisternden Schaumwolken, glitschte an der Wannenschräge hinunter und schwitzte und schnaubte.

Aber das grüne Gesicht wird jeder sehn. Grün mit grünblauen Sprenkeln und einer fast schwarzen Zunge hinter den schwarzen Lippen. Ich trag das grüne Haar tief in der Stirn, später krieg ich auch einen Bart, der wird auch grün. Und ich habe einen grünen Hals, ich winde immer einen Schal drumherum, der verdeckt auch den Nacken. Die Leute können denken, ich wär bloß im Gesicht grün. Alles andere ist normal. Ich sag: an den Händen habe ich Ekzem, deshalb die Handschuhe. Sonst zeigt man ja nichts. Ich werde immer lange Hosen tragen.

– Ists schön im Wasser, du Frosch? rief die Mutter.

– Ja! schrie es.

Alle werden denken: wie ein Frosch sieht er aus. Aber ich kann natürlich nicht mit Mädchen und so, wie Dicki das macht, baden gehen. Ich bin ganz zurückhaltend, alle wollen mit mir baden gehen, alle Mädchen, immer werd ich gequält von allen Mädchen, baden zu gehen, aber ich bin ganz vornehm und ganz grün. Ich geh in der heißesten Sonne mit meinem Schal spazieren und mit den Handschuhen.

– Fröschlein, rief die Mutter, gleich komm ich und seh nach, ob du sauber bist.

Das Grüne wird mich natürlich von den andern absondern. Ich werd wie Onkel Walter: ein einsamer alter Mann. Nur schon, bevor ich alt bin.

Von der Badewanne aus konnte es in den Spiegel sehn. Es hob einen Arm aus dem Wasser: Schaumbläschen flüsterten; das nasse Grün glänzte, es sah schärfer und krasser aus als das trockne.

Schade, daß niemand je meine strahlende nasse Grünhaut sehn wird. Ich werde ein einsamer grüner Mann. Wie eine Schlange.

Der Schlangenmann.

– Fröschlein, rief die Mutter, gleich hol ich dich raus!

– Ja, rief es.

Jetzt hab ich noch die Mutter, die weiß es. Später weiß es keiner mehr. Er hörte die flinken Schritte auf der Treppe, im Gang. Die Tür klaffte; es hielt die Hände vor die Augen, denn dazu hatte es gar keine Lust! Ein Strom frischer Luft zog herein, und die Mutter knipste die Höhensonne aus und schaltete das gelbe weiche Deckenlicht an und sagte:

– So, nun komm, mein blasser sauberer Froschmann.

Wissen Typische Anfangssituationen

- **Vorwort:** Der Erzähler führt vor Beginn der Handlung in das Thema ein.
- **Aufbau der Situation:** Die Umstände des Handlungsbeginns werden am Anfang entfaltet. Dies ist der Normalfall des Erzählens.
- **Resultat der Handlung:** Das Ende wird an den Anfang gestellt.
- **Auftaktszene:** Eine besonders bedeutsame oder wirkungsvolle Episode wird an den Anfang gestellt.

Vergleicht man das Ende eines Textes mit den Erwartungen, die beim Leser geweckt worden sind, ergeben sich folgende Schlusssituationen:

Wissen **Typische Schlusssituationen**

- **geschlossenes Ende:** Die Handlung kommt zu dem Resultat, welches der Leser aufgrund der Handlungsentwicklung erwartet.
- **überraschendes Ende:** Die Handlung nimmt eine unvermutete Wende, das Ergebnis entspricht nicht den Erwartungen.
- **offenes Ende:** Die Handlung endet vor Eintreten des zu vermutenden Resultats, der Leser muss selbst nach Lösungen suchen.

Die Ereignisse, von denen erzählt werden soll, müssen in einzelne **Sequenzen,** d. h. Erzähleinheiten oder Episoden, geteilt und in einer bestimmten Reihenfolge angeordnet werden. Das Geschehen kann

- **kontinuierlich** erzählt werden, d. h. in der chronologischen Folge, in der es auch in „Wirklichkeit" geschehen wäre, oder
- **diskontinuierlich,** d. h. in verdrehter Reihenfolge mit chronologischen Umstellungen.

Kontinuierliches Erzählen ist der Normalfall. Hierbei ist zu fragen, welche Sequenzen ausführlicher und welche weniger ausführlich erzählt werden. Bei chronologischen Umstellungen muss nach dem Sinn solcher Abweichungen gefragt werden. Abweichungen von der Chronologie können ein Mittel der künstlerischen Komposition sein, sie sind aber auch immer dann unvermeidbar, wenn sich Handlungen gleichzeitig oder an verschiedenen Orten vollziehen. Da Handlungen nur nacheinander erzählt werden können, muss der Erzähler die Handlungsfolge kurzzeitig unterbrechen,

- um in **Rückblenden** (Rückgriffen) früheres Geschehen nachzutragen oder
- um in **Vorausdeutunge**n einen Ausblick in die Zukunft zu geben.

Wissen **Anordnungsmöglichkeiten von Sequenzen**

- **Wiederholung** von Abläufen
- **Steigerung** von Handlung
- **Kontrast** zwischen Vorgängen
- **Rahmen** (bzw.) Rahmenhandlung, bei der die eigentliche Handlung in einen Rahmen gestellt wird, von dem aus sie unter Umständen kommentiert wird
- **Montage** von verschiedenen Textelementen (z. B. Zeitungsartikel, Protokolle, Briefe), die das Geschehen bzw. das Thema aus verschiedenen Perspektiven zeigen

Der **Spannungsaufbau** trägt dazu bei, dass der Leser eine einmal angefangene Erzählung bis zum Ende liest, weil er wissen will, wie sich das Geschehen weiterentwickelt.

Wissen Spannungsbogen

Beim Spannungsaufbau lassen sich vier Phasen unterscheiden:
- **Spannungserzeugung:** Eine Frage wird aufgeworfen.
- **Spannungssteigerung:** Das Interesse des Lesers an der Beantwortung dieser Frage wird gesteigert.
- **Spannungsverzögerung:** Die Beantwortung dieser Frage wird hinausgeschoben.
- **Spannungslösung:** Die Frage wird beantwortet.

Aufgabe 8

Beschreiben Sie die Spannung in dem Text „Das Fenster-Theater" von Ilse Aichinger (S. 72). Ordnen Sie dem Text die verschiedenen Phasen des Spannungsbogens zu.

Der Eindruck, dass einzelne Textteile eng zusammengehören, wird auch durch die gezielte Wiederholung von bestimmten Textelementen erreicht. Mit diesen **Leitmotiven** kann gerade in längeren Texten ein Netz von Beziehungen geknüpft werden.

Wissen Leitmotive

Mithilfe von Leitmotiven können tiefere (Sinn-)Zusammenhänge strukturell abgebildet werden. Leitmotive sind
- wiederkehrende Handlungselemente,
- wiederholt verwendete sprachliche Bilder oder
- sich wiederholende Redewendungen, Gesten usw.

Eine leitmotivische Verwendung finden sog. **Dingsymbole,** d. h. leblose Gegenstände, Tiere oder Lebewesen, die an bedeutsamer Stelle innerhalb eines literarischen Werkes wiederkehren und als Symbol oder Sinnbild eine zentrale, leitmotivische Rolle spielen.

Aufgabe 9

1. Zeigen Sie an Heinrich Bölls „Monolog eines Kellners" (S. 71), welche Beziehung zwischen Anfang und Schluss besteht.
2. Erläutern Sie die Wirkung dieser Beziehung.

5.4.2 Figuren

Typische Aufgabenstellungen
- Charakterisieren Sie die Hauptfigur.
- Stellen Sie die Beziehungen zwischen den Figuren dar.
- Welches Bild wird von den Figuren durch die direkte und indirekte Charakterisierung gegeben?

Analysiert man eine **Figur** in einem erzählenden Text, wird man vor allem danach fragen müssen, welche Merkmale bzw. Eigenschaften sie aufweist **(Charakterisierung)** und in welcher Beziehung sie zu anderen Figuren steht **(Konstellation).** Zu überlegen ist auch, in welcher Weise der Autor bzw. die Autorin die Figur entworfen hat **(Konzeption).**

Wissen **Die Charakterisierung der Figuren**

Die **direkte Charakterisierung einer Figur** erfolgt durch
- den Erzähler, der sie vorstellt, bewertet usw.,
- andere Figuren, die über sie sprechen,
- die Figur selbst, die über sich spricht oder nachdenkt.

Die **indirekte Charakterisierung einer Figur** erfolgt durch
- die Schilderung ihres Verhaltens,
- die Beschreibung ihres Äußeren,
- die Darstellung ihrer Beziehungen usw.

Figuren werden in direkter und indirekter Form durch ein Bündel von Merkmalen charakterisiert. Finden sich in (umfangreichen) Texten sehr viele Merkmale, kann man diese nach folgenden Kategorien ordnen:

Methodik **Die Figuren charakterisieren**

- **äußere Merkmale:** Alter, Körperbau, Aussehen, Kleidung usw.
- **soziale Merkmale:** Beruf, Bildung, gesellschaftliche Stellung, Beziehungen usw.
- **Verhalten:** Gewohnheiten, Verhaltensmuster, Sprechweise usw.
- **Denken und Fühlen:** Einstellungen, Interessen, Denkweise, Wünsche und Ängste usw.

Aufgabe 10

Finden Sie in Hebels „Kaiser Napoleon und die Obstfrau in Brienne“ (S. 73) Beispiele für die direkte und indirekte Charakterisierung des Kaisers.

Um die **Figurenkonstellation** in einem Text zu erfassen, ist es hilfreich, verschiedene Fragen zu stellen.

Methodik Die Figurenkonstellation bestimmen

- Welche Figuren sind partnerschaftlich verbunden? Aufgrund welcher Gemeinsamkeit?
- Lassen sich die Figuren innerhalb einer Gruppe hierarchisch ordnen?
- Welche Figuren oder Figurengruppen stehen sich als Gegner gegenüber? Aufgrund welcher Interessen?
- Ist die Konstellation stabil?
- Ändern sich Partnerschaften, Gegnerschaften und Machtverhältnisse?

Eine Figur wird vom Autor nach einem bestimmten Konzept angelegt. Diese **Figurenkonzeption** bewegt sich zwischen Gegensätzen, die sich folgendermaßen erfragen lassen:

Methodik Die Figurenkonzeption erfassen

Statisch oder dynamisch
Handelt es sich um eine Figur, die gleich bleibt, oder um eine Figur, die sich im Verlauf der Handlung deutlich verändert?

Typisiert oder komplex
Handelt es sich um eine Figur mit wenigen Merkmalen oder um eine Figur mit vielen individuellen Eigenschaften?

Geschlossen oder offen
Handelt es sich um eine Figur mit klar verständlichen Wesenszügen oder um eine für den Leser mehrdeutige Figur mit unerklärlichem Verhalten?

Aufgabe 11

Charakterisieren Sie die Hauptfigur in Bölls Erzählung „Monolog eines Kellners“ (S. 71).

Der Erzähler spricht nicht nur selbst (siehe Formen der Erzählerrede S. 73), sondern er gibt das Wort auch an die Figuren ab. Die gesprochenen oder gedachten Äußerungen und Empfindungen der Handlungsfiguren sind meist in die Erzählerrede integriert und bilden oft einen wichtigen Bestandteil von szenischen Darstellungen. Sie tragen dazu bei, dass Textpassagen anschaulich wirken.

Wissen Möglichkeiten der Figurenrede

Direkte Rede
Die Äußerung der Figur wird wörtlich wiedergegeben; häufige Kennzeichen sind Redeankündigung, Doppelpunkt und Anführungszeichen. Der Erzähler hält sich zurück, und der Leser erfährt so unmittelbar, was gesagt wird.

Indirekte Rede
Die Äußerung der Figur wird vom Erzähler wiedergegeben; Merkmale sind daher Nebensätze mit „dass" oder der Gebrauch des Konjunktivs. Raffungen sind dabei möglich. Da dem Leser das Gesagte vom Erzähler vermittelt wird, hat er mehr Distanz zu den Äußerungen.

Rede- oder Gedankenbericht
Die Äußerungen der Figur werden vom Erzähler knapp zusammengefasst. Diese Erzählweise kann man sowohl als Figurenrede wie auch als Erzählerrede verstehen.

Erlebte Rede
Die Gedanken der Figur werden nicht unmittelbar von dieser selbst, sondern vom Erzähler geschildert. Deshalb finden sich hier wie in der Erzählerrede das Präteritum und die 3. Person. Die Perspektive der Figur wird dabei beibehalten, sodass wie in der direkten Rede der Indikativ und die Hauptsatzwortstellung verwendet werden.

Innerer Monolog
Wie die erlebte Rede versucht der innere Monolog, den Bewusstseinszustand einer Figur unmittelbar vorzuführen. Dies geschieht in einem stummen Selbstgespräch der Figur unter Verwendung von Ich-Form und Präsens bzw. Präsensformen.

Bewusstseinsstrom
Die Bewusstseinsvorgänge der Figur werden möglichst unverändert wiedergegeben. Der Erzähler zitiert die Gedanken sozusagen wörtlich, ohne sie an grammatische Regeln anzupassen. Der Satzbau ist daher oft unstrukturiert, assoziativ und ungrammatisch. Der Bewusstseinsstrom bedient sich der Form des Präteritums und des Plusquamperfekts.

Aufgabe 12

Finden Sie in den Texten „Grün ist schöner" von Gabriele Wohmann (S. 76) und „Das Fenster-Theater" von Ilse Aichinger (S. 72) Beispiele für den inneren Monolog und die erlebte Rede und erläutern Sie deren Wirkung.

Aufgabe 13

Johann Wolfgang von Goethe: „Die Geschichte des Marschalls von Bassompierre“ (1775)

1. Bearbeiten Sie den Text gründlich, indem Sie die Figuren charakterisieren und die Figurenkonzeption analysieren.
2. Erläutern Sie die Erzählhandlungen und berücksichtigen Sie dabei das Textganze.

So tief es auch schon in der Nacht war, fühlte niemand eine Neigung, zu Bette zu gehen, und Karl erbot sich, gleichfalls eine Geschichte zu erzählen, die nicht minder interessant sei, ob sie sich gleich vielleicht eher erklären und begreifen lasse als die vorigen.

„Der Marschall von Bassompierre“, sagte er, „erzählt sie in seinen Memoiren; es sei mir erlaubt, in seinem Namen zu reden:

Seit fünf oder sechs Monaten hatte ich bemerkt, sooft ich über die kleine Brücke ging – denn zu der Zeit war der Pont neuf noch nicht erbauet –, dass eine schöne Krämerin, deren Laden an einem Schilde mit zwei Engeln kenntlich war, sich tief und wiederholt vor mir neigte und mir so weit nachsah, als sie nur konnte. Ihr Betragen fiel mir auf, ich sah sie gleichfalls an und dankte ihr sorgfältig. Einst ritt ich von Fontainebleau nach Paris, und als ich wieder die kleine Brücke heraufkam, trat sie an ihre Ladentüre und sagte zu mir, indem ich vorbeiritt: ‚Mein Herr, Ihre Dienerin!‘ Ich erwiderte ihren Gruß, und indem ich mich von Zeit zu Zeit umsah, hatte sie sich weiter vorgelehnt, um mir so weit als möglich nachzusehen.

Ein Bedienter nebst einem Postillon folgten mir, die ich noch diesen Abend mit Briefen an einige Damen nach Fontainebleau zurückschicken wollte. Auf meinen Befehl stieg der Bediente ab und ging zu der jungen Frau, ihr in meinem Namen zu sagen, dass ich ihre Neigung, mich zu sehen und zu grüßen, bemerkt hätte; ich wollte, wenn sie wünschte, mich näher kennenzulernen, sie aufsuchen, wo sie verlangte.

Sie antwortete dem Bedienten, er hätte keine bessere Neuigkeit bringen können, sie wollte kommen, wohin ich sie bestellte, nur mit der Bedingung, dass sie eine Nacht mit mir unter einer Decke zubringen dürfte.

Ich nahm den Vorschlag an und fragte den Bedienten, ob er nicht etwa einen Ort kenne, wo wir zusammenkommen könnten. Er antwortete, dass er sie zu einer gewissen Kupplerin führen wollte, rate mir aber, weil die Pest sich hier und da zeige, Matratzen, Decken und Leintücher aus meinem Hause hinbringen zu lassen. Ich nahm den Vorschlag an, und er versprach, mir ein gutes Bett zu bereiten.

Des Abends ging ich hin und fand eine sehr schöne Frau von ungefähr zwanzig Jahren mit einer zierlichen Nachtmütze, einem sehr feinen Hemde, einem kurzen Unterrocke von grünwollenem Zeuge. Sie hatte Pantoffeln an den Füßen und eine Art von Pudermantel übergeworfen. Sie gefiel mir außerordentlich, und da ich mir einige Freiheiten herausnehmen wollte, lehnte sie meine Liebkosungen mit sehr guter Art ab und verlangte, mit mir zwischen zwei Leintüchern zu sein. Ich erfüllte ihr Begehren und kann sagen, dass ich niemals so ein zierliches Weib gekannt habe noch von irgendeiner mehr Vergnügen genossen hätte. Den anderen Morgen fragte ich sie, ob ich sie nicht noch einmal sehen könnte, ich verreise erst Sonntag; und wir hatten die Nacht von Donnerstag auf den Freitag miteinander zugebracht.

Sie antwortete mir, dass sie es gewiss lebhafter wünsche als ich; wenn ich aber nicht den ganzen Sonntag bliebe, sei es ihr unmöglich, denn nur in der Nacht von Sonntag auf den Montag könne sie mich wiedersehen. Als ich einige Schwierigkeiten machte, sagt sie: ‚Ihr seid wohl meiner in diesem Augenblicke schon überdrüssig und wollt nun sonntags verreisen; aber ihr werdet bald wieder an mich denken und gewiss noch einen Tag zugeben, um eine Nacht mit mir zuzubringen.‘

Ich war leicht zu überreden, versprach ihr, den Sonntag zu bleiben und die Nacht auf den Montag mich wieder an dem nämlichen Orte einzufinden. Darauf antwortete sie mir: ‚Ich weiß recht gut, mein Herr, dass ich in ein schändliches Haus um Ihretwillen gekommen bin; aber ich habe es freiwillig getan, und ich hatte ein so unüberwindliches Verlangen, mit Ihnen zu sein, dass ich jede Bedingung eingegangen wäre. Aus Leidenschaft bin ich an diesen abscheulichen Ort gekommen, aber ich würde mich für eine feile Dirne halten, wenn ich zum zweiten Mal darin zurückkehren könnte. Möge ich eines elenden Todes sterben, wenn ich außer meinem Mann und Euch irgendjemand zu Willen gewesen bin und nach irgendeinem andern verlange! Aber was täte man nicht für ein Person, die man liebt und für einen Bassompierre? Um seinetwillen bin ich in das Haus gekommen, um eines Mannes willen, der durch seine Gegenwart diesen Ort ehrbar gemacht hat. Wollt Ihr mich noch einmal sehen, so will ich Euch bei meiner Tante einlassen.‘

Sie beschrieb mir das Haus aufs genaueste und fuhr

fort: ‚Ich will Euch von zehn Uhr bis Mitternacht erwarten, ja noch später, die Türe soll offen sein. Erst findet Ihr einen kleinen Gang, in dem haltet Euch nicht auf, denn die Türe meiner Tante geht da heraus. Dann stößt Euch eine Treppe sogleich entgegen, die Euch ins erste Geschoss führt, wo ich Euch mit offenen Armen empfangen werde.'

Ich machte meine Einrichtung, ließ meine Leute und meine Sachen vorausgehen und erwartete mit Ungeduld die Sonntagsnacht, in der ich das schöne Weibchen wiedersehen sollte. Um zehn Uhr war ich schon am bestimmten Orte. Ich fand die Türe, die sie mir bezeichnet hatte, sogleich, aber verschlossen und im ganzen Hause Licht, das sogar von Zeit zu Zeit wie eine Flamme aufzulodern schien. Ungeduldig fing ich an zu klopfen, um meine Ankunft zu melden; aber ich hörte eine Mannsstimme, die mich fragte, wer draußen sei.

Ich ging zurück und einige Straßen auf und ab. Endlich zog mich das Verlangen wieder nach der Türe. Ich fand sie offen und eilte durch den Gang die Treppe hinauf. Aber wie erstaunt war ich, als ich in dem Zimmer ein paar Leute fand, welche Bettstroh verbrannten, und bei der Flamme, die das ganze Zimmer erleuchtete, zwei nackte Körper auf dem Tische ausgestreckt sah. Ich zog mich eilig zurück und stieß im Hinausgehen auf ein paar Totengräber, die mich fragten, was ich suchte. Ich zog den Degen, um sie mir vom Leibe zu halten, und kam nicht unbewegt von diesem seltsamen Anblick nach Hause. Ich trank sofort drei bis vier Gläser Wein, ein Mittel gegen die pestilenzialischen Einflüsse, das man in Deutschland sehr bewährt hält, und trat, nachdem ich ausgeruhet, den anderen Tag meine Reise nach Lothringen an.

Alle Mühe, die ich mir nach meiner Rückkunft gegeben, irgendetwas von dieser Frau zu erfahren, war vergeblich. Ich ging sogar nach dem Laden der zwei Engel, allein die Mietleute wussten nicht, wer von ihnen darin gesessen hatte.

Dieses Abenteuer begegneten mir mit einer Person vom geringen Stande, aber ich versichere, dass ohne den unangenehmen Ausgang es eins der reizendsten gewesen wäre, deren ich mich erinnere, und dass ich niemals ohne Sehnsucht an das schöne Weibchen habe denken können."

„Auch dieses Rätsel", ersetzte Fritz, „ist so leicht nicht zu lösen. Denn es bleibt zweifelhaft, ob das artige Weibchen in dem Hause mit an der Pest gestorben oder ob sie es nur diesen Umstandes wegen vermieden habe."

„Hätte sie gelebt", versetzte Karl, „so hätte sie ihren Geliebten gewiss auf der Gasse erwartet, und keine Gefahr hätte sie abgehalten, ihn wieder aufzusuchen. Ich fürchte immer, sie hat mit auf dem Tische gelegen."

„Schweigt!", sagte Luise, „die Geschichte ist gar zu schrecklich. Was wird das für eine Nacht werden, wenn wir uns mit solchen Bildern zu Bette legen!"

5.4.3 Raum

Wissen **Funktion von Räumen**

Räume ermöglichen Geschehen
Räumliche Gegebenheiten können eine Voraussetzung für das Geschehen sein; z. B. ist ein bestimmter Ort der Ausgangspunkt für einen Konflikt.

Räume charakterisieren Figuren
Räume können Figuren indirekt charakterisieren; z. B. kann man aus einer Zimmereinrichtung Schlüsse über den Bewohner ziehen.

Räume zeigen Stimmungen
Räume können Stimmungen ausdrücken oder Erlebnisse der Figuren widerspiegeln; z. B. ein Unwetter als Ausdruck innerer Konflikte.

Räume als Symbole
Räumliche Gegebenheiten können Inhalte und Probleme des Erzählten symbolisch verdeutlichen; z. B. durch Gegensätze wie oben und unten, drinnen und draußen oder Mauern und Gräben.

Wie das Bühnenbild im Theater kann die Ausgestaltung eines erzählten Schauplatzes den Problemgehalt eines Textes spiegeln.

Aufgabe 14

Welche Rolle spielen die räumlichen Gegebenheiten in der Kurzgeschichte „Das Fenster-Theater" von Ilse Aichinger (S. 72)?

Aufgabe 15

Patrick Süskind: „Das Parfum" (1985)
Interpretieren Sie den folgenden Romananfang Patrick Süskinds unter besonderer Berücksichtigung der Handlungsschritte und der Raumkonzeption.

Im achtzehnten Jahrhundert lebte in Frankreich ein Mann, der zu den genialsten und abscheulichsten Gestalten dieser an genialen und abscheulichen Gestalten nicht armen Epoche gehörte. Seine Geschichte soll hier erzählt werden. Er hieß Jean-Baptiste Grenouille, und wenn sein Name im Gegensatz zu den Namen anderer genialer Scheusale, wie etwa de Sades, Saint-Justs, Fouchés, Bonapartes usw., heute in Vergessenheit geraten ist, so sicher nicht deshalb, weil Grenouille diesen berühmten Finstermännern an Selbstüberhebung, Menschenverachtung, Immoralität, kurz an Gottlosigkeit nachgestanden hätte, sondern weil sich sein Genie und sein einziger Ehrgeiz auf ein Gebiet beschränkte, welches in der Geschichte keine Spuren hinterlässt: auf das flüchtige Reich der Gerüche.

Zu der Zeit, von der wir reden, herrschte in den Städten ein für uns moderne Menschen kaum vorstellbarer Gestank. Es stanken die Straßen nach Mist, es stanken die Hinterhöfe nach Urin, es stanken die Treppenhäuser nach fauligem Holz und nach Rattendreck, die Küchen nach verdorbenem Kohl und Hammelfett; die ungelüfteten Stuben stanken nach muffigem Staub, die Schlafzimmer nach fettigen Laken, nach feuchten Federbetten und nach dem stechend süßen Duft der Nachttöpfe. Aus den Kaminen stank der Schwefel, aus den Gerbereien stanken die ätzenden Laugen, aus den Schlachthöfen stank das geronnene Blut. Die Menschen stanken nach Schweiß und nach ungewaschenen Kleidern; aus dem Mund stanken sie nach verrotteten Zähnen, aus ihren Mägen nach Zwiebelsaft und an den Körpern, wenn sie nicht mehr ganz jung waren, nach altem Käse und nach saurer Milch und nach Geschwulstkrankheiten. Es stanken die Flüsse, es stanken die Plätze, es stanken die Kirchen, es stank unter den Brücken und in den Palästen. Der Bauer stank wie der Priester, der Handwerksgeselle wie die Meisterfrau, es stank der gesamte Adel, ja sogar der König stank, wie ein Raubtier stank er, und die Königin wie ein alte Ziege, sommers wie winters. Denn der zersetzenden Aktivität der Bakterien war im achtzehnten Jahrhundert noch keine Grenze gesetzt, und so gab es keine menschliche Tätigkeit, keine aufbauende und keine zerstörende, keine Äußerung des aufkeimenden oder verfallenden Leben, die nicht von Gestank begleitet gewesen wäre.

Und natürlich war in Paris der Gestank am größten, denn Paris war die größte Stadt Frankreichs. Und innerhalb von Paris wiederum gab es einen Ort, an dem der Gestank ganz besonders infernalisch herrschte, zwischen der Rue aux Fers und der Rue de la Ferronnerie, nämlich den Cimetière des Innocents. Achthundert Jahre lang hatte man hierher die Toten des Krankenhauses Hôtel-Dieu und der umliegenden Pfarrgemeinden verbracht, achthundert Jahre lang Tag für Tag die Kadaver zu Dutzenden herbeigekarrt und in lange Gräben geschüttet, achthundert Jahre lang in den Grüften und Beinhäusern Knöchelchen auf Knöchelchen geschichtet. Und erst spät, am Vorabend der Französischen Revolution, nachdem einige der Leichengräben gefährlich eingestürzt waren und der Gestank des überquellenden Friedhofs die Anwohner nicht mehr zu bloßen Protesten, sondern zu wahren Aufständen trieb, wurde er endlich geschlossen und aufgelassen, wurden die Millionen Knochen und Schädel in die Katakomben von Montmartre geschaufelt, und man errichtete an seiner Stelle jenen Marktplatz für Viktualien.

Hier nun, am allerstinkendsten Ort des gesamten Königreichs, wurde am 17. Juli 1738 Jean-Baptiste Grenouille geboren. Es war einer der heißesten Tage des Jahres.

5.4.4 Zeit

Typische Aufgabenstellungen

- Erarbeiten Sie die Zeitstruktur (Rückblenden, Vorausblenden) des Textes und gliedern Sie ihn in Sequenzen.
- Unterscheiden Sie Abschnitte zeitraffenden und zeitdeckenden Erzählens.
- Erläutern Sie die Zeitbedingungen, unter denen die Figuren leben.

Den Zeitpunkt oder Zeitraum, zu dem bzw. in dem eine Figur eine bestimmte Handlung ausführt, kann man unter verschiedenen Aspekten prüfen.

Methodik **Die Bedeutung der Zeit erfassen**

Untersuchen Sie die Zeit

- in **historischer Sicht:** In welcher historischen Zeit spielt die Handlung? (politische, soziale Hintergründe? Zeitgeist?)
- im **Leben der Figur:** In welchen Lebensphasen stehen die Figuren und welche Rolle spielt die Zeit für sie?
- im **Tages- oder Jahreslauf:** Verbinden sich mit dem Tages- oder mit dem Jahreslauf besondere Stimmungen? (Mitternacht? Mai? Weihnachten?)

Aufgabe 16

1. Erläutern Sie das Verhältnis zwischen Raum und Zeit in dem Romanausschnitt aus Patrick Süskinds „Das Parfum" (S. 84).
2. Untersuchen Sie, inwieweit Figuren in ein solches Raum-Zeit-Kontinuum eingebettet sind und welche Wirkung von diesem Textanfang ausgeht.

Bei der Gestaltung der Zeit durch den Erzähler unterscheidet man:

- die **Erzählzeit** (Lesezeit), also die Zeit, die der Leser braucht, um den Text zu lesen (messbar in Seiten- und Zeilenangaben), und
- die **erzählte Zeit,** also die Zeitdauer, die das erzählte Geschehen in Wirklichkeit tatsächlich beanspruchen würde (z. B. mehrere Jahre aus dem Leben einer Familie).

Vergleicht man die Erzählzeit / Lesezeit mit der erzählten Zeit, so erhält man wichtige Informationen über die Gestaltung des Textes: Man erfasst seine Zeitstruktur.

Wissen Möglichkeiten der Zeitgestaltung

Zeitraffung
Die erzählte Zeit ist länger als die Erzählzeit. Man unterscheidet zwischen

- leichter Raffung, bei der die Lesezeit nur um Minuten kürzer ist als die erzählte Zeit, und
- starker Raffung, bei der die erzählte Zeit die Lesezeit um Tage oder Wochen übertrifft.
- In extremer Raffung kann das Geschehen von Jahrzehnten auf wenige Zeilen zusammengedrängt werden. Diese extremste Form der Zeitraffung, der **Zeitsprung,** spielt in den meisten längeren Texten eine Rolle. Der Erzähler überspringt einen Zeitabschnitt der Handlung. Von diesem Teil der erzählten Handlung wird gar nicht berichtet, die Lesezeit bzw. Erzählzeit beträgt also null.

Zeitdeckung
Die erzählte Zeit und die Erzählzeit sind annähernd gleich. Das ist z. B. der Fall, wenn Gespräche wörtlich wiedergegeben werden.

Zeitdehnung
Die Erzählzeit ist länger als die erzählte Zeit (Zeitlupentechnik). Dies kann z. B. bei einer ausführlichen Darstellung von Gedanken und Gefühlen der Fall sein.

Bei der **Zeitpause** bleibt die erzählte Zeit stehen; während die Handlung pausiert, gibt der Erzähler Kommentare oder Beschreibungen. Erzähler und Leser verbrauchen Erzähl- bzw. Lesezeit, während die erzählte Zeit null beträgt.

Durch die Analyse der Zeitstruktur gewinnt man auch Klarheit darüber, welchen Teilen des Geschehens der Erzähler Bedeutung beimisst.

Aufgabe 17

Gliedern Sie Hebels Text (S. 73) in Sequenzen, die hinsichtlich Zeit, Ort und Figuren möglichst einheitlich sind.

Aufgabe 18

Franz Kafka: „Vor dem Gesetz" (1914)

1. Analysieren Sie den Text im Hinblick auf den Handlungsverlauf, die Figurenkonzeption, Raumgestaltung und Zeitumstände.
2. Fassen Sie die Ergebnisse anschließend unter dem Aspekt der Textwirkung zusammen.

Vor dem Gesetz steht ein Türhüter. Zu diesem Türhüter kommt ein Mann vom Lande und bittet um Eintritt in das Gesetz. Aber der Türhüter sagt, dass er ihm jetzt den Eintritt nicht gewähren könne. Der Mann überlegt und fragt dann, ob er also später werde eintreten dürfen. „Es ist möglich", sagte der Türhüter, „jetzt aber nicht." Da das Tor zum Gesetz offen steht wie immer und der Türhüter beiseite tritt, bückt sich der Mann, um durch das Tor in das Innere zu sehen. Als der Türhüter das merkt, lacht er und sagt: „Wenn es dich lockt, versuche es doch, trotz meines Verbotes hineinzugehen. Merke aber: Ich bin mächtig. Und ich bin nur der unterste Türhüter. Von Saal zu Saal stehen aber Türhüter, einer mächtiger als der andere. Schon den Anblick des dritten kann nicht einmal ich mehr ertragen." Solche Schwierigkeiten hat der Mann vom Lande nicht erwartet: Das Gesetz soll doch jedem und immer zugänglich sein, denkt er, aber als er jetzt den Türhüter in seinem Pelzmantel genauer ansieht, seine große Spitznase, den langen, dünnen, schwarzen, tatarischen Bart, entschließt er sich, doch lieber zu warten, bis er die Erlaubnis zum Eintritt bekommt. Der Türhüter gibt ihm einen Schemel und lässt ihn seitwärts von der Tür sich niedersetzen. Dort sitzt er Tage und Jahre. Er macht viele Versuche, eingelassen zu werden, und ermüdet den Türhüter durch seine Bitten. Der Türhüter stellt öfters kleine Verhöre mit ihm an, fragt ihn über seine Heimat aus und nach vielem andern. Es sind aber teilnahmslose Fragen, wie sie große Herren stellen, und zum Schlusse sagt er ihm immer wieder, dass er ihn noch nicht einlassen könne. Der Mann, der sich für seine Reise mit vielem ausgerüstet hat, verwendet alles, und sei es noch so wertvoll, um den Türhüter zu bestechen. Dieser nimmt zwar alles an, aber sagt dabei: „Ich nehme es nur an, damit du nicht glaubst, etwas versäumt zu haben." Während der vielen Jahre beobachtet der Mann den Türhüter fast ununterbrochen. Er vergisst die anderen Türhüter, und dieser erste scheint ihm das einzige Hindernis für den Eintritt in das Gesetz. Er verflucht den unglücklichen Zufall, in den ersten Jahren rücksichtslos und laut, später, als er alt wird, brummt er nur noch vor sich hin. Er wird kindisch und, da er in dem jahrelangen Studium des Türhüters auch die Flöhe in seinem Pelzkragen erkannt hat, bittet er auch die Flöhe, ihm zu helfen und den Türhüter umzustimmen. Schließlich wird sein Augenlicht schwach, und er weiß nicht, ob es um ihn wirklich dunkler wird oder ob ihn nur seine Augen täuschen. Wohl aber erkennt er jetzt im Dunkel einen Glanz, der unverlöschlich aus der Türe des Gesetzes bricht. Nun lebt er nicht mehr lange. Vor seinem Tode sammeln sich in seinem Kopfe alle Erfahrungen der ganzen Zeit zu einer Frage, die er bisher an den Türhüter noch nicht gestellt hat. Er winkt ihm zu, da er seinen erstarrenden Körper nicht mehr aufrichten kann. Der Türhüter muss sich tief zu ihm hinunterneigen, denn der Größenunterschied hat sich sehr zuungunsten des Mannes verändert. „Was willst du denn jetzt noch wissen?", fragt der Türhüter, „du bist unersättlich." „Alle streben doch nach dem Gesetz", sagt der Mann, „wie kommt es, dass in den vielen Jahren niemand außer mir Einlass verlangt hat?" Der Türhüter erkennt, dass der Mann schon an seinem Ende ist, und um sein vergehendes Gehör noch zu erreichen, brüllt er ihn an: „Hier konnte niemand sonst Einlass erhalten, denn dieser Eingang war nur für dich bestimmt. Ich gehe jetzt und schließe ihn."

5.5 Regeln zur Analyse von epischen Texten

Der Autor wählt aus einer Vielzahl an Möglichkeiten bestimmte Wörter und grammatische Strukturen aus. Diese individuelle Auswahl nennt man **Stil** (= Schreibweise). Der Stil, also die Bevorzugung bestimmter Wörter, Wortarten, Satzarten usw., wird u. a. beeinflusst vom Thema, von den sprachlichen Gepflogenheiten der jeweiligen Zeit, von dem (vorgestellten) Lesepublikum und den Absichten des Autors.

Der Stil gibt Aufschluss über den Erzähler und die Figuren.

- Der **Stil in der Erzählerrede** zeigt das Verhalten des Erzählers, d. h., ein auktorialer Erzähler wird vielleicht versuchen, durch rhetorische Fragen, Anreden usw. den Kontakt zum Leser herzustellen; ein personaler Erzähler wird sich hingegen auch stilistisch an seiner Perspektivenfigur orientieren; die „Kameraperspektive" des neutralen Erzählers wird sich in einem vergleichsweise sachlichen Stil niederschlagen.

- Der **Stil in der Figurenrede** dient dazu, die sprechende oder denkende Figur hinsichtlich ihres Bildungsstandes, ihres Sozialverhaltens, ihrer psychischen Verfassung usw. zu charakterisieren. Bei älteren Texten ist zu beachten, dass das, was einem heutigen Leser stilistisch auffällig erscheint, möglicherweise für den Autor und seinen zeitgenössischen Leser übliche sprachliche Umgangsformen waren (z. B. Anreden, Grußfloskeln oder das Siezen der Eltern).

Wissen **Stilebenen der Figurenrede**

Man unterscheidet in der Figurenrede
- die **mittlere, normale Stilebene** (z. B. *Gesicht, stehlen*),
- die **gehoben Stilebene** (dichterisch oder amtssprachlich, z. B. *Antlitz, entwenden*) und
- die **niedrige Stilebene** (umgangsprachlich, jargonhaft oder vulgär, z. B. *Fresse, klauen*).

Aufgabe 19

Bestimmen Sie die Figurenrede in Hebels Text „Kaiser Napoleon und die Obstfrau in Brienne" (S. 73).

Stilfiguren liegen dann vor, wenn Wortwahl oder Satzbau auffällig von der Normalsprache abweichen. Da die Sprache an diesen Stellen nicht den Erwartungen des Lesers entspricht, wird bei diesem eine Wirkung erzielt. In literarischen Texten ist dies beabsichtigt. Texte, die in dieser Art Wirkungsvolles zum bloßen Schmuck anhäufen, ohne damit eine Aussage zu transportieren, werden vielfach abwertend als „Kitsch" bezeichnet.

Methodik **Den Stil untersuchen**

- Liegt eine **Häufung von Wörtern** vor? Gehören sie einem bestimmten Wortfeld an?
- Enthält der Text **Schlüsselwörter?**
- Überwiegen bestimmte **Wortarten?**
- Welche **Sprachschicht** wird verwendet? (Umgangssprache, Dialekt, „gehobene" Sprache, Slang, Fachsprache, Behördendeutsch)
- Gibt es Wörter von besonders hohem gefühlsmäßigem **Ausdruckswert?**
- Wird eine besonders dramatische Situation mit betont nüchterner Wortwahl geschildert? Wenn ein **Kontrast** zwischen Thema und sprachlicher Ausgestaltung besteht: Was ist damit möglicherweise beabsichtigt?
- Erscheinen Wörter in ungewöhnlichen Kombinationen oder gibt es sogar **Neubildungen?**

Im Folgenden soll auf einige Stilfiguren hingewiesen werden, auf die man bei der Analyse erzählender Texte besonders häufig stößt. Man unterscheidet

- **Wortfiguren** (= Abweichungen von der üblichen Wortwahl),
- **Satzfiguren** (= auffällige Abweichungen vom normalen Satzbau),
- **Gedankenfiguren** (= Abweichungen vom üblichen Gedankengang) und
- **Wiederholungs- und Klangfiguren** (= Abweichungen von Wortwahl und Satzbau).

Wissen **Stilfiguren**

Wortfiguren
- **Periphrase:** Umschreibung einer Person oder eines Sachverhalts
- **Metapher:** Übertragung eines Wortes in einen ganz anderen Bedeutungszusammenhang; bildhafte Aussage
- **Vergleich:** anschauliche Verknüpfung zweier Bedeutungsbereiche mittels einer Vergleichspartikel (so – wie)

Satzfiguren
- **Häufung:** Aneinanderreihung von Unterbegriffen oder bedeutungsähnlichen Wörtern
- **Klimax:** stufenweise Steigerung der Aussage
- **Ellipse:** Auslassung von leicht zu ergänzenden Wörtern oder Satzteilen

Gedankenfiguren
- **Anrede:** Hinwendung des Erzählers an den Leser oder andere Personen
- **rhetorische Frage:** an den Leser gerichtete, scheinbare Frage
- **Antithese:** Gegenüberstellung gegensätzlicher Aussagen
- **Ironie:** Aussage, die eigentlich ihr Gegenteil meint

Wiederholungs- und Klangfiguren
- **Wortwiederholung:** Wiederholung einzelner Wörter zur Verstärkung der Aussagewirkung
- **Alliteration:** Wiederholung der gleichen betonten Anlaute

Mehr Stilfiguren finden Sie auf Seite 26 und Seite 30.

Für alle Aspekte gilt, dass, sobald Sie Auffälligkeiten feststellen, Sie diese nicht nur auflisten, sondern deren **Funktion für den Text erklären.** Stellen Sie immer heraus, welche Wirkung von der entsprechenden Wortwahl ausgeht. Berücksichtigen Sie nur echte Auffälligkeiten. Das gilt auch für den Satzbau.

Methodik Den Satzbau untersuchen

- Fallen bestimmte **Satzarten** auf? (Häufigkeit von Ausrufen, wiederholte Verwendung von Einwort- oder verkürzten Sätzen)
- Gibt es Auffälligkeiten in der **Satzlänge?** (Lange, verschachtelte Sätze bringen die Intensität einer Beschreibung oder das Schwierige eine Empfindung zum Ausdruck; kurze, möglicherweise unvollständige Sätze erwecken oft einen Eindruck von Hast oder Erregung.)
- Wie sind die **Satzglieder** bzw. **Teilsätze** miteinander verknüpft? (Parataxen, d.h. Hauptsätze aneinanderreihender Satzbau, spiegeln eine eher unzusammenhängende Sicht der Dinge; Hypotaxen, d.h. Verbindungen von Haupt- und Nebensätzen, eignen sich besonders dazu, den Zusammenhang der Dinge und die Art dieses Zusammenhangs wiederzugeben.)

Beachten Sie, dass nicht immer, wenn zwei unverbundene, kurze Hauptsätze aufeinanderfolgen, eine sprachliche Besonderheit vorliegt.

Tipp

Die Sprache muss von der Norm abweichen. Diese Besonderheit muss dann gleichzeitig mit der Aussageabsicht in Verbindung gebracht werden. Nur Abweichungen und Auffälligkeiten sind für die Analyse von Nutzen.

Längere erzählende Texte bestehen gewöhnlich aus mehreren Teilen, den Erzähleinheiten, Episoden oder Sequenzen. Bei einer Textanalyse ist es daher auch wichtig, dass Sie den „Bauplan“ eines solchen erfassen, indem Sie ihn in verschiedene Sequenzen gliedern.

Methodik Die Textgliederung analysieren

- **Zeitstruktur** analysieren (Zeitangaben im Text markieren; Zeitsprünge und Zeitpausen am Rand kennzeichnen; zeitraffende und zeitdeckende Passagen unterscheiden)
- **Ortswechsel** und Veränderungen der **Figurenkonstellation** markieren
- **Sequenzen** zwischen den Markierungen festlegen (besonders, wenn mehrere Markierungen zusammenfallen)
- **Erzählweise** der Sequenzen und ihres Hauptinhalts bestimmen (in kurzen Zwischenüberschriften formulieren)

Zur Abiturprüfung und deren Vorbereitung schauen Sie das Kapitel 5.3 nochmals an. Hier sind die wichtigsten Punkte genannt, die für die Bearbeitung eines epischen Textes relevant sind.

Aufgabe 20

Robert Walser: „Der Tänzer“ (1914)
Interpretieren Sie die vorliegende Prosaminiatur von Walser, indem Sie die für die Epik relevanten Aspekte berücksichtigen.

Ich sah einst im Theater einen Tänzer, der mir und vielen anderen Leuten, die ihn ebenfalls sahen, einen tiefen Eindruck machte. Er verspottete den Boden mit seinen Beinen, so wenig Schwere kannte er, und so leicht schritt er dahin. Eine graziöse Musik spielte zu seinem Tanz, und wir alle, die im Theater saßen, dachten darüber nach, was wohl schöner und süßer könne genannt werden, die leichtfertigen, lieblichen Töne oder das Spiel von des lieben, schönen Tänzers Beinen. Er hüpfte daher wie ein artiges sprungfertiges, wohlerzogenes Hündchen, welches, indem es übermütig umherspringt, Rührung und Sympathie erweckt. Gleich dem Wiesel im Walde lief er über die Bühne, und wie der ausgelassene Wind tauchte er auf und verschwand er. – Solcherlei Lustigkeit schien keiner von allen denen, die im Theater saßen, je gesehen oder für möglich gehalten zu haben. Der Tanz wirkte wie ein Märchen aus unschuldigen, alten Zeiten, wo die Menschen, mit Kraft und Gesundheit ausgestattet, Kinder waren, die miteinander in königlicher Freiheit spielten. Der Tänzer selber wirkte wie ein Wunderkind aus wunderbaren Sphären. Wie ein Engel flog er durch die Luft, die er mit seiner Schönheit zu versilbern, zu vergolden und zu verherrlichen schien. Es war, als liebe die Luft ihren Liebling, den göttlichen Tänzer. Wenn er aus der Luft niederschwebte, so war es weniger ein Fallen als ein Fliegen, ähnlich wie ein großer Vogel fliegt, der nicht fallen kann, und wenn er den Boden wieder mit seinen leichten Füßen berührte, so setzte er auch sogleich wieder zu neuen kühnen Schritten und Sprüngen an, als sei es ihm unmöglich, je mit Tanzen und Schweben aufzuhören, als wolle, als solle und als müsse er unaufhörlich weitertanzen. Indem er tanzte, machte er den schönsten Eindruck, den ein junger Tänzer zu machen vermag, nämlich den, daß er glücklich sei im Tanze. Er war selig durch die Ausübung seines Berufes. Hier machte einmal die gewohnte tägliche Arbeit einen Menschen selig – aber es war ja nicht Arbeit, oder aber er bewältigte sie spielend, gleich, als scherze und tändele er mit den Schwierigkeiten, und so, als küsse er die Hindernisse, derart, daß sie ihn lieb gewinnen und ihn wieder küssen mußten. Einem heiteren, über und über in Anmut getauchten Königssohne aus dem goldenen Zeitalter glich er, und alle Sorgen und Bekümmernisse, alle unschönen Gedanken schwanden denen dahin, die ihn anschauten. Ihn anschauen hieß ihn gleich auch schon lieben und verehren und bewundern. Ihn seine Kunst ausüben sehen, hieß für ihn schwärmen. Wer ihn gesehen hatte, träumte und phantasierte noch lang nachher von ihm.

Aufgabe 21

Greifen Sie die wesentlichen Punkte aus Walsers Text auf und formulieren Sie einen ähnlichen Text, in dem ein Kinoerlebnis im Mittelpunkt steht. Beginnen Sie folgendermaßen: *Ich sah einst im Kino einen Schauspieler, der ...*

6
Die Analyse von Sachtexten

Unter Sachtexten versteht man zunächst einmal Texte mit einem hohen Informations- und Gebrauchswert. Andere Bezeichnungen sind *Gebrauchstext, nicht fiktionaler Text* oder *pragmatischer Text.*

Die Analyse von Sachtexten unterscheidet sich von der Analyse eines fiktionalen Textes in erster Linie dadurch, dass zur Erfassung der Textintention und zur Beurteilung neben den textinternen Kennzeichen (z. B. Sprache oder Aufbau) auch textexterne Aspekte (z. B. Art der Publikation, Tageszeitung oder Fachzeitung) mit einbezogen werden müssen.

6.1
Kennzeichen und Formen von Sachtexten

Sachtexte sind mit einer bestimmten Intention verfasst, die maßgeblich für die Struktur des Textes ist. Je nach Intention unterscheidet man verschiedene **Sachtextsorten.** Jede Art hat ihren eigenen Stil und Aufbau sowie einen spezifischen Wortschatz.

Wissen **Sachtextformen**

- **Rede:** monologische Form öffentlichen Sprechens zur Beeinflussung von Zuhörern; man unterscheidet nach Anlass und Intention *Feierrede, Festrede, Gerichtsrede, politische Rede, Referat, Fachvortrag, Hearing* und *Statement.*
- **Rezension:** kritische Besprechung eines Buches, eines Films oder einer Theateraufführung
- **Kommentar:** subjektive Auslegung oder Erläuterung eines Textes in Anmerkungen mit dem Ziel der Meinungsbildung
- **Glosse:** kürzere Kommentierung eines aktuellen politischen, kulturellen oder sportlichen Themas oder Ereignisses, häufig polemischer Art und Weise

Weitere Formen von Sachtexten sind *Bericht, Beschreibung, Essay, Werbetext, Gebrauchsanleitung* und *Gesetzestext.*

6.2 Die Analyse einer politischen Rede

In einer Rede wendet sich der Redner zu einem bestimmten Anlass mit einer bestimmten Absicht an einen Adressaten. Es handelt sich um einen zum mündlichen Gebrauch bestimmten Text, bei dem nicht die Information und die Sachargumente im Vordergrund stehen, sondern die Beeinflussung der Zuhörer. Die Rückinformation durch die Hörer erfolgt durch verbale Äußerungen (z. B. Zurufe, Lachen, Zwischenfragen) und nonverbale Signale (z. B. Mimik, Gestik, Gähnen, Unruhe).

Das wichtigste Ziel einer politischen Rede – gemäß der antiken Rhetorik – ist es, die Zustimmung des Hörers zu erreichen und ihn zu überzeugen. Daher hat der Redner drei Bereiche beim Vortrag einer Rede zu berücksichtigen. Der Redner soll

- belehren und beweisen (docere / probare),
- gewinnen und erfreuen (conciliare / delectare) und
- bewegen und aufstacheln (movere / concitare).

Typische Aufgabenstellungen

- Untersuchen Sie die vorliegende Rede im Hinblick auf die Situation und den Aufbau.
- Erarbeiten Sie die Argumentation des Redners.
- Untersuchen Sie die Rede im Hinblick auf Argumentation und rhetorische Mittel. Erläutern Sie ihre Wirkung.

Methodik **Eine Rede analysieren**

Bei der Analyse müssen folgende Punkte berücksichtigt werden:

- **Redesituation,** gemeint sind Eigenschaften des Redners (äußere Erscheinung, Funktion, Position oder Wertvorstellungen), der Redeanlass, Ort und Raumgestaltung, Adressat und eingesetzte Medien,
- **Inhalt und Thema der Rede,** d. h. Erläuterung des Sachverhalts und die Benennung der Kernaussagen und Thesen,
- **Redeabsicht,** d. h. Beschreibung der vom Redner erwünschten Wirkung,
- **Argumentationsstruktur,**
- **Sprache** und **rhetorische Mittel,**
- **Redeweise,** d. h. Untersuchung der Stimme, Gestik und Mimik des Redners,
- **abschließende Zusammenfassung,** d. h. Darstellung der Gesamtwirkung auf den Leser.

Liegt die Rede nur schriftlich vor, lassen sich zur Redeweise des Redners und den von ihm eingesetzten Medien natürlich keine Aussagen treffen.

Tipp

Bei der Analyse einer Rede sollten Sie besonders auf die **Sprache bzw. rhetorischen Mittel** und die **Argumentationsstruktur** achten.

Die Angaben zur **sprachlichen Gestaltung** betreffen die Art des Satzbaus und die Sprachebene. Es wird untersucht, welche Wirkung sie erzielen und ob sie im Hinblick auf Adressat, Redeanlass und -intention angemessen sind.

Wissen **Sprache und rhetorische Mittel**

Satzbau
- Parataxe (Reihung von Hauptsätzen)
- Hypotaxe (Satzgefüge bestehend aus Haupt- und Nebensätzen)
- Satzart (Verwendung bzw. auffällig häufige Verwendung von bestimmten Satzarten)
- rhetorische Fragen

Sprachebene
- Sprachniveau (hohes oder niedriges Sprachniveau)
- Umgangssprache
- Dialekt
- Fachbegriffe
- Fremdwörter
- Schlagwörter
- Modewörter
- rhetorische Figuren (siehe Kapitel 3, S. 26, S. 30 und S. 33)

Aufgabe 1

Antrittsrede von Bundespräsident Richard von Weizsäcker bei seiner Vereidigung im Deutschen Bundestag in Bonn am 1. 7. 1984
Bestimmen Sie im vorliegenden Textauszug Sprache und rhetorische Mittel.

[...]

Unsere Lage, die sich von der der meisten anderen Nationen unterscheidet, ist kein Anlass, uns ein Nationalgefühl zu versagen. Das wäre ungesund für uns selbst, und es wäre nur unheimlich für unsere Nachbarn.

Wir müssen und wir dürfen uns in der Bundesrepublik Deutschland zu unserem nationalen Empfinden bekennen, zu unserer Geschichte, zur offenen deutschen Frage, zur Tatsache, dass wir überzeugte Bündnis- und Gemeinschaftspartner sein können und doch mit dem Herzen auch jenseits der Mauer leben. Wir sind kein Volk verwirrter Gefühle oder romantischer Grübeleien. Wir sind auch keine wandernden Missionare zwischen den Welten. Wir sind Menschen wie andere auch. Unsere Nachbarn dürfen davon ausgehen, dass auch sie in unserer Lage ganz ähnlich empfinden würden.

[...]

Wenn Sie die Anordnung der Argumente in einer Rede untersuchen, so achten Sie zunächst auf die inhaltliche Gliederung des gesamten Textes. Untersuchen Sie, aus welchen Abschnitten die Rede besteht und wie diese Abschnitte aufeinander aufbauen. Betrachten Sie die **Grundstruktur einer Rede**, um die Argumentationsstruktur zu erkennen:

- **Einleitung:** Hinführung zum Thema und Motivation der Zuhörer,
- **Hauptteil:** argumentative Darstellung vergangener oder gegenwärtiger Ereignisse bzw. Situationen; Sicherung der eigenen Behauptung, Verwerfen von Gegenargumenten,
- **Schluss:** Zusammenfassung, Appell.

Wissen **Die Argumentationsstruktur**

Bei der **Analyse der Argumentationsstruktur** sind folgende Punkte von Bedeutung:

- **Anordnung der Argumente**, z. B., ob die Argumente linear angeordnet sind, d. h. vom Wichtigeren zum Unwichtigeren (oder umgekehrt),
- **Veranschaulichung der Argumente** durch Beispiele und Belege (wie z. B. Studien, Statistiken, Umfragen); die Auswahl der Beispiele wird daraufhin untersucht, inwieweit sie treffend oder passend ist,
- **Gestaltung der Gedankenführung,** z. B. logische oder assoziative Gedankenführung, Abschweifung oder Verlieren im Detail; es muss gezeigt werden, wie der gesamte Gedankengang entwickelt wird und wie schlüssig dieser ist,
- **Wirkung** der Argumente, d. h., die mit der Argumentationsstruktur erzielte Wirkung wird erläutert und zur Intention der Rede in Beziehung gesetzt.

Aufgabe 2

Fernsehansprache des US-Präsidenten George W. Bush am 12. 9. 2001: „Sie können das Fundament Amerikas nicht erschüttern"
Arbeiten Sie in der vorliegenden Rede die Argumentationsstruktur heraus.

Nach den Terroranschlägen vom 11. September 2001 auf New York und Washington hat sich US-Präsident George W. Bush am Abend des 12. September 2001 in einer Fernsehansprache an die Bevölkerung gewandt.

Heute sind unsere Bürger, unsere Lebensweise, ja, unsere Freiheit mit einer Serie von mutwilligen und tödlichen Terroranschlägen attackiert worden. Es gab Opfer in Flugzeugen und in Büros: Sekretärinnen und Geschäftsleute, Mitarbeiter des Militärs und der Bundesbehörden, Mütter und Väter, Freunde und Nachbarn. Tausende Menschenleben wurden plötzlich ausgelöscht von bösen, niederträchtigen Terrorakten.

Die Bilder von Flugzeugen, die in Gebäude fliegen, von lodernden Flammen, von riesigen Gebäudestrukturen, die kollabieren, haben uns mit Fassungslosigkeit erfüllt, mit schrecklicher Trauer und mit einem stillen, unnachgiebigen Groll.

Dieser Massenmord sollte dazu dienen, unsere Nation einzuschüchtern und in Chaos und Resignation zu treiben. Dies ist nicht gelungen. Unser Land ist stark. Ein großes Volk ist dazu angespornt worden, eine große Nation zu verteidigen.

Terroristische Anschläge können zwar die Fundamente unserer größten Gebäude erschüttern, aber nicht das Fundament Amerikas. Sie können Eisen und Stahl zerbersten lassen, aber sie können der eisernen Entschlossenheit Amerikas nichts anhaben. Amerika wurde zum Angriffsziel, weil wir in der Welt die strahlende Fackel der Freiheit und der Selbstverwirklichung sind. Und niemand wird den Glanz dieses Lichtes auslöschen.

Heute hat unsere Nation das Böse gesehen, die schlimmste Seite der menschlichen Natur, und wir haben geantwortet mit der besten Seite Amerikas, mit der Risikobereitschaft unserer Rettungskräfte, mit der Hilfsbereitschaft für Fremde und Nachbarn aufseiten derjenigen, die freiwillig Blut gespendet und in jeder anderen Weise geholfen haben, die ihnen möglich war.

Unmittelbar nach dem ersten Angriff habe ich das Notfallprogramm unserer Regierung in Gang gesetzt. Unsere Streitkräfte sind stark, und sie sind auf alles vorbereitet. Unsere Notfallteams sind in New York und Washington im Einsatz, um bei den Rettungsarbeiten vor Ort mitzuhelfen.

Unsere erste Priorität besteht darin, all denen Hilfe zukommen zu lassen, die verletzt wurden, und jede Vorsichtsmaßnahme zu ergreifen, um unsere Bürger zu Hause und in der ganzen Welt vor weiteren Angriffen zu schützen.

Unsere Regierungsgeschäfte werden ohne Unterbrechung fortgesetzt. Bundesbehörden in Washington, die heute Morgen evakuiert wurden, werden in Schlüsselbereichen noch heute Abend ihre Arbeit wieder aufnehmen und werden morgen geöffnet sein.

Unsere Finanzsituation bleibt stark, und auch die amerikanische Wirtschaft wird ihre Geschäftstätigkeit fortsetzen.

Die Suche nach den Hintermännern dieser Übeltaten läuft. Ich habe sämtliche Ressourcen mobilisiert, damit unsere Geheimdienste und Strafverfolgungsbehörden die Verantwortlichen ausfindig machen und vor Gericht bringen können. Wir werden keinen Unterschied machen zwischen den Terroristen, die diese Taten begangen haben, und denjenigen, die sie unterstützen.

Ich weiß es sehr zu schätzen, dass Kongressabgeordnete mir darin gefolgt sind, diesen Angriff aufs Schärfste zu verurteilen. Und im Namen des amerikanischen Volkes danke ich den vielen Staats- und Regierungschefs in aller Welt, die uns ihr Mitgefühl bekundet und ihre Hilfe angeboten haben.

Amerika und seine Freunde und Verbündeten schließen sich mit all denen zusammen, die Frieden und Sicherheit in der Welt verteidigen wollen, und wir stehen zusammen, um den Kampf gegen den Terrorismus zu gewinnen.

Heute Abend bitte ich Sie darum zu beten für alle, die trauern, für die Kinder, deren Welt erschüttert wurde, für alle, die sich jetzt in ihrer Sicherheit und Geborgenheit bedroht fühlen. Und ich bete darum, dass sie Trost finden in einer Macht, die größer ist als wir alle, wie es von alters her zum Ausdruck kommt im Psalm 23 („Der Herr ist mein Hirte"): „Und ob ich schon wanderte im finsteren Tal, fürchte ich kein Unheil: Denn du bist bei mir."

Dies ist der Tag, an dem alle Amerikaner aus allen Lebensbereichen zusammenstehen in ihrer Entschlossenheit, für Gerechtigkeit und Frieden einzutreten. Amerika hat schon in der Vergangenheit über Feinde obsiegt und wird es auch diesmal wieder tun.

Niemand von uns wird diesen Tag jemals vergessen, dennoch schreiten wir voran, um unsere Freiheit zu verteidigen und alles, was in unserer Welt gut und gerecht ist.

Bevor Sie Ihre Analyse schriftlich verfassen, sollten Sie sich Notizen machen. Lesen Sie den Text mit Blick auf die Aufgabenstellung und erarbeiten Sie sich dementsprechend den Informationsgehalt des Textes.

Tipp

Weitere Hinweise zur Vorbereitung der schriftlichen Textanalyse finden Sie auf Seite 97.

Ausgehend von Ihren Notizen zur Argumentationsstruktur und Ihren Anmerkungen zur Sprache bzw. den rhetorischen Mitteln in der zu analysierenden Rede erfolgt die Ausformulierung. Ihre Untersuchung gliedert sich in drei Teile.

Methodik **Aufbau einer Redeanalyse**

Einleitung
- Nennung des Redners, des Titels der Rede und des Themas
- Nennung des Ortes, an dem die Rede gehalten wird, und der Zuhörer bzw. Adressaten

Hauptteil
- Einschätzung der Rednerrolle, d. h. Beantwortung der Frage, wie der Redner den Zuhörer zu überreden oder zu überzeugen versucht
- Beachtung der Schlüssigkeit, Übersichtlichkeit und Anschaulichkeit
- sorgfältige Sprachanalyse, um die Strategie des Redners zu durchleuchten (Aufwertung der eigenen Seite, Abwertung des Gegners, Beschwichtigung, Emotionalisieren, Verschweigen, Verzerren)

Schluss
- Analyse der Wirkung der Rede und Intention des Redners sowie eigene Beurteilung der Rede

Folgende Formulierungsvorschläge helfen Ihnen beim Verfassen Ihrer Analyse:

Tipp

Formulierungen für die Einleitung
- *Aus Anlass des … hielt … am … in … eine Rede, die … zum Thema hatte.*

Formulierungen für den Hauptteil
- *Einleitend nimmt er / sie … zum Anlass, …*
- *Er / Sie motiviert seine / ihre Zuhörer mit dem Hinweis …*
- *Im Hauptteil beschreibt er / sie zunächst …*
- *Im zweiten Abschnitt untersucht er / sie …*
- *Es folgt der Entwurf einer / eines …*
- *… hält er / sie anschließend … entgegen.*
- *Er / Sie beendet seine Ausführungen mit …*
- *Der Argumentationsgang wird bestimmt / dominiert durch …*

Formulierungen für den Schluss
- *Die gesellschaftliche Position von …, der Ort und eine Zuhörerschaft, die überwiegend aus … bestand, verliehen der Feier einen … Rahmen.*
- *… baut seine Rede im Wesentlichen folgerichtig / übersichtlich auf.*

Aufgabe 3

Analysieren Sie die Fernsehansprache von George W. Bush auf Seite 95 unter besonderer Berücksichtigung der Sprache und des Stils.

6.3
Regeln zur Analyse von Sachtexten

Typische Aufgabenstellungen

- Analysieren Sie den Text. Weisen Sie dabei nach, wie der Verfasser zu der These „…“ steht.
- Beurteilen Sie die Rezension im Hinblick auf die Informationen, die Sie als Leser wünschen und die Sie erhalten.
- Erarbeiten Sie am Text, was genau der Autor der Glosse kritisiert. Durch welche sprachlichen Mittel erzielt der Text seine satirische Wirkung?
- Beurteilen Sie den Kommentar im Hinblick auf die Schlüssigkeit der Argumente. Durch welche sprachlichen Mittel gelingt dem Verfasser / der Verfasserin eine zuverlässige und umfassende Bewertung des Sachverhalts?

Je nach Textsorte besitzen Sachtexte unterschiedliche Funktionen:

- **informierende Funktion:** Hier steht die Vermittlung von Informationen im Vordergrund, so z. B. in *Nachrichten, Lexikonartikeln, Gesetzestexten* oder *Berichten*.
- **argumentierende Funktion:** Hier wird zu bestimmten Sachverhalten Position bezogen, so z. B. in *Kommentar* und *Glosse*.
- **appellierende Funktion:** Diese Texte sollen beim Leser eine Verhaltensänderung herbeiführen, so z. B. *Flugblatt, öffentliche Rede* und *Werbeanzeige*.

Tipp

Setzen Sie bei der Analyse je nach Textsorte einen Schwerpunkt.

- **Rezension:** Informationen zum Gegenstand und Nennung übergeordneter Zusammenhänge (z. B. Biografie des Autors / Regisseurs); Art der Darstellung (z. B. nachvollziehbare Standpunkte); Intention des Autors (z. B. Manipulation oder Überzeugung der Leserschaft)
- **Glosse:** Schlüssigkeit der Argumentation; Sprache
- **Kommentar:** Zuverlässigkeit, Vollständigkeit und Bedeutung der Fakten und deren Bewertung, Schlüssigkeit der Argumentation

Aufgabe 4

Tobias Vetter: „Der ‚Zeck‘ Grenouille wird menschlich“ – Eine Rezension zu dem Film „Das Parfum – Die Geschichte eines Mörders“ (2007)

1. Untersuchen Sie die vorliegende Rezension im Hinblick auf die Informationen, die Sie erhalten.
2. Wie beurteilt der Rezensent die Umsetzung der Vorlage?

Wer den Roman „Das Parfum" liest, begibt sich in eine intensive Fantasiewelt, als sehe er seinen eigenen Film im eigenen Kinosaal. Mit solch einer Wortgewalt beschreibt Patrick Süskind die Welt der Gerüche. Und welcher Film könnte besser sein als die eigene Fantasie? 15 Jahre lang verweigerte der zurückhaltend wie ein Einsiedler lebende Süskind die Filmrechte, ehe er sie 2000 dem beharrlichen Produzenten Bernd Eichinger abtrat. Preis und Grund dafür: Unbekannt. Doch muss eine Verfilmung nicht scheitern? Wird nicht jeder, der sich einst in Süskinds Duftreich gefangen nehmen ließ, zwangsläufig enttäuscht, wenn seine Fantasie durch konkrete Ausgestaltung eines anderen, nämlich des Regisseurs Tom Tykwer, ersetzt wird?

Überraschenderweise ist die Verfilmung alles andere als enttäuschend, denn der Roman wird weiterentwickelt. Die Haupthandlung ist allerdings unverändert: Im Frankreich des 18. Jahrhunderts schafft es Jean-Baptiste Grenouille, aus einem stinkenden Pariser Elendsviertel zum Parfumeurhandwerk aufzusteigen, denn er besitzt einen übermenschlichen Geruchssinn. Zwar wird seine Begabung stets ausgenutzt, doch Grenouille kümmert das nicht, denn er verfolgt keine monetären Ziele. Er will den besten Duft der Welt erschaffen. Dieser Duft ist subtil, nicht oberflächlich wie die Parfüms, wie wir sie kennen, die zwar unsere Durchschnittsnasen, nicht aber Grenouille täuschen können. Zur Duftgewinnung tötet er mehrere Jungfrauen, deren Eigengeruch er benötigt.

Im Buch versucht ein auktorialer Erzähler, Grenouille in ein schlechtes Licht zu rücken. Er sei ein „Zeck", der die Menschen hasse. Süskind provoziert so jedoch den Widerspruch des Lesers, bei dem sich Mitleid unter die politisch korrekte Abscheu für einen Mörder mischt.

Der Film verzichtet auf den Versuch, Grenouille schlecht darzustellen. Er ist keine Wiedergabe des Originals, wie ihn der auktoriale Erzähler präsentiert: Grenouille ist hübsch und wirkt selbst in Gerberkluft elegant. Im ärmellosen Ribshirt, mit einer Strubbelfrisur, die ihn von seinen Zeitgenossen absetzt und die selbst heutige Szenefriseure im Repertoire haben, wirkt er fast modern-metrosexuell, nicht wie der unverwüstliche Krüppel aus dem Buch. An wenigen Stellen ist der Film bei diesen Änderungen allerdings inkonsequent. Der – selten, aber sehr wohl – angedeutete Menschenhass passt nicht zum neuen Grenouille und bleibt ohne Kenntnis des Romans unverständlich.

Viel mehr als das Buch lebt der Film von Spannung. Im Film tritt der Kriminalroman zu Lasten des Entwicklungsromans in den Vordergrund. Dabei wird der Höhepunkt der Geschichte Grenouilles als Mörder im Film unnötigerweise nivelliert: Der Wettstreit zwischen Richis und Grenouille findet statt, jedoch ohne die eindrucksvolle Darstellung des Sieges des Geruchssinns über die Intelligenz aus dem Buch.

Die meisten Probleme der Adaption löst Tom Tykwer allerdings meisterhaft. Er kürzt an sinnvollen Stellen. Düfte werden nur selten visualisiert, doch wenn, dann auf kreative und effektive Weise. Tom Tykwers Vorliebe für innovative Techniken, die schon den Erfolg von „Lola rennt" ausmachten, zahlt sich auch hier aus. Vollkommene 3-D-Animationen und die eindrucksvolle Musik der Berliner Philharmoniker nehmen den Zuschauer gefangen in der Welt des 18. Jahrhunderts. Die Rollen sind ebenfalls perfekt besetzt. Der bisher unbekannte Ben Wishaw verkörpert glaubwürdig den neuen Grenouille. Brillant spielt Dustin Hoffman den alternden Parfumeur Baldini. Durch seine Melancholie wiederum wirkt Baldini, wie fast alle Figuren, die im Roman als skrupellose Ausbeuter Grenouilles angelegt sind, menschlich, ja sympathisch.

Und dennoch verschenkt der Film einiges. Jeder außer Grenouille stinkt erbärmlich. Der Geruch aber entscheidet, so der Roman, über Attraktivität, nicht äußere Schönheit. Diese Botschaft des Buches wird im Film nicht so deutlich herausgearbeitet. Dabei ist sie heute noch aktueller als bei Erscheinen des Buches 1985, denn der Schönheitswahn hat die Massen befallen. Der Körperkult kennt keine Grenzen. Kleider machen Leute heute mehr denn je, ebenso wie Schönheits-OPs, Tätowierungen, Piercings und Fitness-Studios. Und Parfümerien finden sich heute an jeder Straßenecke.

Den Leser des Romans „Das Parfum" beschleicht eine düstere Ahnung. Was, wenn all das Bemühen um Schönheit vergeblich ist? Wenn unsere Außenwirkung nicht durch Äußeres beeinflusst wird, sondern wir durch unseren Geruch fremdbestimmt sind? Wenn unser Eigengeruch selbst Parfüms durchdringt? Und was, wenn es tatsächlich Menschen wie Grenouille gibt, die uns durchschauen?

Für eine solch nachdenklich stimmende Botschaft ist der Film zu harmlos, denn Grenouille verachtet die Menschen nicht. Das Rezept des Menschengeruchs kennt nur der Zeck des Romans: „Ein Häufchen ziemlichen frischen Katzendrecks, einige Tropfen Essig, Salz, ein daumennagelgroßes Stück Käse (alt, beißend scharf riechend), etwas Fischig-Ranziges, ein faules Ei, Castoreum, Ammoniak, Muskat, gefeiltes Horn, angesengte Schweineschwarte (fein gebröselt) und Zibet."

Machen Sie sich vor dem Verfassen der Ergebnisse Notizen und gliedern diese. Verdeutlichen Sie sich dabei die **Makrostruktur** (Darstellung der zentralen Themen, der „rote Faden") und die **Mikrostruktur** (inhaltliche und sprachliche Gestaltung einzelner Gedanken).

Methodik Eine schriftliche Sachtextanalyse vorbereiten

Genaue Themenerfassung
- Was wird verlangt?
- Analyse des gesamten Textes oder Analyse von Teilaspekten

Gründliches Lesen des Textes
- Untersuchung des Textes in mehreren Lesedurchgängen unter jeweils unterschiedlichen Aspekten
- unbekannte Wörter nachschlagen (ein Wörterbuch steht im Fach Deutsch während der Prüfung zur Verfügung)
- Schlüsselbegriffe unterstreichen
- Randzeichen und (farbige) Textmarkierungen verwenden
- Gliederung in Sinnabschnitte und diese gegebenenfalls mit einer Überschrift versehen
- Lesen im Hinblick auf sprachliche Besonderheiten (Satzbau, Wortwahl, rhetorische Figuren, usw.)

Anfertigen von Notizen
- Ergebnisse in Stichpunkten festhalten
- eventuell eine Strukturskizze anlegen

Die Grundlage für eine Sachtextanalyse ist das gründliche Lesen des Textes sowie ein klarer und stringenter Aufbau einer solchen Analyse.

Methodik Aufbau einer Sachtextanalyse

Einleitung
- äußere Textmerkmale bestimmen (Autor, Titel, Textsorte, Erscheinungsort, Erscheinungszeit, Adressaten)
- Thema benennen; Inhalt zusammenfassen (siehe Kapitel 2, S. 13 f.)

Hauptteil
- Text in Sinnabschnitte gliedern und deren Funktion benennen
- Struktur und Aufbau des Textes erläutern, indem die einzelnen Sinnabschnitte zueinander in Beziehung gesetzt werden
- zentrale Textaussage herausarbeiten
- sprachliche und rhetorische Mittel interpretieren, indem sie im Hinblick auf Textaussage, Adressaten und Funktion untersucht werden
- Textintention bestimmen, die explizit genannt oder zwischen den Zeilen stehen kann

Schluss
- Analyseergebnisse zusammenfassen, indem die Bezüge zwischen Intention, Struktur und sprachlichen Mitteln hergestellt werden
- Bewertung oder Stellungnahme abgeben (je nach Aufgabenstellung)

Aufgabe 5

Christoph Seils: „Freiheit auch für Irre" – Das Urteil gegen den Holocaust-Leugner Ernst Zündel nützt nichts im Kampf gegen Neonazismus, aber es unterhöhlt das Grundrecht auf Meinungsfreiheit. Ein Kommentar. (Zeit online, 2007)

Untersuchen Sie den Kommentar im Hinblick auf die Schlüssigkeit der Argumente und die sprachliche Präsentation dieser.

Ernst Zündel ist ein widerlicher Nazi, ein unbelehrbarer Holocaust-Leugner und Antisemit. Fünf Jahre muss der 67-Jährige nun ins Gefängnis, weil er nach Überzeugung des Landgerichts Mannheim auf seiner Internet-Homepage in vierzehn Fällen den Völkermord an den Juden systematisch geleugnet und durch antisemitische Hetze zum Hass gegen die jüdische Bevölkerung aufgestachelt habe.

Endlich, werden viele sagen. Denn Zündel hat seine wirre Weltsicht schon seit Jahrzehnten in Büchern, Zeitschriften und im Internet verbreitet. In dem fünfzehnmonatigen Prozess nutzten er und seine Anwälte den Gerichtssaal noch einmal als Propagandabühne. Sie bestritten den millionenfachen Mord an den Juden und die Existenz der Gaskammern, sprachen von einem „Dogma", das dem Land „von den Juden aufgezwungen" worden sei und unterzeichneten Anträge an das Gericht mit „Heil Hitler".

Warum tun sich das Land und seine Justiz dies an? Warum verhandelt ein deutsches Landgericht fünfzehn Monate lang gegen einen politisch fehlgeleiteten Rentner? Beim Völkermord an den Juden handelt es sich schließlich um ein Staatsverbrechen, das durch zahllose Dokumente, Zeugenaussagen und Geständnisse belegt ist. Daran können Zündel und seine braunen Gesinnungsgenossen nichts ändern.

Nun kann man argumentieren, Deutschland sei als Land der Täter besonders dazu verpflichtet, die Überlebenden des Völkermordes vor der Verhöhnung durch Jung- und Altnazis zu schützen. Und es müsse solchen Leuten deshalb mehr noch als andere entgegentreten, auch mit den Mitteln der Strafjustiz.

Doch das Urteil gegen Zündel wird die Neonazi-Bewegung nicht schwächen. Im Gegenteil, jetzt hat sie einen Märtyrer mehr. Einen, der sich der vermeintlichen „jüdischen Weltverschwörung" entgegenstellt und der bereit ist, für diesen Wahn auch noch ins Gefängnis zu gehen. So ist es nämlich: Im Kampf gegen Neonazis schaden solche Prozesse und Urteile mehr, als dass sie nutzen. Doch was noch schwerer wiegt, sie unterhöhlen die durch den Artikel 5 Grundgesetz geschützte Meinungsfreiheit. Dieses Recht, jede noch so abwegige These, aber auch jeden Unsinn und sogar schlimme Unwahrheiten verbreiten zu dürfen, findet seine Einschränkung lediglich dort, wo konkrete Personen verunglimpft und Persönlichkeitsrechte verletzt werden. Deshalb ist auch das Zitat „Soldaten sind Mörder" durch die Meinungsfreiheit gedeckt. Weil dadurch eben keine konkrete Person benannt ist.

Die freie Rede ist ein hohes demokratisches Gut. Genau darauf zielen die Holocaust-Leugner ab, heißen sie nun Zündel oder Ahmadinedschad. Sie wollen die westlichen demokratischen Gesellschaften vorführen und zeigen, dass die von ihnen hochgehaltenen Freiheitsrechte nur Heuchelei seien. Und sie wissen natürlich, dass sie Deutschland und den Westen beim Thema Holocaust an einer sehr empfindlichen Stelle treffen. Insofern ist die Provokation Zündels gelungen.

Das Bundesverfassungsgericht hat zwar entschieden, die Leugnung des Holocaust sei nicht durch Artikel 5 Grundgesetz gedeckt. Weil dies keine Meinungsäußerung sei, sondern eine Tatsachenbehauptung, die „erwiesen unwahr" sei. In den USA, in Kanada und auch Großbritannien hingegen wird dies ganz anders gesehen – so unerträglich es auf den ersten Blick erscheinen mag. Dort ist auch die Leugnung des Holocaust durch das Recht auf freie Meinungsäußerung gedeckt, und der Vorstoß von Bundesjustizministerin Brigitte Zypries, die Leugnung des Holocaust europaweit unter Strafe stellen zu wollen, stieß in Großbritannien deshalb auf laute Proteste.

Statt die deutsche Praxis zu exportieren, sollte man über ihr Ende nachdenken. Spätestens dann, wenn die letzten Überlebenden des Holocaust gestorben sind. Denn dann ist der Holocaust historisiert und seine Leugnung kein Fall mehr für den Schutz von Persönlichkeitsrechten.

Den demokratischen Staat hingegen muss man vor politisch motivierten Lügen nicht schützen. Im Gegenteil, er muss und kann sie aushalten, dafür ist die Meinungsfreiheit viel zu kostbar. Ernst Zündel und seine Freunde sollte eine selbstbewusste demokratische Gesellschaft als das behandeln, was sie sind: Irre.

7
Der Textvergleich

Der Textvergleich verdeutlicht Gemeinsamkeiten und Unterschiede zweier Texte. Gegenübergestellt werden beispielsweise zwei Gedichte, zwei Kurzgeschichten, zwei Sachtexte oder Romanauszüge. Durch die Kontrastierung und den Vergleich werden die jeweiligen Besonderheiten der Texte hervorgehoben und in einen größeren Zusammenhang eingeordnet. So lässt sich etwa beobachten, wie ein Motiv von verschiedenen Autoren oder zu verschiedenen Zeiten verarbeitet wird.

7.1
Besonderheiten beim Textvergleich

Typische Aufgabenstellungen

- Beide Texte behandeln dasselbe Thema. Wie unterscheiden sie sich in der Darstellungsweise? Gehen Sie auf die sprachlichen Mittel ein.
- Erläutern Sie die formalen Ähnlichkeiten und Unterschiede.
- Vergleichen Sie das Gedicht ... mit seiner früheren Fassung.

Die Aufgabenstellung gibt in der Regel die Aspekte an, unter denen die Texte verglichen werden sollen.

Wissen **Kategorien des Textvergleichs**

Thema und Motiv
- Vergleich von Texten mit ähnlichen Motiven oder ähnlicher Thematik
- Vergleich von Texten im Hinblick auf die Figurenkonstellation

Form
- Vergleich von Gattungsformen (z. B. Volksmärchen – Kunstmärchen)

Fassungen
- Gegenüberstellung von einer frühen und einer späteren Gedichtfassung
- Vergleich von Prosafassung und Versfassung
- Vergleich eines Gedichts mit dem Text, der als Vorlage diente

Beim Textvergleich sind die Ähnlichkeiten und Unterschiede der beiden Texte nicht nur zu benennen, sondern zu erläutern!

Tipp

Es empfiehlt sich, bei einem Textvergleich folgende Fragen zu stellen:

- Welche unterschiedlichen Intentionen verfolgen die Autoren?
- Welche unterschiedlichen Leser wollen sie ansprechen?
- Welche unterschiedlichen Wirkungen wollen sie erzielen?

Achten Sie auf eine sinnvolle und angemessene Gliederung Ihres Textvergleichs. Sie können zwischen vier Gliederungsarten wählen.

Wissen **Gliederungsmöglichkeiten eines Textvergleichs**

- **vernetzter Textvergleich:** Beide Texte werden parallel unter den vorgegebenen Gesichtspunkten analysiert.
- **linearer Textvergleich I:** Beide Texte werden einzeln unter den vorgegebenen Gesichtspunkten nacheinander interpretiert und abschließend miteinander verglichen.
- **linearer Textvergleich II:** Zuerst erfolgt die Interpretation eines Textes im Hinblick auf zentrale Aspekte. Anschließend wird der zweite Text mit Bezugnahme auf den ersten interpretiert, sodass die Vergleichsaspekte in die Deutung des zweiten Textes miteinbezogen werden.
- **Textanalyse eines Textes mit gelegentlicher Bezugnahme auf einen anderen Text**

Hinweise zu den Gliederungsmöglichkeiten des Textvergleichs:

- Beim **vernetzten Textvergleich** bilden die Vergleichsaspekte den roten Faden der Darstellung, d. h., der erste Aspekt aus dem einen Text wird mit dem entsprechenden Aspekt aus dem anderen Text verglichen, danach folgt die Gegenüberstellung eines zweiten Aspekts aus beiden Texten usw.
- Beim **linearen Textvergleich I** erfolgt der systematische Vergleich erst, nachdem beide Texte nacheinander einzeln betrachtet wurden, d. h., dieser Vergleich besteht aus drei Teilen: Der erste Teil widmet sich den verschiedenen Aspekten aus Text 1, der zweite konzentriert sich auf die unterschiedlichen Aspekte aus Text 2, im dritten werden die Deutungsergebnisse aus Teil 1 und Teil 2 zusammengefasst und die übergeordneten Aspekte miteinander verglichen.
- Der **lineare Textvergleich II** besteht aus zwei Teilen, wobei der erste Teil dem Muster aus dem linearen Textvergleich I folgt; im zweiten Teil werden die Aspekte aus dem zweiten Text gleich unter Berücksichtigung der Aspekte aus dem ersten Text interpretiert.

Aufgabe 1

Else Lasker-Schüler: „Ein alter Tibetteppich“ (1910)
„Ännchen von Tharau“ (hochdeutsche Fassung des Liedes aus dem Jahr 1642 von Johann Gottfried Herder, 1778)
Untersuchen Sie die sprachliche Gestaltung des Inhalts beider Gedichte mittels des linearen Textvergleichs I.

Else Lasker-Schüler: „Ein alter Tibetteppich“

Deine Seele, die die meine liebet,
ist verwirkt mit ihr im Teppichtibet.

Strahl in Strahl, verliebte Farben,
Sterne, die sich himmellang umwarben.

Unsere Füße ruhen auf der Kostbarkeit,
maschentausendabertausendweit!

Süßer Lamasohn auf Moschuspflanzenthron,
wie lange küsst dein Mund den meinen wohl
und Wang die Wange buntgeknüpfte Zeiten schon?

Ännchen von Tharau

Ännchen von Tharau ist, die mir gefällt,
Sie ist mein Leben, mein Gut und mein Geld.
Ännchen von Tharau hat wieder ihr Herz
Auf mich gerichtet in Lieb und in Schmerz.
Ännchen von Tharau, mein Reichtum, mein Gut,
Du meine Seele, mein Fleisch und mein Blut!

Käm alles Wetter gleich auf uns zu schlahn,
Wir sind gesinnt, bei einander zu stahn.
Krankheit, Verfolgung, Betrübnis und Pein
Soll unserer Liebe Verknotigung sein.
Ännchen von Tharau, mein Licht und mein Sonn,
Mein Leben schließ ich um deines herum!

Recht als ein Palmbaum über sich steigt,
Hat ihn erst Regen und Sturmwind gebeugt.
So wird die Lieb in uns mächtig und groß
Nach manchen Leiden und traurigem Los!
Ännchen von Tharau, mein Reichtum, mein Gut,
Du meine Seele, mein Fleisch und mein Blut!

Würdest du gleich einmal von mir getrennt,
Lebtest da, wo man die Sonne kaum kennt,
Ich will dir folgen durch Wälder und Meer,
Eisen und Kerker und feindliches Heer!
Ännchen von Tharau, mein Licht und mein Sonn,
Mein Leben schließ ich um deines herum!

Aufgabe 2

Matthias Claudius: „Kriegslied" (1779) und Heinrich Lersch: „Brüder" (1936)
Vergleichen und werten Sie die Gedichte von Matthias Claudius (1740–1815) und Heinrich Lersch (1889–1936). Berücksichtigen Sie dabei auch den literaturgeschichtlichen Aspekt. Wählen Sie den vernetzten Textvergleich.

Matthias Claudius: Kriegslied

's ist Krieg! 's ist Krieg! O Gottes Engel wehre
und rede du darein!
's ist leider Krieg – und ich begehre,
nicht schuld daran zu sein!

Was sollt' ich machen, wenn im Schlaf mit Grämen
und blutig, bleich und blass,
die Geister der Erschlagnen zu mir kämen
und vor mir weinten, was?

Wenn wackre Männer, die sich Ehre suchten,
verstümmelt und halb tot,
im Staub sich vor mir wälzten und mir fluchten
in ihrer Todesnot?

Wenn tausend, tausend Väter, Mütter, Bräute
so glücklich vor dem Krieg,
nun alle elend, alle arme Leute,
wehklagten über mich?

Wenn Hunger, böse Seuch' und ihre Nöten
Freund, Freund und Feind ins Grab
versammelten und mir zu Ehren krähten
von einer Leich' herab?

Was hülf mir Kron' und Land und Gold und Ehre?
Die könnten mich nicht freun!
's ist leider Krieg – und ich begehre,
nicht schuld daran zu sein!

Heinrich Lersch: Brüder

Es lag schon lang ein Toter vor unserm Drahtverhau,
Die Sonne auf ihm glühte, ihn kühlte Wind und Tau.
Ich sah ihm alle Tage in sein Gesicht hinein,
Und immer fühlt ich's fester: Es muss mein Bruder sein.
Ich sah in allen Stunden, wie er so vor mir lag,
Und hörte seine Stimme aus frohem frohem Friedenstag.
Oft in der Nacht ein Weinen, das aus dem Schlaf mich trieb:
Mein Bruder, lieber Bruder, hast du mich nicht mehr lieb?
Bis ich, trotz allen Kugeln, zur Nacht mich ihm genaht
Und ihn geholt. – Begraben: – Ein fremder Kamerad.
Es irrten meine Augen. – Mein Herz, du irrst dich nicht:
Es hat ein jeder Toter des Bruders Angesicht.

Die genannten Gliederungsmöglichkeiten sind auch dann gültig, wenn Sie mehr als zwei Texte miteinander vergleichen müssen. In der Prüfung können Sie beispielsweise mit drei Gedichten aus verschiedenen Epochen konfrontiert werden, die ein bestimmtes Thema behandeln.

Aufgabe 3

Text 1: Auszug aus den Richtlinien für die Lehrpläne der höheren Schulen Preußens (1927)
Text 2: Vorschläge für den Deutschunterricht in der Oberstufe (1960; Auszug)

1. Analysieren und vergleichen Sie die beiden Texte, indem Sie den Zusammenhang zwischen Intention und sprachlicher Darstellung erarbeiten und dabei den Zeitbezug berücksichtigen.
2. Diskutieren Sie die Frage der Relevanz von Literatur aus vergangenen Epochen für das 21. Jahrhundert.

Text 1
Auszug aus den Richtlinien für die Lehrpläne der höheren Schulen Preußens, Fach Deutsch (1927)

Die Einführung in das deutsche Schrifttum soll die Schüler mit Verständnis und Liebe für die eigentümlichen Schöpfungen des deutschen Geistes auf dem Gebiet der Literatur erfüllen, durch das Eindringen in Gehalt und Form der großen Meisterwerke sie geistig bilden und durch die in diesen Werken niedergelegten Lebenswerte sie innerlich bereichern. Der Unterricht wird stets getragen sein von Ehrfurcht vor dem großen Werke und seinem Schöpfer und wird dem Schüler zum Bewusstsein bringen, dass es erste Aufgabe ist, eine solche Geistesschöpfung sich in voller Hingabe zu erarbeiten. Er wird aber auch den Schüler ermutigen, sich persönlich mit dem Werke auseinanderzusetzen; denn nur wenn beides zusammenkommt, kann die Erkenntnis des Inhalts zum Erlebnis des Gehaltes, die Freude am Schönen zur Erfassung der Form, die Begeisterung für den Helden zu tapferem Lebenswillen, die natürliche Bewunderung für den Genius zur freien Verehrung, das deutsche Fühlen zu deutschem Bewusstsein sich erheben.

Das in der Schule zu behandelnde deutsche Schrifttum erstreckt sich von der primitiven Volksdichtung, vom Märchen und von der Sage bis zu den höchsten, dem Schüler zugänglichen Offenbarungen des Genius. Im Mittelpunkt der Betrachtung steht auf OII (11. Kl.) die erste große Blütezeit der deutschen Literatur, auf OI (12. und 13. Kl.) der Zeitraum der Wiedergeburt deutschen Wesens im Idealismus unserer Klassik und Romantik, in dem der deutsche Geist alle auf ihn wirkenden Bildungskräfte in neuer und eigenartiger Einheit zusammengefasst und dadurch nicht nur die Geistesgeschichte Deutschlands und seine kulturelle Weiterbildung bis zur Gegenwart beeinflusst, sondern auch auf das gesamteuropäische Geistesleben befruchtend eingewirkt hat. Aber auch die bedeutenden Schöpfungen des poetischen Realismus im 19. Jahrhundert, in denen die Probleme einer neuen Entwicklung gestaltet sind, verlangen ihr volles Recht.

Text 2
Vorschläge für den Deutschunterricht in der Oberstufe (1960; Auszug)

Die Beschäftigung mit bedeutsamen literarischen Werken öffnet den Blick für die Eigenwelt der Wort-Kunst. Während die Gestaltanalyse dem Geheimnis des Schöpferischen näher zu kommen sucht – begreifen will, was uns ergreift –, führt die Gehaltsanalyse an menschliche Seins- und Verhaltensweisen heran; sie gibt stellvertretende Daseinserfahrung, eröffnet Bereiche seelischer wie realer Existenz, denen der Schüler bislang un-erfahren und un-gebildet gegenüberstand. Auch die Beschäftigung mit der Literaturgeschichte muss in diesem Sinne verstanden werden. Der historische Ablauf ist nur die äußere Form eines inneren, anthropozentrischen Prozesses: Jede Epoche und Strömung ist Spiegelbild menschlicher Erlebnisweisen, die es – bei aller Würdigung des Geschichtlichen – letztlich aus dem historischen Detail herauszulösen, zu erkennen, nachzuvollziehen gilt. Das Bewusstwerden geistesgeschichtlicher Entwicklung ist somit nur ein fortschreitendes Umgreifen menschlichen Seins, Bereicherung der Seele und Erweiterung des Horizontes.

7.2 Regeln zum Textvergleich

Bei dem Textvergleich sollten Sie darauf achten, folgende Fehler zu vermeiden:

- **vernetzter Textvergleich:** Die Vergleichsaspekte werden nicht klar benannt und die Eigenheiten der jeweiligen Textgattung nicht berücksichtigt.
- **linearer Textvergleich I:** Die Vergleichsaspekte werden wiederholt, ohne dass die Eigenheiten der beiden Texte dabei verdeutlicht werden.
- **linearer Textvergleich II:** Der rote Faden der Interpretation ist nicht erkennbar. Die Eigenheiten des zweiten Textes werden nicht klar herausgearbeitet.
- **Textvergleich mit gelegentlichen Bezügen:** Der Textvergleich fällt zu ungenau und oberflächlich aus, weil der Vergleichstext nicht vorliegt und die Kenntnisse nicht ausreichen, um einen überzeugenden Vergleich herzustellen.

Wenn Sie für Ihre vergleichende Analyse eine Gliederung erstellen, sollten Sie genau überlegen, welches die Vorteile und welches die Nachteile einer bestimmten Gliederungsmöglichkeit sind. Hinweise dazu finden Sie im Folgenden.

Tipp

Vernetzter Textvergleich
Es wird hier sofort mit dem Textvergleich begonnen, beide Textvergleiche sind gleichwertig. Wenn die Aufgabenstellung nicht ausdrücklich etwas anderes verlangt, sollten Sie auf diese Gliederungsmöglichkeit zurückgreifen.

Linearer Textvergleich I
Diese Variante besteht aus zwei Textanalysen mit angehängtem Vergleich. Aus diesem Grund besteht die Gefahr der Wiederholung bestimmter Aspekte.

Linearer Textvergleich II
Bei dieser Möglichkeit ist der erste Text der wichtigere. Die Gefahr der Wiederholung ist auch hier groß.

Textvergleich mit gelegentlichen Bezügen
Die gelegentliche Bezugnahme auf andere Texte oder Autoren in einer Textanalyse wird Ihnen immer positiv angerechnet, denn Sie zeigen damit Ihre Belesenheit und die Fähigkeit, bestimmte Gesichtspunkte auf andere Texte zu übertragen.

Aufgabe 4

Bettina von Arnim: „An Friedrich Carl von Savigny" (1804; Auszug)
Rahel Varnhagen: „An Rose im Haag" (1819; Auszug)

1. Vergleichen und werten Sie die beiden Briefe von Bettina von Arnim und Rahel Varnhagen.
2. Beurteilen Sie die Bedeutung damaliger Briefliteratur.

Bettina von Arnim: An Friedrich Carl von Savigny

Frankfurt, Oktober 1804

[...]

Dass ich traurig bin, kannst Du Dir wohl leicht erklären. So viel Lebenskraft und Mut zu haben und keine Mittel, ihn anzuwenden! Wie mag es einem großen Krieger zu Mut sein, dem das Herz glühet zu großen Unternehmungen und Taten und der in der Gefangenschaft ist, mit Ketten beladen, an keine Rettung denken darf. Mir überwältigt diese immerwährende rastlose Begier nach Wirken oft die Seele und bin doch nur ein einfältig Mädchen, deren Bestimmung ganz anders ist. Wenn ich so denke, dass gestern ein Tag war, wie heute einer ist und morgen einer sein wird und wie schon viele waren und noch viele sein werden, so wird es mir oft ganz dunkel vor den Sinnen und ich kann mir selbst kaum denken, wie unglücklich mich das machen wird, nie in ein Verhältnis zu kommen, worinnen ich meiner Kraft gemäß wirken kann.

[...]

Rahel Varnhagen: An Rose im Haag

Karlsruhe, Freitag, 22. Januar 1819. Mittag 12 Uhr

[...]

Mache Dir auch Zerstreuung, bei Deiner Eselsmilch: Das heißt, geh an Orte, wo neue Gegenstände, Worte und Menschen Dich berühren, Dir Blut, Leben, Nerven und Gedanken auffrischen. Wir Frauen haben dies doppelt nötig; indessen der Männer Beschäftigungen wenigstens in ihren eignen Augen auch Geschäfte sind, die sie für wichtig halten müssen, in deren Ausübung ihrer Ambition sich schmeichelt, worin sie ein Weiterkommen sehen, in welcher sie durch Menschverkehr schon bewegt werden: wenn wir nur immer herabziehende, die kleinen Ausgaben und Einrichtungen, die sich ganz nach der Männerstand beziehen müssen, Stückeleien vor uns haben. Es ist Menschenunkunde, wenn sich die Leute einbilden, unser Geist sei anders und zu anderen Bedürfnissen konstituiert, und wir könnten zum Exempel ganz von des Mannes oder Sohns Existenz mitzehren. Diese Forderung entsteht nur aus der Voraussetzung, dass ein Weib in ihrer ganzen Seele nichts Höheres kennte als grade die Forderungen und Ansprüche ihres Mannes in der Welt; oder die Gaben und Wünsche ihrer Kinder: Dann wäre jede Ehe, schon bloß als solche, der höchste menschliche Zustand; so aber ist es nicht; und man liebt, hegt, pflegt wohl die Wünsche der Seinigen, fügt sich ihnen; macht sie sich zur höchsten Sorge, und dringendsten Beschäftigung: aber erfüllen, erholen, uns ausruhen, zu fernerer Tätigkeit, und Tragen, können die uns nicht; oder auf unser ganzes Leben hinaus stärken und kräftigen. Dies ist der Grund des vielen Frivolen, was man bei Weibern sieht, und zu sehen glaubt: Sie haben der beklatschten Regel nach gar keinen Raum für ihre eigenen Füße, müssen sie nur immer dahin setzen, wo der Mann eben stand, und stehen will; und sehen mit ihren Augen die ganze bewegte Welt wie etwa einer, der wie ein Baum mit Wurzeln in der Erde verzaubert wäre; jeder Versuch, jeder Wunsch, den unnatürlichen Zustand zu lösen, wird Frivolität genannt; oder noch für strafwürdiges Benehmen gehalten. Darum musst Du und ich ein wenig angefrischt werden! [...]

8
Die Erörterung

Die Erörterung ist eine schriftliche Form der Argumentation und verlangt eine begründete Stellungnahme zu einem Sachverhalt. Dabei geht es um eine gründliche und überzeugende Auseinandersetzung mit einem Thema, indem Argumente (Begründungen) vorgebracht und mit einem Beispiel veranschaulicht werden. Argumente und Gegenargumente werden gegeneinander abgewogen, um Stellung zu beziehen oder etwas zu beurteilen. Es kommt darauf an, die eigene Position zu verdeutlichen, indem Begründungen durch Beispiele belegt werden.

8.1
Regeln zum Erstellen einer Erörterung

Es gibt verschiedene Formen der Erörterung. Man unterscheidet die **textgebundene bzw. literarische Erörterung** und die **freie Erörterung.** Das methodische Vorgehen ist bei allen Formen gleich.

Methodik **Arbeitsschritte beim Erstellen einer Erörterung**

1. Schritt: Erfassen der Aufgabenstellung
- Handelt es sich um eine Sachfrage, Entscheidungsfrage, Wertfrage oder einen Auftrag, der einen Textinhalt zur Grundlage hat?
- W-Fragen helfen, zentrale Begriffe in der Textvorlage zu erschließen.

2. Schritt: Eine eigene Position finden
- Ausformulieren der eigenen Position in einer These (Behauptung)

3. Schritt: Stoffsammlung
- Sammeln von Fakten, Argumenten und Gegenargumenten, Zitaten und Beispielen mittels relevanter Fragen
- Es empfiehlt sich, diese in fortlaufender Nummerierung untereinander zu schreiben und nach sachlicher Entsprechung zusammenzufassen.

4. Schritt: Gliederung
- Ausarbeitung mit Einleitung, Hauptteil und Schluss

Aufgabe 1

Welche Bedeutung hat das Buch in der Multimediagesellschaft? Erstellen Sie eine Stoffsammlung.

Erörterungen bestehen aus Einleitung, Hauptteil und Schluss. Dieser Aufbau gilt für alle Formen der schriftlichen Argumentation, allerdings gibt es bei der textgebundenen bzw. literarischen Erörterung und der freien Erörterung leichte inhaltliche Unterschiede. Die spezifischen Merkmale erfahren Sie im Zusammenhang mit der Beschreibung der einzelnen Erörterungsformen.

Methodik **Aufbau einer Erörterung**

Einleitung
- Hinführung zum Thema, z. B. durch Verweis auf die Bedeutung und Aktualität der Themenstellung
- Motivieren des Lesers
- evtl. das Spektrum möglicher Positionen andeuten

Hauptteil
- Vorstellen von These und Argumenten
- deduktives Argumentieren: vom Allgemeinen zum Besonderen
- induktives Argumentieren: vom Besonderen zum Allgemeinen

Schluss
- Möglich sind eine Zusammenfassung, der Rückgriff auf den Einleitungsgedanken, das Eröffnen weiterer Perspektiven oder persönliche Aussagen.

Aufgabe 2

Formulieren Sie auf der Grundlage Ihrer Ergebnisse aus Aufgabe 1 eine Einleitung zu der Frage „Welche Bedeutung hat das Buch in der Multimediagesellschaft?“.

Bei einer Erörterung ist im Hauptteil auf die **Anordnung der Argumente** zu achten. Die Reihenfolge der Argumente kann darüber entscheiden, welchen Eindruck Ihre Argumentation beim Leser hinterlässt.

Tipp

Es empfiehlt sich folgende Anordnung:
- erstes Argument = das überzeugendste Argument
- zweites Argument = ein gutes Argument
- drittes und weitere Argumente = verhältnismäßig schwache Argumente

Steht das wichtigste Argument am Anfang, ist der Leser davon oftmals so überzeugt, dass er die folgenden Argumente höher einschätzt als ihr tatsächlicher Wert. Wenn Sie mit dem schwachen Argument beginnen, wird der Leser kritisch und kritisiert unter Umständen auch das gute Argument.

Bei dem Verfassen einer Erörterung gibt es weitere grundsätzliche Aspekte, die Sie beachten sollten, um Ihre Position zu einem Sachverhalt zu verdeutlichen.

Tipp

- Vermeiden Sie eine zu abstrakte Einleitung, die den Leser weder motiviert noch zum Thema hinführt.
- Vermeiden Sie Gedankensprünge, Widersprüche, Abschweifungen.
- Achten Sie auf den Aufbau der Argumente.
- Vermeiden Sie wenig stichhaltige Begründungen, die möglichen Einwänden nicht standhalten können, sowie Gemeinplätze.
- Verwenden Sie konkretisierende Beispiele.
- Achten Sie auf eine angemessene sprachliche Darstellung.

8.2 Die textgebundene und die literarische Erörterung

Eine Erörterung kann sich auf einen Text beziehen, in dem ein Problem behandelt oder eine strittige Frage diskutiert wird. Als Textgrundlage dienen fiktionale oder nicht fiktionale Texte.

Typische Aufgabenstellungen

- Untersuchen Sie den Text im Hinblick auf ... und erörtern Sie die Problematik ...
- Setzen Sie sich kritisch mit der Position des Autors auseinander.
- Erläutern Sie die im Text vorkommenden Begriffe ... aus der Sicht des Verfassers und erörtern Sie anschließend ...
- Erörtern Sie die Aussagen ... und nehmen Sie Stellung zu den aufgezeigten Problemen.

Der Text bildet den Ausgangspunkt dieser Erörterungsform und muss daher – wie auch die Aufgabenstellung – genau gelesen werden. Stellen Sie die Hauptthese des Textes fest und finden Sie eine eigene Position dazu. Hier kommt es darauf an, die Argumentation des Autors zu beurteilen und die eigene Position mit Bezug zum Ausgangstext darzustellen.

Ihre Ansicht kann zu der Meinung des Autors in völligem Widerspruch stehen, teilweise damit übereinstimmen oder ganz und gar damit übereinstimmen. Daraus ergeben sich verschiedene **Strategien** für das Verfassen der Erörterung.

Methodik **Strategien der Argumentation**

Ihre Ansichten und die des Verfassers widersprechen sich völlig
- Prüfen Sie die Qualität der Argumente und die Schlüssigkeit der Argumentation.
- Schränken Sie einzelne Thesen in ihrer Gültigkeit ein.
- Stellen Sie einzelne Begründungen oder Beispiele als unzureichend dar.

Ihre Ansichten und die des Verfassers widersprechen sich teilweise
- Ergänzen Sie diejenigen Thesen des Verfassers, mit denen Sie übereinstimmen, um weitere Argumente.
- Widerlegen Sie die Ansicht des Verfassers, indem Sie Argumenten, denen Sie widersprechen, Gegenargumente gegenüberstellen.

Ihre Ansichten stimmen mit denen des Verfassers völlig überein
- Ergänzen Sie die Argumente des Verfassers um weitere und stützen Sie so die Position.
- Entkräften Sie mögliche Gegenargumente, die der Verfasser nicht berücksichtigt hat.
- Achten Sie darauf, dass Sie das Gesagte nicht einfach nur wiederholen.

Haben Sie die Absicht des Verfassers und seine Argumentation herausgearbeitet und Ihre eigene Position gefunden, gliedern Sie Ihre Erörterung folgendermaßen:

Methodik **Aufbau einer textgebundenen Erörterung**

Einleitung
- Benennen von Autor, Titel und Thema
- Benennen des im Text behandelten Problems

Hauptteil
- Wiedergabe der zentralen Thesen / Forderungen des Verfassers
- Erläuterung der Argumentation bzw. des Gedankengangs im Text
- kritische Auseinandersetzung mit der Argumentation des Verfassers

Schluss
- Abwägen und eigene Stellungnahme zum Text und zur darin behandelten Problematik
- evtl. Ausblick, Appell, weiterführende Gedanken

Aufgabe 3

Zeitungsartikel „Wunschziel USA"
Erörtern Sie die Vor- und Nachteile einer Reise ins Ausland, die in dem Zeitungsartikel erwähnt werden. Erstellen Sie zuvor eine Gliederung, die den Aufbau Ihrer Erörterung verdeutlicht.

Was der „gehobenen" Jugend früherer Zeiten die Bildungsreise nach Italien war, ist den jungen Deutschen von heute das Highschool-Jahr in den USA. Die Nachfrage steigt so stark, dass es schon schwierig wird, in Amerika genügend geeignete Gastfamilien und Schulfreiplätze zu finden. Als Alternative sind auch Australien, Neuseeland, Südafrika und Frankreich bei den Sprachreisespezialisten gut gebucht.

30 000 junge Deutsche planen nach Schätzungen des Spezialveranstalters Dr. Falk Sprachen & Reisen (DFSR), Mannheim, in diesem Jahr einen einjährigen Schulbesuch in den USA. Dabei ist weder Abenteuerlust noch Frust als Auslöser maßgebend. „Unsere Schülerinnen und Schüler erkennen in einem Austauschjahr die einmalige Möglichkeit einer zusätzlichen Ausbildung", weiß DFSR-Geschäftsführerin Annika Schuster.

98 % der Jugendlichen lassen sich diese intensive Einführung in den „American way of life" nicht entgehen. Der komplette Workshop, Flug, Familienaufenthalt, Schulbesuch sowie umfassende Kranken- und Unfallversicherung sind im Preis von 11 860 Euro für zehn Monate enthalten.

Wie die meisten deutschen Sprachreiseunternehmen bietet auch DFSR Schulaufenthalte wahlweise für fünf oder zehn Monate, und zwar in den USA, Kanada, Frankreich, Australien, Neuseeland und Japan. Das gilt auch für Prolingua Sprachreisen. Der Kölner Veranstalter verzeichnet einen regelrechten Boom für diese USA-Programme (Halbjahresaufenthalte / fünf Monate ab 6765 Euro; Ganzjahresaufenthalte / zehn Monate ab 9340 Euro, ohne Flug).

Bei begabten Schülern, die sich einen solchen „Bildungsurlaub" finanziell nicht leisten können, helfen einige Sprachreiseunternehmen mit Stipendien oder zumindest günstigen Darlehen. Branchenführer Easy Ferienschule, Heidelberg, hat dafür die gemeinnützige „Easy Foundation" gegründet, die in den USA als Stiftung anerkannt ist.

Eine bundeseinheitliche Regelung für die Anrechnung der Zeit an einer amerikanischen Highschool besteht nicht. Wer nach seiner Rückkehr mit dem US-Zeugnis in der Hand eine Klasse überspringen will, sollte das unbedingt vorab mit der Schulleitung klären. Das gilt für alle langfristigen Schulaufenthalte im Ausland.

Selbstverständlich ist eine solche Umstellung auf fremde Menschen, Gebräuche und Lebensformen keine ganz einfache Übung für Jugendliche. „Für manchen Schüler endet dieses von der Idee der Völkerverständigung her gute Programm mit einem Fiasko", warnt Christian Scholz vom Stuttgarter Verbraucherschutz in Bildungsfragen ABI (Aktion Bildungsinformation).

„Betroffen sind insbesondere Schüler, die hier mangelhaft vorbereitet und nicht genügend auf ihre Eignung für dieses Programm überprüft wurden", erklärt der ABI-Vorstand.

Das ABI rät eindringlich, das „Kleingedruckte" zu beachten, insbesondere „meist in schwierigem Englisch abgefasste Einverständnis- und Verzichtserklärungen, die den Veranstalter zum Abbruch des Programms berechtigen", nicht zu unterschreiben. Oft bedeute die vorzeitige Rückkehr nämlich nicht nur „Schmach für den Schüler", so Scholz, „sondern auch einen finanziellen Verlust für die Eltern": Ein Rückerstattungsanspruch kann oftmals nur gerichtlich durchgesetzt werden.

Methodik Ausformulieren der textgebundenen Erörterung

Beachten Sie beim Ausformulieren folgende Aspekte:
- bei der Textwiedergabe Präsens und indirekte Rede verwenden
- Textbelege und Zitate verwenden (siehe S. 10)
- den Text mit Absätzen gliedern
- Aussagen durch geeignete sprachliche Formulierungen miteinander verbinden

Um verschiedene Gedanken sprachlich präzise wiederzugeben und Argumente miteinander zu verknüpfen, kann man sich einer Reihe von Formulierungen bedienen.

Tipp

Formulierungen zur Verknüpfung gegensätzlicher Argumente:
- *einerseits – andererseits*
- *zum einen – zum anderen*
- *zwar – aber*
- *obwohl*
- *selbst wenn ... dann*
- *vor dem Hintergrund*
- *Im Gegensatz dazu ...*
- *Im Unterschied dazu ...*
- *Dagegen lässt sich einwenden, dass ...*

Aufgabe 4

Günter Kunert: „Vom Reisen" (1979; Auszug)
Analysieren Sie Günter Kunerts Verständnis des Satzes „Reisen bildet" und erörtern Sie anschließend unter der Berücksichtigung Ihrer Ergebnisse die Bedeutung von Kunerts Thesen im Zeitalter des Massentourismus.

[...]
Reisen, wie ich es verstehe, ist kein Hintersichbringen einer Entfernung zwischen zwei näher oder entfernter gelegenen Orten, um so rasch wie möglich einen Zweck zu erfüllen, was Zusammensetzungen wie „Geschäftsreise", „Dienstreise" falsch und widersprüchlich benennen. Reisen meint weder das Verlassen des Heimes noch der Heimatstadt, noch des sogenannten Vaterlandes, sondern vor allem: der Gewohnheit. Selbst noch im letzten, von keiner Einsicht getrübten Touristen schlummert im Unterbewußtsein etwas vom existentiellen Motiv des Reisens, das Metamorphose heißen könnte.
[...]
Verwandlung – aber wie? Das Wort ist nun oft genug gefallen, somit die Erläuterung fällig. Gemeint ist keineswegs die Zunahme an Kenntnissen und Wissen, keine Steigerung von Fähigkeiten, unterschiedliche Situationen reibungsloser zu bewältigen – gemeint ist, daß die Fremde (und ich benutze bewußt den altertümlichen, doch treffenden Ausdruck) den Reisenden sich selber fremd werden läßt. Woanders ist man ein anderer. Welcher einigermaßen empfindsame Reisende merkte nicht beispielsweise unter südlicherem Himmel an sich selber eine stärkere Bereitschaft zu größerer Lebhaftigkeit, gar zu ungewohnten Gestikulationen? Dem anderen Lebensrhythmus sich anzupassen, verliert er merklich von der eigenen, ohnehin unsicheren Individualitätssubstanz, gewinnt jedoch fremdartig neue hinzu, die aus der Kollektiv-Individualität, von welcher er eingehüllt wird, auf ihn übergeht. Man meint, die abweichende, sogar gegensätzliche Daseinsweise durch ein Minimum an Mimesis zu begreifen, nachzufühlen, und in diesem Nachfühlen (etwas wie ein emotionales Bewußtsein, und das ist bloß ein scheinbarer Widerspruch) liegt bereits, da wir ja damit schon von uns selber absehen und anderes Leben in uns aufzunehmen trachten, die Verwandlung beschlossen. Beteiligt sich noch unsere Phantasie, unser Vorstellungsvermögen an dem Vorgang, erhöht sich seine Intensität: jede Landschaft bietet uns plötzlich Heimat und glückliche Geborgenheit, jedes Haus die Möglichkeit, eine Existenz hineinzuprojizieren, welche die unsere sein könnte, sein müßte.
[...]
Auf solche Weise wurde ich in New Mexiko zum Indianer. Ich bin sowohl der etwas suspekte, vermutlich im Grenzbereich der Kriminalität operierende Kramhändler vom sonnabendlichen Krammarkt in Brighton, wie

auch jener Postangestellte im abgelegenen Tiroler Inntal-Dorf, wo fünfhundert Meter von der Autostraße weg die Kalender einige Menschenalter hindurch nicht erneuert wurden. Der Stärkegrad freilich des Sichverwandelns schwankte. Das hängt von der Eindrucksmächtigkeit der bisher unbekannten Umgebung ab, von der hinterbliebenen Kraft örtlicher Vergangenheit, von der Vitalität ihrer Bewohner, die heftiger oder geringer spürbar, sinnlicher oder abstrakter sein kann; ihre Anwesenheit, ihre Geschichte und ihre Geschichten, ob den Gesichtern hypothetisch entnommen oder tatsächlich gehört, es sind die kostenlosen Mittel, derer wir bedürfen, unser eigenes Ich auszutauschen – freilich: es handelt sich nur um einen scheinbaren Austausch, und doch: etwas bekommen wir und etwas geben wir fort dabei, ohne daß wir genau zu definieren vermögen, was es eigentlich ist. Auf jeden Fall sensibilisieren uns solche Pseudo-Morphosen: sie öffnen unsere Poren. Unser Bewertungssystem wird korrigiert; wir erkennen, was Leben sein kann und was nicht und welches von beiden mehr wert wäre, gelebt zu werden.

So außer sich und aus seinem persönlichen Alltag geraten, in einer Art gezügelter, doch permanenter Ekstase, erfährt der Reisende auch das eigene Ich, da er nach allen Wandlungen und Verwandlungen erneut und immer wieder zu sich selber zurückkehrt. Weil er jedoch bei dieser Rückkehr kaum mehr der ganz gleiche ist wie vordem, findet er sich selber fremd und verfremdet vor, sich selber deutlicher erkennbar, eingebettet im Gelee seiner sozialen und gesellschaftlichen Lage.

Derart vollzieht sich an Reisenden die Goethische Sentenz „Reisen bildet“, was, dem Sprachgebrauch des Alten zufolge, wahrscheinlich mehr enthält als nur Bildungserlebnis und wohl eher und glaubhafter besagt, daß, wer da reise, zum Menschen gebildet werde. Was eben auf andere Weise das gleiche verheißt: Verwandlung – aus rohem Stoff zu einem Wesen, das (potentiell) die Gesamtheit, meinetwegen: die Gattung, mitenthält.

Aufgabe 5

Zwei Stellungnahmen zu Gotthold Ephraim Lessings „Minna von Barnhelm“ (1876)

Setzen Sie sich unter der Einbeziehung von Lessings Lustspiel mit den unterschiedlichen Standpunkten von Joseph Brosy und Benno von Wiese auseinander und zeigen Sie auf, welcher der beiden Wissenschaftler mit seiner Analyse dem Lustspiel Lessings am ehesten gerecht wird.

Joseph Brosy

„Minna von Barnhelm“ ist sicher mehr als nur die possenhafte Umkehrung des Themas der Brautwerbung. Ganz allgemein hat in dieser Dichtung das Verhältnis von Mann und Frau mehr innere Leichtigkeit bekommen. Tellheim fühlt den Wert und die Würde Minnas.

Die Frau ist es, die den Mann wieder in die Gesellschaft der Menschen zurückleitet, die ihm die Güte der Welt neu vor Augen führt, die ihm aus den gefährlichen Irrgängen übertriebener Verstandestätigkeit heraus den einfachen Weg der Tat weist. Und der Mann muss etwas von seinem hohen selbstischen Throne herabsteigen, muss in einigem der Frau Recht geben und ihren Sinn anerkennen, muss sich – oder darf sich – ihrer Führung anvertrauen.

Minna auf der andern Seite weist das neue Ziel nicht imperativ, unnachsichtig, sondern mild, heiter, neckisch sogar. Ihr Wesen ist Zuversicht. Sie gibt nicht einfach eine Lehre, sondern verkündet „lachend“ die Wahrheit, macht sich Tellheim im Scherze gefügig.

Benno von Wiese

Tellheim war der von seinem König für ehrlos erklärte Offizier. Er hatte hieraus die Folgerung gezogen, sein Verlöbnis mit Minna aufzulösen. Er, der Entehrte, konnte keine Frau an sein Schicksal binden. Diese Haltung ist dem Offizier durch seine Ehre unabdingbar vorgeschrieben; sie besteht zu Recht und kann auch durch keinen Angriff Minnas erschüttert werden. Deswegen zeigt das Lustspielgeschehen nicht, wie Tellheim von einer falschen oder übertriebenen Haltung durch Minna geheilt wird. Vielmehr wird die Verwicklung aufgelöst durch den König, der von der Unschuld Tellheims unterrichtet wird und seinen verdienten Offizier rehabilitiert. Träte der Feldjäger etwas früher, schon zu Beginn des Spiels auf, so erübrigte sich das weitere dramatische Geschehen, und träte der Feldjäger überhaupt nicht auf, so führten alle Bemühungen Minnas zu keinem glücklichen Ende.

Bei der **literarischen Erörterung** werden Probleme aus der Literatur, Literaturtheorie und Sprachbetrachtung bearbeitet. Dies kann anhand eines vorgegebenen Textes geschehen, es kann jedoch auch auf eine Textvorlage verzichtet werden. Fehlt die Textvorlage, müssen Sie selbstständig Beispiele finden und den Problemgehalt textunabhängig erörtern. Dabei soll die Eigengesetzlichkeit von Literatur erkannt werden und ein Bezug zu umfassenden Zusammenhängen hergestellt werden (z.B. zur Biografie des Autors oder zu soziokulturellen Gegebenheiten). Eine literarische Erörterung verlangt eine Auseinandersetzung mit den in der Literatur dargestellten Werten und Lebensmodellen.

Aufgabe 6

Sprache ist Macht. Erörtern Sie anhand geeigneter Beispiele, auch aus der Literatur, in welchen Bereichen und auf welche Weise sich durch Sprache Macht und Einfluss entfalten können.

Aufgabe 7

Kurt Tucholsky: „Das Elternhaus" (1919; gekürzt)
Erläutern Sie die verschiedenen Arten von „Elternhäusern" und legen Sie Ihren eigenen Standpunkt dar. Wählen Sie die Form einer Pro-und-Kontra-Erörterung (siehe S. 118).

„Ich habe Ihnen das Giraffenhaus gezeigt", sagt unser Führer, „und das Raubtierhaus und das Vogelhaus – wir kommen nun zu dem Elternhaus!"

Lärm empfing uns. Wir traten an das erste Gitter.

„Sie sehen hier", sagte der Führer, „die gemeinen Hauseltern. Sie sind weit verbreitet, harmlos und vererben alle ihre Eigenschaften."

Hinter dem Gitter saßen an einem Tisch Vater und Mutter, er trug eine hohe, steife Hausmütze mit einer Quaste, er rauchte eine lange Tabakspfeife und las im Zeitungsblättchen. Die Mutter stopfte Strümpfe, dass die Nadeln klapperten. Kinder von vielerlei Altern krabbelten im Zimmer herum: Das älteste hatte eine Brille auf der Nase und lernte aus einem Buch, zwei Mädchen nähten Puppenkleider, ein Junge baute unter dem Tisch eine Steinbaukastenburg und das jüngste steckte einen standhaften Zinnsoldaten in den weit geöffneten Mund. Von Zeit zu Zeit erhob der Vater den Kopf und sagte, ohne hinzusehen: „Eduard! Tu das nicht!" und las weiter. Und die Mutter sagte dann: „Aber, Papa, lass doch die Kinder!" Worauf alles seinen ungestörten Fortgang nahm. Wir schritten zum nächsten Gitter.

„Dies", erklärte der Führer, „sind die Eltern mit der Affenliebe."

Zunächst sahen wir nur die Eltern – sie standen um irgendetwas herum, was zunächst verborgen blieb, und schützten es mit ihren Armen und drückten daran umher. Dann traten sie auseinander: Und es zeigte sich ein dickes, kugelrundes Kind von vielleicht acht Jahren, das, kaum war es frei, an den Tisch ging und dort alles Geschirr mit einer jähen Handbewegung herunterfegte. Krach! Aber schon stürmten die besorgten Eltern herbei und schlossen das Kind unter Jubelrufen erneut in ihre gerührten Arme. „Nein, wie selbstständig es schon ist!", sagte der Vater. „Hast du gesehen, wie flink es zupackt?", sagte die Mutter. Das Kind prustete, ob vor Lachen oder weil es husten musste, wussten wir nicht. „Ach!", machten die Eltern und packten es in ein Bett. Aber da stand es auf und lief durch die Tür in einen hinteren Raum. Die Eltern lockten. „Kunochen! Na, Kunochen! Kuno! Komm doch! Du kriegst Schokolade!" Kuno blies ihnen etwas und wir gingen weiter. [...]

„Jetzt kommen wir", erklärte der Führer, „zu den modernen Reformeltern."

In sackähnliche Reformgewänder gehüllt saß hinter diesem Gitter ein sonderbarer Verein. Geschlechter waren nicht zu unterscheiden, nur an den etwas helleren Fingern konnte man die weiblichen Familienangehörigen vage ahnen. Aber auch dies schien zu täuschen … „Charlotte-Elisabeth!“, säuselte ein Mitglied, anscheinend die Mutter, „du hast heute wieder Äpfel aus der Speisekammer entwendet. Das Eigentum ist heilig, weil wir es uns erarbeitet haben. Willst du dein Unrecht mit mir betrachten?“ – „Ja, Mama“, sagte Charlotte-Elisabeth. „Charlotte-Elisabeth! Wer sein Unrecht einsieht, der bereut es schon. Bereust du dein Unrecht?“ – „Jaaa, Mama“, sagte die Äpfel-Charlotte. „Ich entsühne dich, mein Kind – – Paul“, schrie die Mama. Paul hatte dem Schaukelpferd den Schwanz ausgezogen und war damit beschäftigt, ihn sich zum Skalp aufzuputzen. „Paul!“, sagte die schon wieder gefasste Mutter, „auch Schaukelpferde fühlen wie du den Schmerz!“ Da aber war es mit unserer Fassung zu Ende und froh wallfahrteten wir weiter. […]

„Zum Schluss gelangen wir“, sagte der Führer vor dem nächsten Gitter, „zu der Syndetikonfamilie. Sie kommt nur in Rudeln vor und kann auch bei Todesgefahr nicht auseinander gerissen werden.“ Man erzählt sich wunderbare Geschichten von ihrer Anhänglichkeit. Ihre Angehörigen schätzen einander wenig, hocken aber dessen ungeachtet stets zusammen. Sehen Sie –!“

Wir sahen. Hinter dem Gitter saßen ungefähr acht Personen und gähnten. „Die kleine Ellen erwartet mich um zehn“, sagte der Älteste und zog ungeduldig, aber heimlich seine Taschenuhr. „Wie gern ginge ich heute ins Theater!“, flüsterte die erwachsene Tochter. „Huach!“, machte die Fünfzehnjährige, „ist das bei euch langweilig!“ Dabei gehörte sie doch mit dazu! „Auf der Straße ist heute große Schlacht zwischen den Blauen und den Schwarzen!“, sagte der Gymnasiast. Und als alle etwas gesagt hatten, sah sich der Vater im Kreise um und sprach: „Ich weiß mir nichts Schöneres, als wenn ich so alle meine lieben Kinder um mich versammelt habe. Nicht wahr Kinderchen?“ – „Hujaja!“, gähnten alle.

Und dann gingen wir. „Sagen Sie“, fragte ich, während wir hinausschritten, den Führer, „Sie haben uns da nun so viel gezeigt – aber … wie soll ich mich ausdrücken …“ – „Sie meinen, ob es nicht auch vernünftige Eltern gibt?“ – „So etwas Ähnliches wollte ich allerdings sagen.“ – „Kommen Sie!“, sagte er ruhig. Und zog mich an der Hand aus dem Elternhaus fort, in den Park. Der Abend dämmerte, die Bäume rauschten im Winde. „Kommen Sie!“, sagte er. Und wir gingen, bis wir an ein kleines weißes Häuschen kamen. Wir schlichen uns heran und wurden nicht gesehen und nicht gehört.

Vor dem Haus saß ein blondes Weib mit ungemein lustigen Augen. Vor ihr im Sande raffte ein kleiner Junge seine Spielsachen zusammen; er hatte einen frech gedrehten Haarbusch auf dem Kopf und einen kleinen dicken Bauch. Er schnaufte erschrecklich, weil er so viel zu tun hatte. Die junge Frau ging ins Haus. „Peter!“, rief sie. „Peter!“ und Peter wackelte aufjauchzend hinterdrein.

Ich sah den Führer an. Er nickte. „Das sind meine“, sagte er leise. „Die werden nicht eingesperrt!“

Syndetikon: flüssiger Klebstoff

8.3
Die freie Erörterung

8.3.1
Die Pro-und-Kontra-Erörterung

Typische Aufgabenstellungen

- Setzen Sie sich unter Einbeziehung … mit dieser These auseinander.
- Untersuchen Sie die Ursachen, die zu … geführt haben.
- Ist … zu befürworten?

Eine Erörterung ohne Textvorlage nennt man **freie Erörterung.** Hier kann der Auftrag einer These folgen oder sich an ein Zitat anschließen. Es werden auch Sachfragen gestellt, die allerdings ohne tiefer gehendes Wissen zum Thema nicht bearbeitet werden können.

Die häufigste Form der freien Erörterung ist die **Pro-und-Kontra-Erörterung** (dialektische Erörterung). Dabei geht es darum, Argumente für zwei gegensätzliche Positionen gegeneinander abzuwägen. Die Themen einer Pro-und-Kontra-Erörterung sind meist formuliert als Behauptung, Forderung oder Entscheidungsfrage.

Methodik Aufbau einer Pro-und-Kontra-Erörterung

Einleitung
- Aufzeigen der gegensätzlichen Positionen einer bestimmten Frage
- Formulieren von These und Gegenthese

Hauptteil
- Untermauern von These und Gegenthese durch Argumente mit Beispielen, Belegen oder Zitaten

Schlussteil
- Abwägen der Argumente des Hauptteils
- Entscheidung für die These oder Gegenthese, wobei dies durchaus mit Einschränkungen erfolgen kann
- Die im Hauptteil ausgeführten Gedanken können mittels einer Prognose, eines Ausblicks oder einer Hoffnung in einen größeren zeitlichen oder thematischen Zusammenhang gestellt werden.

Der Hauptteil kann auf verschiedene Weise gegliedert werden.

Methodik Den Hauptteil einer Pro-und-Kontra-Erörterung gliedern

Erste Möglichkeit: Entscheidung für die These
- Formulieren der Gegenthese und der Argumente mit Belegen / Beispielen
- Überleitung
- Formulieren der These und der Argumente mit Belegen / Beispielen

Zweite Möglichkeit: Entscheidung für die Gegenthese
- Argumente für die These mit Beleg oder Beispiel
- Überleitung
- Argumente für die Gegenthese mit Beleg oder Beispiel

Dritte Möglichkeit: keine eindeutige Entscheidung
- erstes Argument mit Beleg oder Beispiel zur Stützung der These
- erstes Gegenargument mit Beleg / Beispiel zur Stützung der Gegenthese
- zweites Argument mit Beleg oder Beispiel
- zweites Gegenargument mit Beleg oder Beispiel usw.

Aufgabe 8

Medienerziehung im Kindesalter ist ein wichtiger Bestandteil der Sozialisation. Nehmen Sie Stellung anhand einer Pro-und-Kontra-Erörterung.

8.3.2
Die steigernde Erörterung

Die **steigernde Erörterung** (lineare Erörterung) ist eine Form der freien Erörterung, bei der nur der eigene Standpunkt begründet wird. Dazu werden die Argumente, die die eigene Meinung begründen, der Wichtigkeit nach aufeinander aufgebaut, sodass das stärkste Argument am Schluss steht. Bei der steigernden Erörterung wird nur die Darstellung einer Seite eines Problems verlangt. Gegenargumente werden nur am Rande eingebracht, wodurch es gelingen soll, Bedenken auszuräumen. Die Form der steigernden Erörterung bietet sich dann an, wenn ein Thema als Sach- oder Ergänzungsfrage formuliert ist (W-Fragen).

Typische Aufgabenstellungen
- Geben Sie eine Einschätzung der gegenwärtigen Situation.
- Welchen Stellenwert hat ...?
- Welcher Bedeutung kommt Ihrer Meinung nach ...?

Für die Einleitung und den Schluss gelten dieselben Kriterien wie für die Pro-und-Kontra-Erörterung. Der Hauptteil gliedert sich folgendermaßen:

Methodik **Den Hauptteil der steigernden Erörterung gliedern**

- Formulierung der These zur Fragestellung
- erstes Argument für die These mit Beispiel, Beleg oder Zitat
- zweites Argument für die These mit Beispiel, Beleg oder Zitat usw.

Bei einer **Reihung von Argumenten** bieten sich folgende Wendungen an.

Tipp

- *Außerdem sollte man bedenken, dass ...*
- *Als zusätzliches Argument könnte man anführen ...*
- *Noch etwas spricht für ...*
- *Ein weiterer Grund für ... ist ...*
- *Zu bedenken ist auch ...*

Aufgabe 9

Welche Bedeutung kommt Ihrer Meinung nach der modernen Genforschung zu? Formulieren Sie eine steigernde Erörterung.

Trainingsklausuren

Anforderungsbereiche in den Abiturklausuren

Um die Aufgabenstellung und die Bewertung der Abiturprüfungen durchschaubar und vergleichbar zu machen, wurden durch die Kultusministerkonferenz drei Anforderungsbereiche für die Prüfungsfragen festgelegt, die den Schwierigkeitsgrad einer Aufgabe, v. a. aber den Grad der Selbstständigkeit bei deren Bearbeitung widerspiegeln.

Anforderungsbereich I
Wiedergabe von Sachverhalten aus dem Analysematerial oder dem gelernten Wissen unter Verwendung der Fachsprache; Sachverhalte auf das Wesentliche reduzieren und in strukturierter Form darstellen; Anwendung gelernter Arbeitstechniken **Beispiele:** Inhalt eines Textes wiedergeben; Textart, Aufbau und Strukturelemente erkennen und bestimmen; fachspezifische Kenntnisse (aufgabenbezogen) einbringen **Typische Aufgabenstellungen:** (be)nennen Sie, stellen Sie dar, beschreiben Sie, fassen Sie zusammen, geben Sie (den Argumentationsgang) wieder
Anforderungsbereich II
Selbstständiges Erschließen von Texten und Sachverhalten mithilfe eigener Kenntnisse unter vorgegebenen Aspekten; Sachverhalte gegenüberstellen um Gemeinsamkeiten und Unterschiede herauszufinden; unter gezielter Fragestellung Zusammenhänge untersuchen; Strukturmerkmale herausarbeiten und Schlussfolgerungen ziehen **Beispiele:** Inhalt eines komplexen Textes eigenständig wiedergeben; Vergleichen zweier Texte hinsichtlich thematischer oder formal-stilistischer Kriterien; Gestaltungsweise eines Textes auf Funktion und Wirkung untersuchen **Typische Aufgabenstellungen:** analysieren Sie, untersuchen Sie, charakterisieren Sie, ordnen Sie ein, erklären Sie, erläutern Sie, vergleichen Sie, setzen Sie in Beziehung
Anforderungsbereich III
Selbstständige Deutung, Folgerung, Begründung und Wertung von Sachverhalten und Problemstellungen (mit oder ohne Textgrundlage); reflektierte Auswahl von Methoden oder Lösungsverfahren für neue Zusammenhänge oder Problemstellungen; Gestalten eines eigenen Textes gemäß einer konkreten Fragestellung oder Zielsetzung **Beispiele:** Wirkungsmöglichkeiten eines Textes beschreiben; im Text vertretene Positionen in einen größeren Zusammenhang einordnen; aus der Texterschließung begründete Schlüsse ziehen; Argumentationsstrategien erkennen und werten; einen Sachverhalt selbstständig beurteilen und dieses Urteil begründen **Typische Aufgabenstellungen:** interpretieren Sie, erörtern Sie, beurteilen Sie, begründen Sie, nehmen Sie (kritisch) Stellung, entwickeln Sie, gestalten Sie

Die hier abgedruckten Trainingsklausuren sind als typische Musterklausuren zu verstehen, wie sie vom Umfang und Anforderungsgrad in einer Abiturprüfung vorkommen können. Der Aufbau einer Abiturklausur kann von Bundesland zu Bundesland variieren.

Die jeweiligen Anforderungsbereiche stehen hinter den Fragen in römischen Ziffern. Eine scharfe Trennung der Bereiche ist oft nicht möglich. In diesen Fällen sind zwei Bereiche angegeben (z. B. **I/II**).

Klausur 1

Horst Bienek: „Die Zelle“ (1976)
Günter Kunert: „Unterwegs mit M.“ (1970)

1. Analysieren Sie die Gedichte im Hinblick auf ihre sprachlichen Besonderheiten und Stilmittel, die zur Steigerung der Aussage beitragen. **(I/II)** — 12 Punkte
2. Untersuchen Sie die Gedichte unter besonderer Berücksichtigung des in den Texten dargestellten lyrischen Ichs und dessen Situation. Horst Bienek (1930–1990) war mehrere Jahre in der ehemaligen DDR und in der ehemaligen Sowjetunion inhaftiert. **(II)** — 12 Punkte

24 Punkte

Horst Bienek: Die Zelle

Gestern
rüttelte ich noch
an den Gitterstäben
schlug mit der Stirn
gegen die Eisentür
meine Schreie setzten
Risse in die Wand

Aber nichts geschah

Nur der Wärter sah mich
lange an
durch das Guckloch
mit einem Auge
aus der Apokalypse

Heute

rufe ich nach dem Verhör
doch niemand holt mich

Morgen
das weiß ich
werde ich schweigen

Und die Zelle
wird meine Zelle sein
der Löffel mein Löffel
die Schüssel meine Schüssel
der Strohsack mein Strohsack
die Wolldecke meine Wolldecke
die Pritsche meine Pritsche
    das Gefängnis *mein* Gefängnis

Günter Kunert: Unterwegs mit M.

Im Auto gemeinsam
unterwegs auf vergessenen Straßen
geborstene Wespen am Glas
platzender Regen
Sonne und Dunkelheit
und wieder Sonne: Wechsel
weniger Worte. Abwesendes
Beieinandersein. Sorglos.
Glück.

Klausur 2

Ludwig Tieck: „Der gestiefelte Kater". Prolog (1797)

8 Punkte **1.** Geben Sie eine strukturierte Inhaltsangabe des Textes von Tieck. **(I)**

14 Punkte **2.** Untersuchen Sie die Figurenkonstellation und zeigen Sie, inwieweit die Sprache der Figuren die Gesprächsform in diesem Ausschnitt bestimmt. **(II)**

10 Punkte **3.** Ordnen Sie anhand bestimmter Kriterien den Textausschnitt der Romantik zu und begründen Sie Ihre Aussage detailliert. **(II)**

12 Punkte **4.** Welche Möglichkeiten hat das Theater, sich selbst zu problematisieren? Stellen Sie Verbindungen zu modernen Dramenformen her und erläutern Sie diese. **(III)**

10 Punkte **5.** Verfassen Sie die Szene Null. Was ist vor dem Prolog geschehen? Schreiben Sie einen Monolog des Dichters, der den Konflikt zwischen Dichter- und Bürgerwelt thematisiert. **(III)**

54 Punkte

Die Szene ist im Parterre, die Lichter sind schon angezündet, die Musiker sind im Orchester versammelt. – Das Schauspiel ist voll, man schwatzt durcheinander, mehr Zuschauer kommen, einige drängen, andre beklagen sich. Die Musiker stimmen.

Fischer, Müller, Schlosser, Bötticher im Parterre, ebenso auf der anderen Seite Wiesener und dessen Nachbar.

FISCHER: Aber ich bin doch in der Tat neugierig. – Lieber Herr Müller, was sagen Sie zu dem heutigen Stücke?

MÜLLER: Ich hätte mir eher des Himmels Einfall vermutet, als ein solches Stück auf unserm großen Theater zu sehn – auf unserm National-Theater! Ei! ei! nach allen den Wochenschriften, den kostbaren Kleidungen, und den vielen, vielen Ausgaben!

FISCHER: Kennen Sie das Stück schon?

MÜLLER: Nicht im mindesten. – Einen wunderlichen Titel führt es: „Der gestiefelte Kater". – Ich hoffe doch nimmermehr, dass man die Kinderpossen wird aufs Theater bringen.

SCHLOSSER: Ist es denn vielleicht eine Oper?

FISCHER: Nichts weniger, auf dem Komödienzettel steht: ein Kindermärchen.

SCHLOSSER: Ein Kindermärchen? Aber um Himmels willen, sind wir denn Kinder, dass man uns solche Stücke aufführen will? Es wird doch wohl nun und nimmermehr ein ordentlicher Kater aufs Theater kommen?

FISCHER: Wie ich es mir zusammenreime, so ist es eine Nachahmung der neuen Arkadier, und es kommt ein verruchter Bösewicht, ein katerartiges Ungeheuer vor, mit dem es fast solche Bewandtnis wie mit dem Tarkaleon hat, nur, dass er etwa statt rot ums Maul schwärzlich gefärbt ist.

MÜLLER: Das wäre nun nicht übel, denn ich habe schon längst gewünscht, eine solche recht wunderbare Oper einmal ohne Musik zu sehn.

FISCHER: Wie? Ohne Musik? Ohne Musik, Freund, ist dergleichen abgeschmackt, denn ich versichre Sie, Liebster, Bester, nur durch diese himmlische Kunst bringen wir alle die Dummheiten hinunter. Ei was, genau genommen sind wir über Fratzen und Aberglauben weg; die Aufklärung hat ihre Früchte getragen, wie sich's gehört.

MÜLLER: So ist es wohl ein ordentliches Familiengemälde, und nur ein Spaß, gleichsam ein einladender Scherz mit dem Kater, nur eine Veranlassung, wenn ich so sagen darf, oder ein bizarrer Titel, Zuschauer anzulocken.

SCHLOSSER: Wenn ich meine rechte Meinung sagen soll, so halte ich das Ganze für einen Pfiff, Gesinnungen, Winke unter die Leute zu bringen. Ihr werdet sehen, ob ich nicht Recht habe. Ein Revolutionsstück, soviel ich begreife, mit abscheulichen Fürsten und Ministern, und dann ein höchst mystischer Mann, der sich mit einer geheimen Gesellschaft tief, tief unten in einem Keller versammelt, wo er als Präsident etwa verlarvt geht, damit ihn der gemeine Haufe für einen Kater hält. Nun da kriegen wir auf jeden Fall tiefsinnige und religiöse Philosophie und Freimaurerei. Endlich fällt er als das Opfer der guten Sache. O du Edler! Freilich musst du gestiefelt sein, um allen den Schurken die vielen Tritte in den gefühllosen Hintern geben zu können!

FISCHER: Sie haben gewiss die richtige Einsicht, denn sonst würde ja der Geschmack abscheulich vor den Kopf gestoßen. Ich muss wenigstens gestehn, dass ich nie an Hexen oder Gespenster habe glauben können, viel weniger an den gestiefelten Kater.

MÜLLER: Es ist das Zeitalter für diese Phantome nicht mehr.

SCHLOSSER: Doch, nach Umständen. Könnte nicht in recht bedrängter Lage ein großer Abgeschiedener unerkannt als Hauskater im Palast wandeln und sich zur rechten Zeit wundertätig zu erkennen geben? Das begreift sich ja mit der Vernunft, wenn es höheren und mystischen Endzwecken dient. – Da kömmt ja Leutner, der wird uns vielleicht mehr sagen können.

Leutner drängt sich durch.

LEUTNER: Guten Abend, guten Abend! Nun, wie geht's?

MÜLLER: Sagen Sie uns nur, wie es mit dem heutigen Stücke beschaffen ist. *Die Musik fängt an.*

LEUTNER: Schon so spät? Da komm ich ja grade zur rechten Zeit. – Mit dem Stücke? Ich habe soeben den Dichter gesprochen, er ist auf dem Theater und hilft dem Kater anziehn.

VIELE STIMMEN: Hilft? – der Dichter? – den Kater? – Also kommt doch ein Kater vor?

LEUTNER: Ja freilich, und er steht ja auch auf dem Zettel.

FISCHER: Wer spielt ihn denn?

LEUTNER: Je, der fremde Akteur, der große Mann.

BÖTTICHER: Da werden wir einen Göttergenuss haben. Ei, wie doch dieser Genius, der alle Charaktere so innig fühlt und fein nuanciert, dieses Individuum eines Katers herausarbeiten wird! Ohne Zweifel ideal, im Sinn der Alten, nicht unähnlich dem Pygmalion, nur Soccus hier, wie dort Kothurn. Doch sind Stiefeln freilich Kothurne und keine Socken. Ich schwebe noch im Dilemma des Zweifels. – Oh, meine Herren, nur ein wenig Raum für meine Schreibtafel und Bemerkungen.

MÜLLER: Aber wie kann man denn solches Zeug spielen?

LEUTNER: Der Dichter meint, zur Abwechselung –

FISCHER: Eine schöne Abwechselung! Warum nicht auch den Blaubart und Rotkäppchen oder Däumchen? Ei! der vortrefflichen Sujets fürs Drama!

MÜLLER: Wie werden sie aber den Kater anziehn? – Und ob er denn wirklich Stiefel trägt?

LEUTNER: Ich bin ebenso begierig wie Sie alle.

FISCHER: Aber wollen wir uns denn wirklich solch Zeug vorspielen lassen? Wir sind zwar aus Neugier hergekommen, aber wir haben doch Geschmack.

MÜLLER: Ich habe große Lust zu pochen.

LEUTNER: Es ist überdies etwas kalt. Ich mache den Anfang. *Er trommelt, die übrigen akkompagnieren.*

WIESENER *auf der andern Seite:* Weswegen wird denn gepocht?

LEUTNER: Den guten Geschmack zu retten.

WIESENER: Nun, da will ich auch nicht der Letzte sein. *Er trommelt.*

STIMMEN: Still! Man kann ja die Musik nicht hören.

Alles trommelt.

SCHLOSSER: Aber man sollte doch das Stück auf jeden Fall erst zu Ende spielen lassen, denn man hat sein Geld ausgegeben, und in der Komödie wollen wir doch einmal sein; aber hernach wollen wir pochen, dass man es vor der Tür hört.

ALLE: Nein, jetzt, jetzt – der Geschmack – die Regeln – die Kunst – alles geht sonst zugrunde.

Ein Lampenputzer erscheint auf dem Theater.

LAMPENPUTZER: Meine Herren, soll man die Wache hereinschicken?

LEUTNER: Wir haben bezahlt, wir machen das Publikum aus, und darum wollen wir auch unsern eignen guten Geschmack haben und keine Possen.

LAMPENPUTZER: Aber das Pochen ist ungezogen und beweist, dass Sie keinen Geschmack haben. Hier bei uns wird nur geklatscht und bewundert; denn solch honettes Theater, wie das unsre hier, wächst nicht auf den Bäumen, müssen Sie wissen.

Der Dichter hinter dem Theater.

DICHTER: Das Stück wird sogleich seinen Anfang nehmen.

MÜLLER: Kein Stück – wir wollen kein Stück – wir wollen guten Geschmack –

ALLE: Geschmack! Geschmack!

DICHTER: Ich bin in Verlegenheit, – was meinen Sie, wenn ich fragen darf!

SCHLOSSER: Geschmack! – Sind Sie ein Dichter und wissen nicht einmal, was Geschmack ist?

DICHTER: Bedenken Sie, einen jungen Anfänger –

SCHLOSSER: Wir wollen nichts von Anfänger wissen – wir wollen ein ordentliches Stück sehn – ein geschmackvolles Stück!

DICHTER: Von welcher Sorte? Von welcher Farbe?

MÜLLER: Familiengeschichten.

LEUTNER: Lebensrettungen.

FISCHER: Sittlichkeit und deutsche Gesinnung.

SCHLOSSER: Religiös erhebende, wohltuende geheime Gesellschaften!

WIESENER: Hussiten und Kinder!

NACHBAR: Recht so, und Kirschen dazu und Viertelsmeister!

Der Dichter kömmt hinter dem Vorhange hervor.

DICHTER: Meine Herren –

ALLE: Ist der der Dichter?

FISCHER: Er sieht wenig wie ein Dichter aus.

SCHLOSSER: Naseweis.

DICHTER: Meine Herren – verzeihen Sie meiner Keckheit –

FISCHER: Wie können Sie solche Stücke schreiben? Warum haben Sie sich nicht gebildet?

DICHTER: Vergönnen Sie mir nur eine Minute Gehör, ehe Sie mich verdammen. Ich weiß, dass ein verehrungswürdiges Publikum den Dichter richten muss, dass von Ihnen keine Appellation stattfindet; aber ich kenne auch die Gerechtigkeitsliebe eines verehrungswürdigen Publikums, dass es mich nicht von einer Bahn zurückschrecken wird, auf welcher ich seiner gütigen Leitung und seiner Einsichten so sehr bedarf.

FISCHER: Er spricht nicht übel.

MÜLLER: Er ist höflicher, als ich dachte.

SCHLOSSER: Er hat doch Respekt vor dem Publikum.

DICHTER: Ich schäme mich, die Eingebung meiner Muse so erleuchteten Richtern vorzuführen, und nur die Kunst unsrer Schauspieler tröstet mich noch einigermaßen, sonst würde ich ohne weitere Umstände in Verzweiflung versinken.

FISCHER: Er dauert mich.

MÜLLER: Ein guter Kerl!

DICHTER: Als ich Dero gütiges Pochen vernahm – noch nie hat mich etwas dermaßen erschreckt, ich bin noch bleich und zittre und begreife selbst nicht, wie ich zu der Kühnheit komme, so vor Ihnen zu erscheinen.

LEUTNER: So klatscht doch!

Alle klatschen.

DICHTER: Ich wollte einen Versuch machen, durch Laune, wenn sie mir gelungen ist, durch Heiterkeit, ja, wenn ich es sagen darf, durch Possen zu belustigen, da uns unsre neuesten Stücke so selten zum Lachen Gelegenheit geben.

MÜLLER: Das ist auch wahr.

LEUTNER: Er hat Recht – der Mann.

SCHLOSSER: Bravo! bravo!

ALLE: Bravo! bravo! *Sie klatschen.*

DICHTER: Mögen Sie, Verehrungswürdige, jetzt entscheiden, ob mein Versuch nicht ganz zu verwerfen sei. Mit Zittern zieh ich mich zurück, und das Stück wird seinen Anfang nehmen. *Er verbeugt sich sehr ehrerbietig und geht hinter den Vorhang.*

ALLE: Bravo! bravo!

STIMME VON DER GALERIE: Da capo! –

Alles lacht. Die Musik fängt wieder an, indem geht der Vorhang auf.

Pygmalion: griech. Sagengestalt, König von Zypern; Soccus: (lat.), niedriger leichter Schuh der Komödienschauspieler; Kothurn: hoher Schuh für die Tragödienspieler

Klausur 3

Heinrich Böll: „Mein teures Bein“ (1950)

10 Punkte	1. Bestimmen Sie die Textsorte und geben Sie den inhaltlichen Aufbau des Textes wieder. **(I)**
12 Punkte	2. Untersuchen Sie das Gesprächsverhalten der beiden Figuren und den Einsatz der sprachlichen und erzähltechnischen Mittel. **(II)**
10 Punkte	3. Deuten Sie die Geschichte und beurteilen Sie ihren Aussagewert für die heutige Zeit. **(III)**
32 Punkte	

Sie haben mir jetzt eine Chance gegeben. Sie haben mir eine Karte geschrieben, ich soll zum Amt kommen, und ich bin zum Amt gegangen. Auf dem Amt waren sie sehr nett. Sie nahmen meine Karteikarte und sagten: „Hm.“ Ich sagte auch: „Hm.“

„Welches Bein?“ fragte der Beamte.

„Rechts.“

„Ganz?“

„Ganz.“

„Hm“, machte er wieder. Dann durchsuchte er verschiedene Zettel. Ich durfte mich setzen.

Endlich fand der Mann einen Zettel, der ihm der richtige zu sein schien. Er sagte: „Ich denke, hier ist etwas für Sie. Eine nette Sache. Sie können dabei sitzen. Schuhputzer in einer Bedürfnisanstalt auf dem Platz der Republik. Wie wäre das?“

„Ich kann nicht Schuhe putzen; ich bin immer schon aufgefallen wegen schlechten Schuheputzens.“

„Das können Sie lernen“, sagte er. „Man kann alles lernen. Ein Deutscher kann alles. Sie können, wenn Sie wollen, einen kostenlosen Kursus mitmachen.“

„Hm“, machte ich.

„Also gut?“

„Nein“, sagte ich, „ich will nicht. Ich will eine höhere Rente haben.“

„Sie sind verrückt“, erwiderte er sehr freundlich und milde.

„Ich bin nicht verrückt, kein Mensch kann mir mein Bein ersetzen, ich darf nicht einmal mehr Zigaretten verkaufen, sie machen jetzt schon Schwierigkeiten.“

Der Mann lehnte sich weit in seinen Stuhl zurück und schöpfte eine Menge Atem. „Mein lieber Freund“, legte er los, „Ihr Bein ist ein verflucht teures Bein. Ich sehe, dass Sie neunundzwanzig Jahre sind, von Herzen gesund, überhaupt vollkommen gesund, bis auf das Bein. Sie werden siebzig Jahre alt. Rechnen Sie sich bitte aus, monatlich siebzig Mark, zwölfmal im Jahr, also einundvierzig mal zwölf mal siebzig, rechnen Sie das bitte aus ohne die Zinsen, und denken Sie doch nicht, daß Ihr Bein das einzige Bein ist. Sie sind auch nicht der einzige, der wahrscheinlich lange leben wird. Und dann Rente erhöhen! Entschuldigen Sie, aber Sie sind verrückt.“

„Mein Herr“, sagte ich, lehnte mich nun gleichfalls zurück und schöpfte eine Menge Atem, „ich denke, daß Sie mein Bein stark unterschätzen. Mein Bein ist viel teurer, es ist ein sehr teures Bein. Ich bin nämlich gar nicht nur von Herzen, sondern leider auch im Kopf vollkommen gesund. Passen Sie mal auf.“

„Meine Zeit ist sehr kurz.“

„Passen Sie auf!“ sagte ich. „Mein Bein hat nämlich einer Menge von Leuten das Leben gerettet, die heute eine nette Rente beziehen.

Die Sache war damals so: Ich lag ganz allein irgendwo vorne und sollte aufpassen, wann sie kämen, damit die anderen zur richtigen Zeit stiftengehen konnten. Die Stäbe hinten waren am Packen und wollten nicht zu früh, aber auch nicht zu spät stiftengehen. Erst waren wir zwei, aber den haben sie totgeschossen, der kostet nichts mehr. Er war zwar verheiratet, aber seine Frau ist gesund und kann arbeiten. Sie brauchen keine Angst zu haben. Der war also furchtbar billig. Er war erst vier Wochen Soldat und hat nichts gekostet als eine Postkarte und ein bißchen Kommißbrot. Das war einmal ein braver Soldat, der hat sich wenigstens richtig totschießen lassen. Nun lag ich aber da allein und hatte Angst, und es war kalt, und ich wollte auch stiftengehen, ja, ich wollte gerade stiftengehen, da ...“

„Meine Zeit ist sehr kurz“, sagte der Mann und fing an, nach seinem Bleistift zu suchen.

„Nein, hören Sie zu“, sagte ich, „jetzt wird es erst interessant. Gerade als ich stiftengehen wollte, kam die Sache mit dem Bein. Und weil ich ja doch liegen bleiben mußte, dachte ich, jetzt kannst du's auch durchgeben, und ich hab's durchgegeben, und sie hauten alle ab, schön der Reihe nach, erst die Division, dann das Regiment, dann das Bataillon, und so weiter, immer hübsch der Reihe nach. Eine dumme Geschichte, sie vergaßen nämlich, mich mitzunehmen, verstehen Sie! Sie hatten's so eilig. Wirklich eine dumme Geschichte, denn hätte ich das Bein nicht verloren, wären sie alle tot, der General, der Oberst, der Major, immer schön der Reihe nach, und Sie brauchten ihnen keine Rente zu zahlen. Nun rechnen Sie mal aus, was mein Bein kostet. Der General ist zweiundfünfzig, der Oberst achtundvierzig und der Major fünfzig, alle kerngesund, von Herzen und im Kopf, und sie werden bei ihrer militärischen Lebensweise mindestens achtzig, wie Hindenburg. Bitte rechnen Sie jetzt aus. Einhundertsechzig mal zwölf mal dreißig, sagen wir ruhig durchschnittlich dreißig, nicht wahr? Mein Bein ist ein wahnsinnig teures Bein geworden, eines der teuersten Beine, die ich mir denken kann, verstehen Sie?"

„Sie sind doch verrückt", sagte der Mann.

„Nein", erwiderte ich, „ich bin nicht verrückt. Leider bin ich von Herzen ebenso gesund wie im Kopf, und es ist schade, daß ich nicht auch zwei Minuten, bevor mir das mit dem Bein kam, totgeschossen wurde. Wir hätten viel Geld gespart."

„Nehmen Sie die Stelle an?" fragte der Mann.

„Nein", sagte ich und ging.

Klausur 4

Kasimir Edschmid: „Über den dichterischen Expressionismus" (1957; Auszug)

1. Geben Sie eine gegliederte Inhaltsangabe des Textes und erläutern Sie die Textart genauer. **(I)** — 8 Punkte
2. Analysieren Sie Kasimir Edschmids Aussagen zum Expressionismus und belegen Sie seine Aussagen mit Ihnen bekannten Werken aus dieser Epoche. **(II)** — 14 Punkte
3. Welche sprachlichen und stilistischen Besonderheiten fallen auf? Beurteilen Sie die Besonderheiten hinsichtlich Textart und Wirkung. **(II/III)** — 8 Punkte

30 Punkte

Der Expressionismus hat vielerlei Ahnen, gemäß dem Großen und Totalen, das seiner Idee zugrunde liegt in aller Welt, in aller Zeit.

Was die Menschen heute an ihm sehen, ist fast nur das Gesicht, das, was erregt, das, was epatiert. Man sieht nicht das Blut. Programme, leicht zu postulieren, nie auszufüllen mit Kraft, verwirren das Hirn, als ob je eine Kunst anders aufgefahren sei als aus der Notwendigkeit der Zeugung. Mode, Geschäft, Sucht, Erfolg umkreisen das erst Verhöhnte.

Als Propagatoren stehen die da, die in dumpfem Drang des schaffenden Triebes zuerst Neues schufen. Als ich vor drei Jahren, wenig bekümmert um künstlerische Dinge, mein erstes Buch schrieb, las ich erstaunt, hier seien erstmals expressionistische Novellen. Wort und Sinn waren mir damals neu und taub. Aber nur die Unproduktiven eilen mit Theorie der Sache voraus. Eintreten für sein Ding ist eine Kühnheit und eine Sache voll Anstand. Sich für das Einzige erklären, Frage des bornierten Hirns. Eitel ist dies ganze äußere Kämpfen um den Stil, um die Seele des Bürgers. Am Ende entscheidet lediglich die gerechte und gut gerichtete Kraft.

Es kamen die Künstler der neuen Bewegung. Sie gaben nicht mehr die leichte Erregung. Sie gaben nicht mehr die nackte Tatsache. Ihnen war der Moment, die Sekunde der impressionistischen Schöpfung nur ein taubes Korn in der mahlenden Zeit. Sie waren nicht mehr unterworfen den Ideen, Nöten und persönlichen Tragödien bürgerlichen und kapitalistischen Denkens.

Ihnen entfaltete das Gefühl sich maßlos.

Sie sahen nicht.

Sie schauten.

Sie photographierten nicht.

Sie hatten Gesichte.

Statt der Rakete schufen sie die dauernde Erregung.

Statt dem Moment die Wirkung in die Zeit. Sie wiesen nicht die glänzende Parade eines Zirkus. Sie wollten das Erlebnis, das anhält.

Vor allem gab es gegen das Atomische, Verstückte der Impressionisten nun ein großes, umspannendes Weltgefühl.

In ihm stand die Erde, das Dasein als eine große Vision. Es gab Gefühle darin und Menschen. Sie sollten erfaßt werden im Kern und im Ursprünglichen.

Die große Musik eines Dichters sind seine Menschen. Sie werden ihm nur groß, wenn ihre Umgebung groß ist.

Nicht das heroische Format, das führte nur zum Dekorativen, nein, groß in dem Sinne, daß ihr Dasein, ihr Erleben teil hat an dem großen Dasein des Himmels und des Bodens, daß ihr Herz, verschwistert allem Geschehen, schlägt im gleichen Rhythmus wie die Welt.

Dafür bedurfte es einer tatsächlich neuen Gestaltung der künstlerischen Welt. Ein neues Weltbild mußte geschaffen werden, das nicht mehr teil hatte an jenem nur erfahrungsgemäß zu Erfassenden der Naturalisten, nicht mehr teil hatte an jenem zerstückelten Raum, den die Impression gab, das vielmehr einfach sein mußte, eigentlich, und darum schön.

Die Erde ist eine riesige Landschaft, die Gott uns gab. Es muß nach ihr so gesehen werden, daß sie unverbildet zu uns kommt. Niemand zweifelt, daß das Echte nicht sein kann, was uns als äußere Realität erscheint.

Die Realität muß von uns geschaffen werden. Der Sinn des Gegenstands muß erwühlt sein. Begnügt darf sich nicht werden mit der geglaubten, gewähnten, notierten Tatsache, es muß das Bild der Welt rein und unverfälscht gespiegelt werden. Das aber ist nur in uns selbst.

So wird der ganze Raum des expressionistischen Künstlers Vision. Er sieht nicht, er schaut. Er schildert nicht, er erlebt. Er gibt nicht wieder, er gestaltet. Er nimmt nicht, er sucht. Nun gibt es nicht mehr die Kette der Tatsachen: Fabriken, Häuser, Krankheit, Huren, Geschrei und Hunger. Nun gibt es ihre Vision.

Die Tatsachen haben Bedeutung nur so weit, als, durch sie hindurchgreifend, die Hand des Künstlers nach dem faßt, was hinter ihnen steht.

Er sieht das Menschliche in den Huren, das Göttliche in den Fabriken. Er wirkt die einzelne Erscheinung in das Große ein, das die Welt ausmacht.

Er gibt das tiefere Bild des Gegenstands, die Landschaft seiner Kunst ist die große paradiesische, die Gott ursprünglich schuf, die herrlicher ist, bunter und unendlicher als jene, die unsere Blicke nur in empirischer Blindheit wahrzunehmen vermögen, die zu schildern kein Reiz wäre, in der das Tiefe, Eigentliche und im Geiste Wunderbare zu suchen, aber sekündlich voll von neuen Reizen und Offenbarungen wird.

Alles bekommt Beziehung zur Ewigkeit.

Der Kranke ist nicht nur der Krüppel, der leidet. Er wird die Krankheit selbst, das Leid der ganzen Kreatur scheint aus seinem Leib und bringt das Mitleid herab von dem Schöpfer.

Ein Haus ist nicht mehr Gegenstand, nicht mehr nur Stein, nur Anblick, nur ein Viereck mit Attributen des Schön- oder Häßlichseins. Es steigt darüber hinaus. Es wird so lange gesucht in seinem eigentlichsten Wesen, bis seine tiefere Form sich ergibt, bis das Haus aufsteht, das befreit ist von dem dumpfen Zwang der falschen Wirklichkeit, das bis zum letzten Winkel gesondert ist und gesiebt auf den Ausdruck, der auch auf Kosten seiner Ähnlichkeit den letzten Charakter herausbringt, bis es schwebt oder einstürzt, sich reckt oder gefriert, bis endlich alles erfüllt ist, das an Möglichkeiten in ihm schläft.

Eine Hure ist nicht mehr ein Gegenstand, behängt und bemalt mit den Dekorationen ihres Handwerks. Sie wird ohne Parfüme, ohne Farben, ohne Tasche, ohne wiegende Schenkel erscheinen. Aber ihr eigentliches Wesen muß aus ihr herauskommen, daß in der Einfachheit der Form doch alles gesprengt wird von den Lastern, der Liebe, der Gemeinheit und der Tragödie, die ihr Herz und ihr Handwerk ausmachen. Denn die Wirklichkeit ihres menschlichen Daseins ist ohne Belang. Ihr Hut, ihr Gang, ihre Lippe sind Surrogate. Ihr eigentliches Wesen ist damit nicht erschöpft. Die Welt ist da. Es wäre sinnlos, sie zu wiederholen.

Sie ist im letzten Zucken, im eigentlichsten Kern aufzusuchen und neu zu schaffen, das ist die größte Aufgabe der Kunst.

Jeder Mensch ist nicht mehr Individuum, gebunden an Pflicht, Moral, Gesellschaft, Familie.

Er wird in dieser Kunst nichts als das Erhebendste und Kläglichste: er wird Mensch.

Hier liegt das Neue und Unerhörte gegen die Epochen vorher.

epatiert: verblüfft, erstaunt

Klausur 5

Bettina Blumenberg: „Lau“ (1981)

1. Geben Sie eine strukturierte Inhaltsangabe des Textes von Bettina Blumenberg. **(I)** — 6 Punkte
2. Analysieren Sie den Schauplatz in dem vorliegenden Text und vergleichen Sie diesen mit der Darstellung des Raumes in dem Textausschnitt aus Kafkas „Die Verwandlung“ (S. 128). **(II)** — 18 Punkte
3. Erläutern Sie das Erzählerverhalten in dem Text „Lau“ und achten Sie dabei auf die Wirkung auf den Leser. **(II)** — 8 Punkte
4. Erörtern und beurteilen Sie den letzten Satz des vorliegenden Textes („Als sei die Gewöhnung nicht das Sicherste im Leben“; Z. 35 f.), indem Sie Sinn und Unsinn von Routinen und regelmäßigen Abläufen im Alltag besonders berücksichtigen. **(III)** — 18 Punkte
5. Verfassen Sie eine „Alltagsstudie“ eines Stadtmenschen und halten Sie sich dabei an das Erzählverhalten und die Raumgestaltung in „Lau“. **(III)** — 18 Punkte

50 Punkte

Bearbeitungshinweis: Die Aufgaben 1 bis 3 sind obligatorisch. Von den Aufgaben 4 und 5 können Sie eine auswählen.

Die Fassade des Fachwerkhauses hat man erhalten. Die Innenräume sind unverändert. Von keinem Splitter des Erbhofes hatte man sich trennen wollen. Auf dem Querbalken über dem Haustor ist die Inschrift sorgfältig nachgemalt. Grell nun und zu bunt steht da: Westphaelischer Friede. Um ein Uhr sitzen sie alle um den alten Eichentisch versammelt. Zur Mittagsmahlzeit, pünktlich wie eh und je. Das Essen ist kalt, sagt der Bauer. Seit zwanzig Jahren guck ich mir das schon an, das lauwarme Gebräu, das spackig unter dem Gaumen klebt. Seit zwanzig Jahren fragst du mich täglich, ob es mir schmeckt. Seit zwanzig Jahren nicke ich, während der Hunger es mir reintreibt. Springt auf, wirft die Gabel wie einen flachen Flitschstein über den Tisch, daß sie die Gläser umsäbelt. Stampft mit dem Fuß auf, dem stiefelbeschwerten. Den geballten Trotz pflanzt er in den Absatz, der in den Dielenboden donnert, schmettert den Stuhl dazu, daß das Mobiliar erzittert und die Familie auf ihren Stühlen. In der Vitrine klirren die Gläser, zerscherbeln die kunstvoll aufgebauten Kristalltürme. Die geblümten Sammeltassen schlagen gegeneinander, stürzen zu Splittern. Die Frau schreit trotz der erschrockenen Starre. Fällt der schwere Ehrenteller für die pfründigste Mastkuh von der Wand, auf die Vitrine, die kippt. Gegen das Hanskind, den Nachkömmling, der den Zappelphilipp nicht mehr kennengelernt hat, der rettend nach dem Tischtuch greift. Zerrt die Decke an sich mit allen Terrinen, daß sich die Suppen und Soßen und die große Ketchupflasche, ohne die Anne keine Mahlzeit beginnt, auf den Boden ergießen. Auf das beste Stück im Haus, den Perserteppich. Auf wieviele Speckseiten hat die Sippschaft dafür verzichtet. Und nun soll alles umsonst gewesen sein. Nur darum, weil heute wie immer das Essen so lau war. Als sei die Gewöhnung nicht das Sicherste im Leben.

Klausur 6

Franz Kafka: „Die Verwandlung“ (1915; Auszug)
Marlen Haushofer: „Die Wand“ (1963; Auszug)

6 Punkte **1.** Skizzieren Sie die Themen der vorliegenden Textauszüge. **(I)**

22 Punkte **2.** Interpretieren Sie Kafkas Text inhaltlich und sprachlich. **(II)**

12 Punkte **3.** Vergleichen Sie damit Haushofers Romanauszug „Die Wand“ und arbeiten Sie dabei die Grundsituation des modernen Menschen heraus. **(II)**

8 Punkte **4.** Ist die hier dargestellte Situation für den Menschen des 21. Jahrhunderts noch relevant? Erläuten Sie dies mithilfe postmoderner Literatur. **(III)**

10 Punkte **5.** Schreiben Sie einen der beiden Textauszüge weiter, indem Sie die in den jeweiligen Texten typischen sprachlichen und formalen Elemente weitgehend übernehmen. Setzen Sie die für den Roman typischen Merkmale adäquat um. **(III)**

58 Punkte

Franz Kafka
Die Verwandlung

Als Gregor Samsa eines Morgens aus unruhigen Träumen erwachte, fand er sich in seinem Bett zu einem ungeheueren Ungeziefer verwandelt. Er lag auf seinem panzerartig harten Rücken und sah, wenn er den Kopf ein wenig hob, seinen gewölbten, braunen, von bogenförmigen Versteifungen geteilten Bauch, auf dessen Höhe sich die Bettdecke, zum gänzlichen Niedergleiten bereit, kaum noch erhalten konnte. Seine vielen, im Vergleich zu seinem sonstigen Umfang kläglich dünnen Beine flimmerten ihm hilflos vor den Augen.

„Was ist mit mir geschehen?“, dachte er. Es war kein Traum. Sein Zimmer, ein richtiges, nur etwas zu kleines Menschenzimmer, lag ruhig zwischen den vier wohlbekannten Wänden. Über dem Tisch, auf dem eine auseinandergepackte Musterkollektion von Tuchwaren ausgebreitet war – Samsa war Reisender –, hing das Bild, das er vor Kurzem aus einer illustrierten Zeitschrift ausgeschnitten und in einem hübschen, vergoldeten Rahmen untergebracht hatte. Es stellte eine Dame dar, die mit einem Pelzhut und einer Pelzboa versehen, aufrecht dasaß und einen schweren Pelzmuff, in dem ihr ganzer Unterarm verschwunden war, dem Beschauer entgegenhob.

Gregors Blick richtete sich dann zum Fenster, und das trübe Wetter – man hörte Regentropfen auf das Fensterblech aufschlagen – machte ihn ganz melancholisch. „Wie wäre es, wenn ich noch ein wenig weiterschliefe und alle Narrheiten vergäße,“ dachte er, aber das war gänzlich undurchführbar, denn er war gewöhnt, auf der rechten Seite zu schlafen, konnte sich aber in seinem gegenwärtigen Zustand nicht in diese Lage bringen. Mit welcher Kraft er sich auch auf die rechte Seite warf, immer wieder schaukelte er in die Rückenlage zurück. Er versuchte es wohl hundertmal, schloss die Augen, um die zappelnden Beine nicht sehen zu müssen, und ließ erst ab, als er in der Seite einen noch nie gefühlten, leichten, dumpfen Schmerz zu fühlen begann.

„Ach Gott,“ dachte er, „was für einen anstrengenden Beruf habe ich gewählt! Tagaus, tagein auf der Reise. Die geschäftlichen Aufregungen sind viel größer, als im eigentlichen Geschäft zu Hause, und außerdem ist mir noch diese Plage des Reisens auferlegt, die Sorgen um die Zuganschlüsse, das unregelmäßige, schlechte Essen, ein immer wechselnder, nie andauernder, nie herzlich werdender menschlicher Verkehr. Der Teufel soll das alles holen!“ Er fühlte ein leichtes Jucken oben auf dem Bauch; schob sich auf dem Rücken langsam näher zum Bettpfosten, um den Kopf besser heben zu können; fand die juckende Stelle, die mit lauter kleinen weißen Pünktchen besetzt war, die er nicht zu beurteilen verstand; und wollte mit einem Bein die Stelle betasten, zog es aber gleich zurück, denn bei der Berührung umwehten ihn Kälteschauer.

Er glitt wieder in seine frühere Lage zurück. „Dies frühzeitige Aufstehen“, dachte er, „macht einen ganz blödsinnig. Der Mensch muss seinen Schlaf haben. Andere Reisende leben wie Haremsfrauen. Wenn ich zum Beispiel im Laufe des Vormittags ins Gasthaus zurückgehe, um die erlangten Aufträge zu überschreiben, sitzen diese Herren erst beim Frühstück. Das sollte ich bei meinem Chef versuchen; ich würde auf der Stelle hinausfliegen. Wer weiß übrigens, ob das nicht sehr gut für mich wäre. Wenn ich mich nicht wegen meiner Eltern zurückhielte, ich hätte längst gekündigt, ich wäre vor den Chef hin getreten und hätte ihm meine Meinung von Grund des Herzens aus gesagt. Vom Pult hätte er fallen müssen! Es ist auch eine sonderbare Art, sich auf das Pult zu setzen und von der Höhe herab mit dem Angestellten zu reden, der überdies wegen der Schwerhörigkeit des Chefs ganz nahe herantreten muss. Nun, die Hoffnung ist noch nicht gänzlich aufgegeben; habe ich einmal das Geld beisammen, um die Schuld der Eltern an ihn abzuzahlen – es dürfte noch fünf bis sechs Jahre dauern –, mache ich die Sache unbedingt. Dann wird der große Schnitt gemacht. Vorläufig allerdings muss ich aufstehen, denn mein Zug fährt um fünf."

Und er sah zur Weckuhr hinüber, die auf dem Kasten tickte. „Himmlischer Vater!", dachte er. Es war halb sieben Uhr, und die Zeiger gingen ruhig vorwärts, es war sogar halb vorüber, es näherte sich schon dreiviertel. Sollte der Wecker nicht geläutet haben? Man sah vom Bett aus, dass er auf vier Uhr richtig eingestellt war; gewiss hatte er auch geläutet. Ja, aber war es möglich, dieses möbelerschütternde Läuten ruhig zu verschlafen? Nun, ruhig hatte er ja nicht geschlafen, aber wahrscheinlich desto fester. Was aber sollte er jetzt tun? Der nächste Zug ging um sieben Uhr; um den einzuholen, hätte er sich unsinnig beeilen müssen, und die Kollektion war noch nicht eingepackt, und er selbst fühlte sich durchaus nicht besonders frisch und beweglich. Und selbst wenn er den Zug einholte, ein Donnerwetter des Chefs war nicht zu vermeiden, denn der Geschäftsdiener hatte beim Fünfuhrzug gewartet und die Meldung von seiner Versäumnis längst erstattet. Es war eine Kreatur des Chefs, ohne Rückgrat und Verstand. Wie nun, wenn er sich krank meldete? Das wäre aber äußerst peinlich und verdächtig, denn Gregor war während seines fünfjährigen Dienstes noch nicht einmal krank gewesen. Gewiss würde der Chef mit dem Krankenkassenarzt kommen, würde den Eltern wegen des faulen Sohnes Vorwürfe machen und alle Einwände durch den Hinweis auf den Krankenkassenarzt abschneiden, für den es ja überhaupt nur ganz gesunde, aber arbeitsscheue Menschen gibt. Und hätte er übrigens in diesem Falle so ganz unrecht? Gregor fühlte sich tatsächlich, abgesehen von einer nach dem langen Schlaf wirklich überflüssigen Schläfrigkeit, ganz wohl und hatte sogar einen besonders kräftigen Hunger.

Als er dies alles in größter Eile überlegte, ohne sich entschließen zu können, das Bett zu verlassen – gerade schlug der Wecker dreiviertel sieben – klopfte es vorsichtig an die Tür am Kopfende seines Bettes. „Gregor," rief es – es war die Mutter –, „es ist dreiviertel sieben. Wolltest du nicht wegfahren?" Die sanfte Stimme! Gregor erschrak, als er seine antwortende Stimme hörte, die wohl unverkennbar seine frühere war, in die sich aber, wie von unten her, ein nicht zu unterdrückendes, schmerzliches Piepsen mischte, das die Worte förmlich nur im ersten Augenblick in ihrer Deutlichkeit beließ, um sie im Nachklang derart zu zerstören, dass man nicht wusste, ob man recht gehört hatte. Gregor hatte ausführlich antworten und alles erklären wollen, beschränkte sich aber bei diesen Umständen darauf zu sagen: „Ja, ja, Danke Mutter, ich stehe schon auf." Infolge der Holztür war die Veränderung in Gregors Stimme draußen wohl nicht zu merken, denn die Mutter beruhigte sich mit dieser Erklärung und schlürfte davon. Aber durch das kleine Gespräch waren die anderen Familienmitglieder darauf aufmerksam geworden, dass Gregor wider Erwarten noch zu Hause war, und schon klopfte an der einen Seitentür der Vater, schwach, aber mit der Faust. „Gregor, Gregor", rief er, „was ist denn?" Und nach einer kleinen Weile mahnte er nochmals mit tieferer Stimme: „Gregor! Gregor!" An der anderen Seitentür aber klagte leise die Schwester: „Gregor? Ist dir nicht wohl? Brauchst du etwas?" Nach beiden Seiten hin antwortete Gregor: „Bin schon fertig," und bemühte sich, durch die sorgfältigste Aussprache und durch Einschaltung von langen Pausen zwischen den einzelnen Worten seiner Stimme alles Auffallende zu nehmen. Der Vater kehrte auch zu seinem Frühstück zurück, die Schwester aber flüsterte: „Gregor, mach auf, ich beschwöre dich." Gregor aber dachte gar nicht daran aufzumachen, sondern lobte die vom Reisen her übernommene Vorsicht, auch zu Hause alle Türen während der Nacht zu versperren.

Marlen Haushofer
Die Wand

Ich erwachte davon, dass die Sonne auf mein Gesicht fiel, und erinnerte mich sofort an den vergangenen Abend. Da wir nur einen Hüttenschlüssel mithatten, der zweite lag beim Jäger, hätten Luise und Hugo mich bei ihrer Rückkehr wecken müssen. Im Schlafrock rannte ich die Stiege hinunter und sperrte die Eingangstür auf. Luchs empfing mich ungeduldig winselnd und wischte an mir vorbei ins Freie. Ich ging ins Schlafzimmer, obgleich ich sicher war, dort keinen Menschen zu finden, das Fenster war ja vergittert, und selbst durch ein unvergittertes Fenster hätte sich Hugo nicht durchzwängen können. Die Betten waren natürlich unberührt.

Es war acht Uhr; die beiden mussten im Dorf geblieben sein. Ich wunderte mich sehr darüber. Hugo verabscheute die kurzen Wirtshausbetten, und er wäre niemals so rücksichtslos gewesen, mich allein über Nacht im Jagdhaus zurückzulassen. Ich konnte mir nicht erklären, was geschehen war. Ich ging wieder hinauf in meine Schlafkammer und zog mich an. Es war noch sehr kühl, und der Tau glitzerte auf Hugos schwarzem Mercedes. Ich kochte Tee und wärmte mich ein wenig auf, und dann machte ich mich mit Luchs auf den Weg ins Dorf.

Ich merkte kaum, wie kühl und feucht es in der Schlucht war, weil ich darüber nachgrübelte, was aus den Rüttlingers geworden sein mochte. Vielleicht hatte Hugo einen Herzanfall erlitten. Wie es so geht, im Umgang mit Hypochondern, hatten wir seine Zustände nicht mehr ernst genommen. Ich beschleunigte meine Schritte und schickte Luchs voraus. Freudig bellend zog er ab. Ich hatte nicht daran gedacht, meine Bergschuhe anzuziehen, und stolperte ungeschickt über die scharfen Steine hinter ihm her.

Als ich endlich den Ausgang der Schlucht erreichte, hörte ich Luchs schmerzlich und erschrocken jaulen. Ich bog um einen Scheiterstoß, der mir die Aussicht verstellt hatte, und da saß Luchs und heulte. Aus seinem Maul tropfte roter Speichel. Ich beugte mich über ihn und streichelte ihn. Zitternd und winselnd drängte er sich an mich. Er musste sich in die Zunge gebissen oder einen Zahn angeschlagen haben. Als ich ihn ermunterte, mit mir weiterzugehen, klemmte er den Schwanz ein, stellte sich vor mich und drängte mich mit seinem Körper zurück.

Ich konnte nicht sehen, was ihn so ängstigte. Die Straße trat an dieser Stelle aus der Schlucht heraus, und so weit ich sie überblicken konnte, lag sie menschenleer und friedlich in der Morgensonne. Unwillig schob ich den Hund zur Seite und ging allein weiter. Zum Glück war ich, durch ihn behindert, langsamer geworden, denn nach wenigen Schritten stieß ich mit der Stirn heftig an und taumelte zurück.

Luchs fing sofort wieder zu winseln an und drängte sich an meine Beine. Verdutzt streckte ich die Hand aus und berührte etwas Glattes und Kühles: einen glatten, kühlen Widerstand an einer Stelle, an der doch gar nichts sein konnte als Luft. Zögernd versuchte ich es noch einmal, und wieder ruhte meine Hand wie auf der Scheibe eines Fensters. Dann hörte ich lautes Pochen und sah um mich, ehe ich begriff, dass es mein eigener Herzschlag war, der mir in den Ohren dröhnte. Mein Herz hatte sich schon gefürchtet, ehe ich es wusste.

Ich setzte mich auf einen Baumstamm am Straßenrand und versuchte zu überlegen. Es gelang mir nicht. Es war, als hätten mich alle Gedanken mit einem Schlag verlassen. Luchs kroch näher, und sein blutiger Speichel tropfte auf meinen Mantel. Ich streichelte ihn, bis er sich beruhigte. Und dann sahen wir beide hinüber zur Straße, die so still und glänzend im Morgenlicht lag.

Ich stand noch dreimal auf und überzeugte mich davon, dass hier, drei Meter vor mir, wirklich etwas Unsichtbares, Glattes, Kühles war, das mich am Weitergehen hinderte. Ich dachte an eine Sinnestäuschung, aber ich wusste natürlich, dass es nichts Derartiges war. Ich hätte mich leichter mit einer kleinen Verrücktheit abgefunden als mit dem schrecklichen unsichtbaren Ding. Aber da war Luchs mit seinem blutenden Maul, und da war die Beule auf meiner Stirn, die anfing zu schmerzen.

Ich weiß nicht, wie lange ich auf dem Baumstamm sitzen blieb, aber ich erinnere mich, dass meine Gedanken immerfort um ganz nebensächliche Dinge kreisten, als wollten sie sich um keinen Preis mit der unfassbaren Erfahrung abgeben.

Die Sonne stieg höher und wärmte meinen Rücken. Luchs schleckte und schleckte und hörte schließlich auf zu bluten. Er konnte sich nicht arg verletzt haben.

Ich begriff, dass ich etwas unternehmen musste, und befahl Luchs, sitzen zu bleiben. Dann näherte ich mich vorsichtig mit ausgestreckten Händen dem unsichtbaren Hindernis und tastete mich an ihm entlang, bis ich an den letzten Felsen der Schlucht stieß. Hier kam ich nicht weiter. Auf der anderen Seite der Straße kam ich bis zum Bach, und jetzt erst bemerkte ich, dass der Bach ein wenig gestaut war und aus den Ufern trat. Er führte aber nur wenig Wasser. Der ganze April war trocken gewesen und die Schneeschmelze schon vorüber. Auf der anderen Seite der Wand, ich habe mir angewöhnt, das Ding die Wand zu nennen, denn irgendeinen Namen musste ich ihm ja geben, da es nun einmal da war – auf der anderen Seite also lag das Bachbett eine kleine Strecke fast trocken, und dann floss das Wasser in einem Rinnsal weiter. Offenbar hatte es sich schon durch das durchlässige Kalkgestein gegraben. Die Wand konnte also nicht tief in die Erde reichen. Eine flüchtige Erleichterung durchzuckte mich. Ich mochte den gestauten Bach nicht überqueren. Es war nicht anzunehmen, dass die Wand plötzlich aufhörte, denn dann wäre es Hugo und Luise ein leichtes gewesen zurückzukommen.

Plötzlich fiel mir auf, was mich im Unterbewusstsein schon die ganze Zeit gequält haben mochte, dass die Straße völlig leer lag. Irgendjemand musste doch längst Alarm geschlagen haben. Es wäre natürlich gewesen, hätten sich die Dorfleute neugierig vor der Wand angesammelt. Selbst wenn keiner von ihnen die Wand entdeckt hatte, mussten doch Hugo und Luise auf sie gestoßen sein. Dass kein einziger Mensch zu sehen war, erschien mir noch rätselhafter als die Wand.

Ich fing im hellen Sonnenschein zu frösteln an. Das erste kleine Gehöft, eigentlich nur eine Keusche, lag gleich um die nächste Biegung. Wenn ich den Bach überquerte und ein Stückchen die Bergwiese hinaufstieg, musste ich es sehen können.

Ich ging zu Luchs zurück und redete ihm gut zu. Er war ja ganz vernünftig, ich hätte viel eher Zuspruch gebraucht. Es war mir plötzlich ein großer Trost, Luchs bei mir zu haben. Ich zog Schuhe und Strümpfe aus und durchwatete den Bach. Drüben zog sich die Wand am Fuß der Bergwiese dahin. Endlich konnte ich die Keusche sehen. Sie lag sehr still im Sonnenlicht; ein friedliches, vertrautes Bild. Ein Mann stand am Brunnen und hielt die rechte Hand gewölbt auf halbem Weg vom Wasserstrahl zum Gesicht. Ein reinlicher alter Mann. Seine Hosenträger baumelten wie Schlangen an ihm nieder, und die Ärmel des Hemdes hatte er aufgerollt. Aber er erreichte sein Gesicht nicht mit der Hand. Er bewegte sich überhaupt nicht. Ich schloss die Augen und wartete, dann sah ich wieder hin. Der reinliche alte Mann stand noch immer regungslos. Jetzt sah ich auch, dass er sich mit den Knien und der linken Hand auf den Rand des Steintrogs stützte, vielleicht konnte er deshalb nicht umfallen. Neben dem Haus war ein Gärtchen, in dem, neben Pfingstrosen und Herzblumen, Küchenkräuter wuchsen. Es gab dort auch einen mageren zerzausten Fliederbusch, der schon abgeblüht war. Der April war fast sommerlich warm gewesen, selbst hier im Gebirge. In der Stadt waren auch die Pfingstrosen schon verblüht. Aus dem Kamin stieg kein Rauch auf.

Ich schlug mit der Faust gegen die Wand. Es schmerzte ein wenig, aber nichts geschah. Und plötzlich hatte ich auch nicht mehr das Verlangen, die Wand zu zerschlagen, die mich von dem Unbegreiflichen trennte, das dem alten Mann am Brunnen widerfahren war. Ich ging sehr vorsichtig zurück über den Bach zu Luchs, der an etwas schnupperte und seinen Schrecken vergessen zu haben schien. Es war ein toter Kleiber, eine Spechtmeise. Sein Köpfchen war zerstoßen und seine Brust mit Blut befleckt. Jener Kleiber war der erste einer langen Reihe kleiner Vögel, die auf diese jämmerliche Weise an einem strahlenden Maimorgen ihr Ende gefunden hatten. Aus irgendeinem Grund werde ich mich immer an diesen Kleiber erinnern müssen. Während ich ihn betrachtete, fiel mir endlich das klagende Geschrei der Vögel auf. Ich musste es schon lange gehört haben, ehe es mir bewusst wurde.

Ich wollte plötzlich nur weg von diesem Ort, zurück ins Jagdhaus, weg von dem jämmerlichen Geschrei und den winzigen, blutbeschmierten Leichen. Auch Luchs war wieder unruhig geworden und drängte sich winselnd an mich. Auf dem Heimweg durch die Schlucht blieb er dicht an meiner Seite, und ich sprach ihm beruhigend zu. Ich weiß nicht mehr, was ich zu ihm sagte, es schien mir nur wichtig, die Stille zu brechen, in der düsteren feuchten Schlucht, wo das Licht grünlich durch die Buchenblätter sickerte und winzige Bäche von den nackten Felsen zu meiner Linken rieselten.

Wir waren in eine schlimme Lage geraten, Luchs und ich, und wir wussten damals gar nicht, wie schlimm sie war. Aber wir waren nicht ganz verloren, weil wir zu zweit waren.

Klausur 7

Peter Sloterdijk: „Der Action-Film ist experimentelle Vor- und Frühgeschichte“ (1993; Auszug)

1. Welche Gründe führt Sloterdijk an, um zu zeigen, dass der „Action-Film [eine] experimentelle Vor- und Frühgeschichtsschreibung“ ist? **(I)** — 12 Punkte
2. Erarbeiten Sie die Wertung des Autors und untersuchen Sie den Zusammenhang zwischen sprachlich-stilistischer Gestaltung und Aussageabsicht. **(II)** — 16 Punkte
3. Erörtern Sie das Für und Wider der Inszenierung von „Action“ statt der „interpersonellen Konflikte des hochkulturellen Dramentyps“. **(III)** — 20 Punkte

48 Punkte

[...] Vielleicht ist alle Geschichte nur die Geschichte von Gewaltlösungen.

Wenn wir von Gewalt und ihrer Auflösung oder Teilung sprechen, kommen wir nicht umhin, einige Sätze über den Menschen als Alten Läufer und Alten Werfer zu sagen. Das ist zunächst nichts Neues: Wer ins Kino geht, riskiert immer eine anthropologische Lektion, und wer Action-Kino liebt, ist eo ipso der Paläoanthropologie nahe, weil Action, wie ich zeigen werde, den lange vermissten Schlüssel zum Affe-Mensch-Übergangsfeld liefert.

Ich gehe von der Beobachtung aus, dass die heutige Popularkultur einen Rückschritt vom Drama zur Aktion inszeniert; an die Stelle von interpersonalen Konflikten des hochkulturellen Dramentyps treten nun auf breiter Front interbestialische oder intermaschinelle Action-Sequenzen, die, für den ersten Blick, nichts mehr gemeinsam zu haben scheinen mit der menschenbildenden Dimension der europäischen und orientalischen Theater- und Erzählkulturen. Ich werde gleich zeigen, inwiefern auch solchen Action-Szenen ein gewisser Bildungs-Sinn zukommt – allerdings nicht im Sinne von Humanisierung, sondern von Hominisation.

Was die akademische Historie freilich unter dem Titel Vor- und Frühgeschichte behandelt, ist in der Sache das Gegenteil dessen, was die Lehrbücher präsentieren – dem Anscheine nach das Reich der Ereignislosigkeit, worin langweilige Jäger- und Sammlerpopulationen in ihrem hunderttausendjährigen Kleinklein vor sich hin vegetieren, bis endlich Krieger, Könige und Schreiber kommen, um die Geschichte aufzumischen. In Wahrheit ist der Riesenzeitraum der sogenannten Vorgeschichte randvoll gefüllt von einem Ereignis, dessen Dramatik alle Einzeldramen überragt – von dem Ereignis der ursprünglichen Hominisation. Über eine Million Jahre hin ein einziges Riesenereignis, eine titanische Handlung, deren Gewaltsamkeit und Spannung alles in den Schatten stellt, was später vorfiel, die Entzündung des nuklearen Feuers vielleicht ausgenommen – wer würde nicht zugeben, dass dies eine Herausforderung an die Geschichtsschreibung darstellte? Schlägt man die Bücher der Paläontologen auf, so überkommt die meisten Leser ein Unbehagen – dieses lustlose Herumstochern der Experten in afrikanischen und chinesischen Halbaffenknochen ist wohl nicht auf der Höhe der Sache, wenn wir erst zugegeben haben, dass die sogenannte Vorgeschichte das Atemberaubende schlechthin enthalten muss, das Ereignis der Ereignisse, die helle Katastrophe, aus der wir stammen.

Angesichts dieser Sachlage schlage ich vor, die folgende Hypothese zu prüfen: Der Action-Film ist eine Gattung experimenteller Vor- und Frühgeschichtsschreibung, die mit den Mitteln avancierter Film-Technik die archäologischen Geheimnisse der Menschheit bearbeitet. Im Action-Kino kommt ein Aspekt der Wahrheit über das menschheitsbildende Inaugural-Ereignis an den Tag, das man summarisch überschreiben könnte: die Sezession der Menschenhorden von der Alten Natur.

Sehen wir näher zu: Die beiden Universalien des Action-Kinos – Laufen und Schießen – sind in der Regel in Sequenzen verbunden, die Cineasten „Verfolgungen" nennen. Um kaum etwas anderes geht es auch bei dem frühgeschichtlichen Großereignis, aus dem der Homo sapiens hervorgeht – als das Lauftier, das zu zwei Fünfteln seiner Länge aus Bein besteht. Dazu war es nötig, dass der Frühmensch sich vom Flüchter zum Gegenangreifer transformierte – vor allem mittels geworfener Steine und geschwungener Äste.

Die gestische Einheit von Laufen auf der Flucht, Sichumdrehen und Werfen nach dem Angreifer ist das älteste Aktionsmuster der Menschheit – es ist eben jenes Muster, das die Hominisation vorantreibt und die Entstehung eines spezifischen menschlichen Gruppeninnenklimas ermöglicht. Durch die singuläre Verschränkung von Laufen- und Werfen-Können bildet sich um die Inhaber solcher Sonderkompetenzen ein unsichtbarer Ring – ein Abstand von aller übrigen Natur, die von nun an Menschenwesen nicht mehr dazu zwingen kann, sich über bloße Körperanpassung auf ihre Umwelt einzustellen.

Im Innern des unsichtbaren Rings werden beim Menschen die Köpfe merkwürdig groß, die Häute merkwürdig dünn, die Frauen merkwürdig schön, die Sexualität merkwürdig chronisch, die Kinder merkwürdig infantil. Die alten Sapiens-Horden sind schwimmende oder besser fliehende Inseln, auf denen sich die Natur das Experiment einer Luxus-Evolution mit „Welt"folgen gestattet. Weil Menschen als Läufer, Werfer und Schläger dem direkten Druck tierischer Konkurrenten erfolgreich ausweichen, wird aus ihnen die Gattung, die den Kopf hebt, ins Feld schaut und vor Wachheit zittert. Theoretisches Verhalten entsteht beim Menschen außerordentlich früh – gewissermaßen aus dem Wachheitsüberschuss, der dem Aufmerksamkeitstier Homo sapiens die Augen freigibt für luxurierende Blicke in das stille Feld.

Von hier aus wird die dritte Universalie des Action-Kinos verständlich – das Warten, das Ruhigsitzen, das Bad des Helden in der Stille vor dem Angriff, die kleinen Bewegungen der Täter in der ereignisschwangeren Ereignislosigkeit.

Ich sage nun, wer dergleichen auf die Leinwand bringt, ist nicht a priori ein Brutalisator, wie die Kulturkritiker meinen, und auch nicht immer nur jemand, der auf die zuverlässig vulgären Instinkte seiner Mitmenschen spekuliert. Er ist zunächst und in der Sache ein Frühgeschichtler, der seine Sonden ins Hominisationsfeld zurückschickt, um sich und uns über den realen Inhalt der vorgeschichtlichen Menschenbildung aufzuklären. Der Aktionsfilm explodiert die nie ganz zu vergessende Konfliktgrenze, an der sich entscheidet, ob Hordenwesen überleben oder nicht.

Wenn oben gesagt wurde, alle Geschichte sei die der Gewaltlösungen, so wäre jetzt hinzuzufügen: Sie ist die Geschichte des Davonkommens aus Verfolgungen und die Geschichte des Übergehenkönnens von der Flucht in den Gegenangriff. Man könnte geradezu von der Geburt des Menschen aus dem Geist des Gegenangriffs sprechen. Am Anfang war die Gegengewalt – das heißt die Gewaltflucht, die durch Würfe Grenzen in den Raum zieht.

Nun wird verständlich, warum alle Paläohistorie Variationen über die Motive Werfen und Schießen bieten muss. Tatsächlich ist der Mensch, soweit er sich im Gegenangriff selbst erfunden hat, ein artilleristisches Tier – Werfer, Schütze, Distanzerzeuger mit den Mitteln des Geschosses und der geworfenen Grenzsteine. Wenn wir bedenken, dass die ersten „Grenzen" nicht gezogen oder gesetzt, sondern geworfen wurden (um danach als Niemandsländer zwischen den Werfern leer zu bleiben), dann wird die archaische Suggestivkraft von Schusswaffen im Allgemeinen und der Feuergefechte im Action-Kino im Besonderen sehr plausibel.

Der Action-Historismus erinnert daran, dass das Horden-Ego überall dort zu Distanz- und Abgrenzungskämpfen Anlass findet, wo die alten Akteure auf ihren Ausflügen aufeinanderstoßen. Wer bei schweifenden Fahrten auf andere schießt, ist nicht immer nur der *cool killer* oder der *lonely cowboy*; er könnte ebenso gut ein alter Jäger sein, der Hordenaußenpolitik macht – nicht in territorialen Begriffen, sondern in Vorstellungen einer so imaginären wie realen Intaktheit des Horden-Epos, das in seinen innerlich relativ befriedeten informellen Revieren durch den gewalterfüllten Weltkessel driftet.

Daher gibt uns der Rückblick auf die Hominisation in der Horde Gelegenheit, über jene Artillerie vor der Artillerie nachzudenken, die von der Menschwerdung insgesamt untrennbar scheint. Homo sapiens könnte mit besserem Recht *homo iactans* heißen – hätte Heidegger die „Terminator"-Filme noch sehen können, so hätte er, dessen bin ich sicher, nicht länger behauptet, dass der Mensch dasjenige Seiende ist, das sich selbst zu entwerfen hat, sondern dasjenige, das schlechthin zum Werfen verdammt ist.

Wer vom Werfen reden will, darf vom Treffen nicht schweigen. So nähern wir uns jetzt der dunklen Seite dieser Überlegungen, denn es muss jetzt von der Beziehung der Schützen und Werfer zu den getroffenen Objekten die Rede sein – wobei ich die Erwägung vorausschicke, es könne sich hierbei um den Prototypus dessen handeln, was man neuzeitlich eine Subjekt-Objekt-Beziehung nennt. Mit der Frage nach dem Treffen ist das Terminator-Motiv zum ersten Mal angerührt; denn die Treffer, von denen die älteste Jägerfolklore ebenso wie die neueste Killer-Automaten-Fantasie lebt, sind eben die terminalen, die terminierenden, die Volltreffer, die Schlusspunkte hinter das autonome Dasein des Objekts setzen.

Die Objektbeziehungen der Schützen sind von einer Art, die man als glücklichen Sadismus charakterisieren könnte. Auf ein Objekt schießen heißt nicht nur, es aus dem Weg schaffen oder von den Füßen bringen wollen; ein „wahrer" Schuss erkennt im Anderen ein Etwas, das sich dort aufhält, wo besser ein Nichts wäre, und ist daher, wenn er zum Volltreffer führt, die „Herstellung" dieses genauen Nichts an der Stelle des falschen bisherigen Etwas. In solcher Sicht wäre jeder Art von Artillerie ein latentes Terminator-Motiv inhärent; wo immer im Ernst geschossen wird, wird das Nichts eingeladen, mit dem bisherigen Etwas Platz zu tauschen. Der Kult des Treffers, der durch alle Action-Filme geht, ist eine immerwährende Auslöschungszeremonie, die das ursprüngliche Vernichtungswunder der Horden-Menschheit nachfeiert, als wäre es etwas, worauf auch der heutige Sapiens iactans nicht verzichten kann. [...]

Lösungen

Die hier abgedruckten Lösungen bieten Vorschläge, wie eine Aufgabe bzw. Klausur gelöst werden könnte. Sie geben den Erwartungshorizont für eine gute bis sehr gute Lösung wieder.

Kapitel 2: Die Inhaltsangabe

Aufgabe 1

Musterlösung einer gegliederten Inhaltsangabe

In der Kurzgeschichte „Der Nachbar“ von Franz Kafka spricht der Ich-Erzähler, ein junger Geschäftsmann, über seinen Wohnungsnachbarn, von dem er sich bedroht fühlt.

Der Text gliedert sich in drei Sinnabschnitte. Im ersten, Zeile 1–6, stellt sich der Ich-Erzähler kurz vor: Er hat ein anscheinend gut laufendes Geschäft mit zwei Angestellten. In den Geschäftsräumen befinden sich Schreibmaschinen, Kasse, Telefon, die notwendigen Büromöbel.

Im zweiten Abschnitt, Zeile 7–35, wird berichtet, dass in die Nachbarwohnung ein junger Mann eingezogen ist, der dort ebenfalls ein Büro eingerichtet hat. Der Erzähler möchte wissen, wer der Nachbar ist und welche Tätigkeiten er ausübt. An der Wohnungstür steht nur „Harras, Bureau“. Erkundigungen bei der Bank bringen keine genaueren Informationen, aber die Geschäfte des Nachbarn sollen ähnlich sein wie die des Erzählers. Eine persönliche Bekanntschaft kommt nicht zustande. Zwar sieht der Erzähler seinen Nachbarn gelegentlich auf der Treppe, aber dieser hat es immer sehr eilig.

Im letzten Abschnitt wird beschrieben, dass sich der Erzähler von seinem Nachbarn bedroht fühlt. Er stellt sich vor, dass der Nachbar lauscht, wenn er geschäftliche Telefongespräche führt. Durch diese Vorstellung fühlt er sich verunsichert. Er vermeidet, den Namen des Kunden am Telefon zu nennen oder Geschäftsgeheimnisse preiszugeben. Dennoch stellt er sich vor, dass sein Nachbar die Einzelheiten leicht erraten kann und sich sofort aufmacht, um ihm Konkurrenz zu machen.

Aufgabe 2

Musterlösung einer strukturierten Inhaltsangabe

In dem Sachtext „Warum Schreiben?“ reflektiert Friedrich Dürrenmatt über seine Tätigkeit als Schriftsteller und den Sinn von Literatur. Sein Beruf erscheint vielen Menschen nicht „selbstverständlich“. Deshalb werden ihm immer wieder bestimmte Fragen gestellt.

Im ersten Abschnitt versucht Dürrenmatt die ihm oft gestellte Frage nach dem Grund seines Schreibens zu beantworten, wobei für ihn zwei Antworten naheliegend sind: Einerseits schreibe er, um seine Familie zu ernähren, anderseits gehe er dieser Beschäftigung nach, um seine Leser und Zuschauer zu unterhalten. Solche Antworten möchten die Fragenden jedoch nicht hören, denn sie erwarten, dass ein Schriftsteller aus einem inneren Bedürfnis heraus schreibt, weil er ein wichtiges Anliegen hat.

Auf diesen Punkt geht Dürrenmatt im zweiten Abschnitt ein. Oft werde er nach dem Sinn seiner Stücke gefragt. Diesen könne er nicht in einem Satz zusammenfassen, was nicht bedeute, dass seine Komödien keinen Sinn haben. Dürrenmatt versucht, diesen Widerspruch mit dem Vergleich von Literatur und Natur zu erklären. Der Naturwissenschaftler habe nur die Naturgesetze zu erforschen. Die Frage nach dem Sinn der Natur sei eine philosophische Frage, die nicht durch Naturforschung zu beantworten ist. Die Frage nach dem Sinn eines literarischen Werks könne daher nicht vom Autor, sondern nur vom Kritiker beantwortet werden.

Aufgabe 3

Musterlösung einer Inhaltsangabe

Am Anfang des ersten Bildes aus Max Frischs Stück „Andorra“ unterhalten sich das Mädchen Barblin und ein Soldat vor einem andorranischen Haus. Während Barblin das Haus ihres Vaters weiß anstreicht, versucht der Soldat, sich dem Mädchen zu nähern, weil er Gefallen an ihr findet.

Das Gespräch lässt sich in drei Abschnitte gliedern. Zunächst stellt Barblin die Situation dar, indem sie beschreibt, was der Soldat und sie machen. Während sie

das Haus ihres Vaters weißelt, wird Barblins Körper von dem Soldat gemustert.
Sie macht ihm aber unmissverständlich deutlich, dass sie sein Verhalten missbilligt. Sie wünscht, in Ruhe gelassen zu werden, da sie verlobt sei.
Der Soldat provoziert Barblin nun, indem er sie verbal herausfordert und sich über ihren vermeintlichen Verlobten lustig macht. Während dieser Unterhaltung erscheinen Andri als Küchenjunge und der Tischler kurz und verschwinden sogleich wieder. Nach dieser Unterbrechung beendet der Soldat den Dialog mit weiteren Verspottungen bezüglich Barblins Tätigkeit des Weißelns und des bevorstehenden Sanktgeorgstags.

Aufgabe 4

Musterlösung einer Inhaltsangabe
Das Gedicht „Vereinsamt" von dem Philosophen und Schriftsteller Friedrich Nietzsche aus dem Jahr 1884 stellt mit Bildern aus der Natur Einsamkeit und Heimatlosigkeit zu Beginn des Winters dar.
In der ersten Strophe fliehen die Vögel bei Wintereinbruch in die Stadt, und der Sprecher kommt zu seinem eigentlichen Thema, nämlich seiner eigenen Situation.
In der zweiten Strophe hält sich der Sprecher die Dummheit seines Verhaltens vor, gerade jetzt die Heimat verlassen zu haben, obgleich der Wintereinbruch nach Geborgenheit und Sicherheit verlangt.
In der dritten Strophe erläutert er, was er unter „Welt" versteht: Die Welt wird nicht als menschlicher Lebensraum dargestellt, sondern als endloser, unbelebter und feindlicher Raum.
In der vierten und fünften Strophe richtet der Sprecher seinen Blick von der Gegenwart auf die Zukunft: Die Entscheidung, die Heimat zu verlassen, ist unumkehrbar – er befindet sich in einer hoffnungslosen Situation.
In der sechsten und letzten Strophe kehrt der Sprecher zu dem Naturbild des Anfangs zurück und fasst darin das Unglück seiner Heimatlosigkeit abschließend zusammen.

Kapitel 3: Die Analyse von Gedichten

Aufgabe 1

1. Das Gedicht weist keine äußere Gliederung auf; das Metrum schafft eine **strophische Zweiteilung:**
- erste Strophe: vierhebiger Trochäus,
- zweite Strophe: Außer Vers 7 liegt ein dreihebiger Jambus vor, siebter Vers fünfhebiger Jambus.

Die beiden Strophen haben nicht dasselbe Vermaß; beide Strophen bestehen aus Trochäen, aber die Verse der ersten Strophe enthalten jeweils vier Hebungen und die Verse der zweiten nur drei Hebungen; eine Ausnahme bildet der siebte Vers mit fünf Hebungen.

2. In der **ersten Strophe** dominiert eine ruhige, aber nicht monotone Grundstimmung durch das alternierende Versmaß; mehrfach werden Hebungen durch unbetonte Silben realisiert („durch" im zweiten Vers, „-voll" im vierten Vers). Der Rhythmus wird schon in der ersten Strophe variiert.
In den letzten drei Versen der **zweiten Strophe** gibt es stärkere Abweichungen vom Metrum: Der siebte Vers wird durch seine Überlänge deutlich hervorgehoben; er signalisiert optisch und akustisch, wie das lyrische Ich seine Betrachtungen unterbricht; die steigende Erregung zeigt sich auch in den Zäsuren nach den Wörtern „Horch" (Z. 7) und „Frühling" (Z. 8). Der Vorgang des Innehaltens und Lauschens wird auf diese Weise verdeutlicht.

Aufgabe 2

1. Die Reimfolge (abba cdcxd) wechselt wie das Metrum. Die erste Strophe hat einen umfassenden Reim, die zweite einen Kreuzreim, der in der vorletzten Zeile von einer Waisen unterbrochen wird.
2. Der achte Vers „Frühling, ja, du bist's!" durchbricht das Reimschema und die Erwartung des Zuhörers überraschend; der Hörer kann so den Gefühlsausbruch des lyrischen Ichs sinnlich nachvollziehen; die Wirkung dieses Verses wird auch dadurch gesteigert, dass er in einer Reimbeziehung zum Titel steht: „Er ist's" – „du bist's.".
Innerhalb der ersten Strophe wird die Alternation meist über die Versgrenzen fortgeführt („Lüfte / Süße" und „Düfte / Streifen"), nur zwischen den ersten beiden Versen stoßen zwei Hebungen direkt aneinander („Band / Wieder").
In der zweiten Strophe stoßen bei drei von vier Versübergängen Hebungen zusammen, weil die Zeilen hier überwiegend männliche Versschlüsse haben.

Aufgabe 3

Das Gedicht besteht aus **freien Versen,** denen kein metrisches Schema zugrunde liegt.
Auffällig sind:
- eine schwankende Silbenzahl (zwischen drei und vierzehn),
- ein unruhiges und nicht gegliedertes Druckbild.

Satzbau und Inhalt lassen drei parallel gebaute Teile erkennen, die jeweils vier Verszeilen umfassen; diese Teile variieren die gleiche Aussage, sie sind ohne zwingende Reihenfolge aneinandergereiht: „Eine Rasierklinge" (Z. 1), „eine Nelke" (Z. 5) und „die Butterbrothülle" (Z. 9). Der Text könnte um ähnliche Abschnitte erweitert oder auch um einen Abschnitt verkürzt werden, ohne dass sich der Sinn des Gedichts veränderte.

Die **Reimwörter** sind weder abgegriffen noch langweilig oder unglaubwürdig; es werden ungewohnte Reime benutzt („Cellophan", Z. 9; „Autobahn", Z. 10). Zeitgemäße Reime schaffen Aufmerksamkeit; die Reimbeziehung zwischen „Stille" (Z. 11) und „nichtsterbliche[r] Hülle" (Z. 12) wirkt interessant, weil der Rezipient hier ein Wortspiel mit der „sterblichen Hülle", nämlich Herrn S.' Leiche, erkennt.
Die Suche nach Reimen bestimmt die Auswahl der Wörter und damit den Inhalt; die geografische Angabe „Sund" hat allein die Aufgabe, sich auf „Meeresgrund" zu reimen; auch dass Herr S. eine Butterbrothülle ausgerechnet an der Autobahn vergräbt (wer tut so etwas?), entspricht eher dem Reimzwang als innerer Logik; das Verb „verderben" kann man eigentlich nicht auf anorganische Materialien wie Stahl beziehen, doch es reimt sich eben auf „sterben".

Paarreime strukturieren das Gedicht und erleichtern das Verständnis; sie wirken teilweise witzig. Die Suche nach passenden Reimwörtern beeinflusst die Aussage des Textes: Wer bei der Formulierung seiner Aussage die strengen Regeln des Reims und des Metrums einhalten will, diese sogar zur Verdeutlichung seiner Intention nutzen will, der steht also vor einer großen sprachlichen Herausforderung.

Aufgabe 4

Zur musikalischen Wirkung des Gedichts tragen verschiedene Klangelemente bei:

- Alliteration („blaues Band", Z. 1),
- Assonanzen („Süße [...] Düfte", Z. 3, und „Wollen [...] kommen", Z. 6),
- Anapher („Frühling", Z. 1 und 8),
- Binnenreim im letzten Vers („Dich [...] ich").

Diese Klangelemente dienen der Hervorhebung und geben auch deutliche Hinweise auf das Erleben des lyrischen Ichs: Es empfindet Spannung und Erregung.

Aufgabe 5

Es handelt sich bei dem Gedicht „Die Stadt" von Georg Heym um ein Gedicht des **Expressionismus** (1910 bis 1925). Das Ziel dieser Bewegung war es, die Befreiung des Menschen in einer verwalteten und technisierten Welt zu fordern; Kritik am wilhelminischen Bürgertum; Forderung nach Revolte und nach dem „neuen Menschen", der ein rasendes, intensives und aktives Leben führt.

In dem Gedicht wird eine nächtliche Großstadt beschrieben; diese Stadt spiegelt einmal die dumpfe Monotonie wider, aber auch die Gefährdung des menschlichen Lebens. Die Stadt beherrscht die passive Menschenmasse. Es wird somit ein düsteres Bild vom Leben in einer Großstadt entworfen: monotones und abgestumpftes Vegetieren.
Die sprachliche Verknappung (vgl. besonders die dritte Strophe) zur Unterstreichung des Inhalts spricht für ein modernes Gedicht.

Aufgabe 6

Kennzeichnend für das Gedicht ist der **Zeilensprung,** d. h., die Verszeile stimmt nicht mit dem Satzbau überein.
Dadurch werden die Wörter, die am Versanfang stehen, besonders hervorgehoben. Das negative Wort „Zerreißet" (Z. 2) und der Begriff „Eintönig" (Z. 8) werden betont und das Leben in der Stadt auf diese Weise als negativ und monoton charakterisiert. Der Zeilensprung unterstreicht folglich die Kernaussage des Gedichts.

Aufgabe 7

Der Satzbau weicht vom „normalen" Satzbau ab. Auffällig sind in der ersten Strophe die **Inversion** („Im Dunkel ist die Nacht", Z. 1), durch die der Begriff „Dunkel" hervorgehoben wird, und **Satzellipsen.** Durch solche Abweichungen von der Satzstellung und durch das Nachstellen von Adjektiven („rot und klein", Z. 4) entsteht der Eindruck von Vielverbundenheit.
Weiterhin dominieren **parallele Satzstrukturen** („Und Wolkenschein ...", Z. 1; „Und tausend Fenster ...", Z. 3). Der Sprecher reiht verschiedene Eindrücke aneinander, wobei er die Konjunktion „und" zehnmal wiederholt. Wiederholt wird außerdem der Begriff „dumpf" (Z. 7, Z. 11) und wird damit hervorgehoben.
In der letzten Strophe fallen die **bedeutungsähnlichen Wörter** „Schein und Feuer, Fackel rot und Brand" (Z. 12) auf. Wort- bzw. Satzwiederholungen kennzeichnen also das Gedicht und unterstreichen die Bedeutung des Inhalts: Heym beschreibt ein düsteres Bild vom Leben in der Großstadt, das von Monotonie und Wiederholung des stets Gleichen gekennzeichnet ist und eine Bedrohung darstellt. Bilder für menschliches Leben variieren die Vorstellung von Monotonie und Sinnlosigkeit.

Aufgabe 8

Inhaltlich ist das Gedicht durch die Wiederholung der ersten und 14. Verszeile zweigeteilt; der am Geschehen beteiligte Sprecher berichtet zuerst von dem Abbau der Braunkohle in der Vergangenheit, dann spricht er über die Rekultivierungsmaßnahmen.

Im **ersten Teil** ist eine Häufung von Verben zu beobachten; in neun Verszeilen finden sich 16 Verben, davon acht in den letzten drei Zeilen. Durch diese extreme Häufung wird die Dynamik des Geschehens unterstrichen.

Die Verben zeigen die genaue Abfolge der Abbaumaßnahmen (von der Rodung bis zur Erschöpfung der Lagerstätten), und sie haben alle **negative Konnotate,** die sich zu dem Assoziationsfeld „Gewalt“ / „Brutalität“ zusammenschließen. Einige Wörter sind keine gebräuchlichen Bezeichnungen für die beschriebenen Arbeitsprozesse, sie sind nur wegen der Konnotate ausgewählt („umzingeln“, Z. 7; „überfahren“, Z. 9; „durchwalken“, Z. 12 f.). Der Eindruck von Brutalität wird auf diese Weise verstärkt: Die Natur wird mit Wörtern, die an Hilflosigkeit denken lassen, als Opfer personalisiert und charakterisiert („ruhig“, Z. 4; „nackt“, Z. 5; „Adern“, Z. 6; „weich“, Z. 11; „entseelt“, Z. 13). Zeilensprünge und ein unruhiges Schriftbild vermitteln einen disharmonischen Eindruck.

Im **zweiten Teil** (ab Zeile 15) erfolgt die Darstellung der Rekultivierung: Begrünung und Anlage eines Sees. Der Sprecher benutzt zur Darstellung der Maßnahmen **positiv konnotierte Wörter**. Das Konnotat ist hier wieder wichtiger als der begriffliche Inhalt („Eichen ohne Furcht“, Z. 16, ergeben auf der Denotatsebene wenig Sinn). Die Natur wird personifiziert (vgl. erster Teil des Gedichts), aber nun nicht als das Opfer des Menschen dargestellt, sondern als sein Geschöpf; es wird durch Attribute wie „zart“ (Z. 17) und „neugeboren“ (Z. 22) der Eindruck einer väterlichen Beziehung des Menschen zur Natur erweckt.
Die Zerstörung der Natur wird in diesem Gedicht nicht beschönigt, aber gerechtfertigt; die Wiedergutmachung erfolgt durch die Anlage einer Freizeitlandschaft; dem plündernden Menschen folgt der Landschaftsarchitekt.

Aufgabe 9

Das Gedicht besteht aus zwei Teilen, die sich im Druckbild und im Stil unterscheiden. Im ersten Abschnitt wird in drei Ansichten das Schicksal eines amerikanischen Soldaten beschrieben, der am 6. August 1945 die Atombombe auf die japanische Hafenstadt Hiroshima geworfen hat: Rückzug in ein Kloster, Selbstmord und Wahnsinn als Möglichkeiten.
Der zweite Abschnitt steht dem ersten antithetisch gegenüber. Zeile 9 ist ein Schnitt, der alles vorher Gesagte entwertet. Das lyrische Ich stellt in Form einer Bildbeschreibung die „Wahrheit“ dar: Es erfolgt die Beschreibung der Szene von außen nach innen zu ihm selbst mit dem Ziel, Spannung zu erzeugen. Das lyrische Ich beschreibt ein Foto, das ein Fotograf über eine Hecke hinweg aufgenommen hat (statischer Eindruck der Szene).
Aus der gedanklichen Struktur ergeben sich für das gesamte Gedicht drei Bereiche mit unterschiedlichen Kernmotiven: erstens der Titel, der beim Lesen Schreckensbilder hervorruft; zweitens die Bilder des ersten Abschnitts, in denen das Motiv der Sühne variiert wird, um zu zeigen, was aus jemandem werden muss, der dieses Grauen angerichtet hat, und drittens das zentrale Situationsmotiv (glückliche Familie) im zweiten Abschnitt, in dem die Wirklichkeit dargestellt wird.
Die drei Beschreibungen im ersten Abschnitt zeigen den gleichen Mann, der dreimal pathetisch umschrieben wird als der, „der den Tod auf Hiroshima warf“ (Z. 1, Z. 3, Z. 5). Name und Funktion des Mannes sind unbekannt. Die genannten Vorgänge schließen sich aus, sie geben nur die Alternativen an, die das lyrische Ich überhaupt für vorstellbar hält. Es erfolgt eine Steigerung in den inhaltlichen Motiven: von der Buße und damit vom Frieden („Kloster“ / „Glocken“, Z. 2) hin zum Tod (Erhängen, vgl. Z. 4); Zeile 5–8 beinhaltet die schrecklichste und umfangreichste Aussage über den Wahnsinn „Hiroshima“.
Die Frage, wie es sich mit der Verantwortung für den massenhaften Tod lebt, bleibt offen. Es werden zwar die dramatischen und feierlichen Vorstellungen des ersten Abschnitts als Lüge entlarvt, doch auch die Möglichkeit, so zu leben, als sei nichts passiert, wird angezweifelt; so lässt das lyrische Ich den Leser an der Irritation teilhaben, die dieses Bild bei ihm ausgelöst hat. Es bleibt offen, in welcher Weise, billigend oder schaudernd, die Öffentlichkeit an dem Leben dieses Mannes Anteil nimmt oder nehmen sollte.

Aufgabe 10

Das Gedicht beinhaltet Aussagen, in denen das lyrische Ich die räumliche und zeitliche Situation beschreibt.

Erster Abschnitt: Die Aussagen beziehen sich zunächst auf eine winterliche Außenwelt, dann auf einen warmen Innenraum; die Personen sind entsprechend verteilt, draußen nähert sich der personifizierte Winter, drinnen sind die Sprecherin und ihr Geliebter beisammen.
Die einzelnen Sätze (Zeilensprünge) sind zu einer Hälfte sachliche Aussagen (Z. 1 f., Z. 5 f.), zur anderen Hälfte zwei **verblasste Metaphern** (Z. 2 f.) und zwei **bewusste Metaphern:** In dem Bild vom Winter, der „mit dem Windhundgespann“ (Verschmelzung: Schlittenhunde / Windhunde) kommt, werden die Vorstellungen von Kälte und Geschwindigkeit miteinander verbunden; mit der Metapher „Eisblumen streut er ans Fenster“ (Z. 4 f.) sind auch Vorstellungen von Schönheit und Festlichkeit verknüpft. Die Situation scheint ambivalent; die Erwartung der Kälte verstärkt einerseits die menschliche Nähe und Wärme, in der Anrede des Geliebten zeigen sich andererseits schon Elemente des nahenden Winters („Du Schönster Schneeweißer“, Z. 6).

Zweiter Abschnitt: Die Sprechweise des lyrischen Ichs verändert sich. Nach der Beschreibung wird die subjek-

tive Erfahrung formuliert: „Ich sage das ist“ (Z. 7); hier finden sich ungewöhnliche Bilder.
Die **absoluten Metaphern bzw. Chiffren** entziehen sich einer genauen Festlegung und lassen jeweils mindestens zwei Deutungen zu:
- „Der Schlitten der nicht mehr hält“ (Z. 8): ein Bild für zeitenthobene Ekstase oder für rasches Vorübergehen;
- „Schnee fällt uns / Mitten ins Herz“ (Z. 8 f.): ein Bild für Öffnung und Entgrenzung oder emotionale Abkühlung;
- Schnee „glüht auf den Aschenkübeln im Hof“ (Z. 9 f.): ein Bild für Kraft der Leidenschaft oder für Wertlosigkeit;
- „Darling flüstert die Amsel“ (Z. 10): ein Bild für liebevolle Vertrautheit oder die Schwärze des Unglücksvogels.

Mehrdeutige Bilder können mit eigener Erfahrung gefüllt werden; davon hängt es auch ab, ob der Leser in dem zweiten Abschnitt des Gedichts eher von ekstatischem Liebesglück oder eher von resignativer Einsicht in die Vergänglichkeit der Liebe liest; die Autorin hat den Text bewusst offen gehalten, um so den Leser zum Mitgestalter der Aussage zu machen.

Sprache und Inhalt einerseits und der Name der Dichterin andererseits zeigen **moderne Lyrik** an: Sarah Kirsch ist eine zeitgenössische Dichterin. Darüber hinaus bildet die hermetische Bildebene in Form von Chiffren ein weiteres Merkmal; dadurch wird eine Vieldeutigkeit des Inhalts möglich – es gibt keine endgültige Aussage bezüglich des Menschen oder des menschlichen Zusammenlebens. Das Gedicht spiegelt auf diese Weise eine wichtige Grundbedingung des modernen Menschen wider.

Aufgabe 11

Das Gedicht hat einen antithetischen Aufbau, wobei zwei Texte so miteinander verwoben sind, dass die unmittelbar aufeinanderfolgenden Verszeilen jeweils im Gegensatz zueinander stehen.
Auffällig sind
- der Wechsel von zwei Schrifttypen,
- die ungleichmäßige Großschreibung der Anfangsbuchstaben und
- das sehr unregelmäßige Druckbild; die Länge der Zeilen schwankt zwischen zwei und 15 Silben.

Das Gedicht macht dadurch einen unruhigen und unharmonischen Eindruck; es erzeugt bei dem Leser Verwirrung, bis er schließlich versteht, dass das Gedicht aus zwei Texten montiert ist. Die verschiedenen Schrifttypen helfen dem Leser, dies zu erkennen.
Der Text besteht aus vier Fragen, die den Tod betreffen:
- „Wohin aber gehen wir [...] wenn es kalt wird“,
- „aber [...] was sollen wir tun [...] und denken [...] angesichts eines Endes“,
- „und wohin tragen wir [...] unsre Fragen und den Schauer aller Jahre“,
- „was aber geschieht [...] wenn Totenstille eintritt“.

Eingeschoben sind in diese Fragen Bruchstücke von Werbetexten, die wiederholt werden und dadurch monoton und einlullend auf den Leser wirken („sei ohne Sorge“).
Die existenziellen Fragen der Menschen werden mit den Phrasen der Mediengesellschaft so lange überspielt, bis die „Reklame“-Sprache im Ernstfall verstummt: Am Ende befindet sich eine Leerzeile statt der Kursivzeile.

Aufgabe 12

Lösungsvorschlag

Internet

Wohin aber setzen wir uns
Hol dir die Welt in dein Wohnzimmer
um zu chatten
Wenn du einsam bist und ganz allein
Finden Sie Ihren Partner online
aber
per Mausklick
kommst du überall hin
und ersteigern
ebay
Und wo finden wir Antworten auf unsere Fragen
ganz einfach ergooglen – kinderleicht
was aber wird passieren
virtuelle Welten
wenn uns Menschen wirklich

begegnen.

Kapitel 4: Die Analyse von Dramentexten

Aufgabe 1

Brecht verwendet die **direkte Ansprache** des Publikums durch den Chor, der auf der Bühne steht, ohne direkt an der Handlung beteiligt zu sein (abgesehen von einem Zuruf an die Studenten im zweiten Teil: „Ja, tut das!“).
Die **Hauptfunktion des Chors** besteht darin, die Bühnenhandlung zu kommentieren und für das rechte Verständnis zu sorgen:
- Zu Beginn erfolgt ein Hinweis auf das Thema.
- Am Ende wird das Geschehen bewertet.

- Am Ende des ersten Teils fasst der Chor die Handlung zusammen.
- Am Beginn und Ende des zweiten Teils berichtet der Chor von nicht gezeigten Teilen der Handlung.

Unkritisches Miterleben des Zuschauers wird auf diese Weise verhindert. Der Chor schafft Distanz zu den handelnden Figuren, indem er sich stellenweise wie ein Erzähler verhält, der den Dialog in einem epischen Text einleitet: „Die Mutter aber sagte."
Auch der Lehrer spricht bei seinem ersten Auftreten das Publikum direkt an: „Ich bin der Lehrer." Er tut dies allerdings als eine Figur der Bühnenhandlung und tritt damit nicht aus seiner Rolle heraus.

Aufgabe 2

1. **Bertolt Brecht: „Der Jasager"**

Der **Handlungsverlauf** ist dynamisch; aus der Entscheidung des Knaben, die Expedition zu begleiten, ergibt sich eine neue Situation, die wiederum neues Handeln erzwingt. Durch die Geschehnisse entfernen sich die Figuren immer weiter von ihrem Ausgangspunkt. Neben der äußeren Handlung gibt es eine dynamische **innere Handlung;** der Knabe gewinnt Einsicht in die ausweglose Situation und erklärt sich einverstanden (Z. 218).

Franz Xaver Kroetz: „Schritte"

In der Szene „Schritte" verändert sich die Situation der beiden Figuren nicht; die **äußere Handlung** besteht aus einer Reihe banaler und folgenloser Handgriffe, die sich jeden Morgen wiederholen. Eine innere Entwicklung gibt es nicht, im Gespräch und Selbstgespräch werden nur die Einstellungen von Martha und Willi demonstriert.
Der **Handlungsverlauf** ist statisch.

2. Es handelt sich hier um die **geschlossene Dramenform.**

- Die Ereignisse zwischen Willi und Martha sind miteinander verknüpft.
- Die Handlung erfolgt an einem frühen Morgen.
- Das Geschehen spielt sich an einem einzigen Schauplatz (kleine, normale Wohnung in einem Wohnblock) ab.
- Es ist eine geringe Anzahl von Figuren beteiligt, die in klarer Beziehung zueinander stehen (Willi und Martha – ein Ehepaar).
- Es dominiert allerdings kein einheitlicher hoher Sprachstil, sondern verwendet werden auch umgangssprachliche Ausdrücke.

Aufgabe 3

1. In der Szene „Schritte" unternimmt Willi nichts, um seine Situation zu verändern; dies liegt aber nicht an einer unabänderlichen Zwangslage, sondern an seinen Lebensumständen (Arbeitslosigkeit); aufgrund der gesellschaftlichen Entwicklung der in dem Stück angeprangerten Wirtschaftspolitik der frühen 1980er-Jahre sieht er in seinem Leben **keine Handlungsspielräume** mehr: „Die deutsche Wirtschaft hat keinen Durst. Weil sie keinen Durst hat, kriege ich keine Luft mehr ..." (Z. 31ff.).

2. **Soziale Merkmale**

- gelernter Polsterer; hat 14 Jahre als Lagermeister gearbeitet
- seit anderthalb Jahren arbeitslos
- lebt mit seiner Frau in einer kleiner Mietwohnung, das Milieu wird als „normal" bezeichnet
- lebt wohl irgendwo in Süddeutschland (Sprechweise)
- lebt von seiner Arbeitslosenunterstützung und dem Geld, das seine Frau als Verkäuferin im Kaufhof verdient

Äußere Merkmale

- etwa 35 Jahre alt, da er den erlernten Beruf vor 16 Jahren aufgegeben hat
- tritt im Schlafanzug auf; eher ungepflegtes Äußeres (vgl. Z. 125)
- hektisches Verhalten
- zielloses und widersprüchliches Verhalten; z. T. pathologisch auffälliges Verhalten (Z. 27f.)
- sein Äußeres und sein Verhalten stehen in einem starken Gegensatz zu den sinnvollen Handlungen seiner gepflegten Frau

Innere Merkmale

- sehr unglücklich (Z. 20f.: „Verzweiflung und Scheiße")
- äußert Selbstmordgedanken
- denkt ständig über seine Situation als Arbeitsloser nach, ansonsten keine anderen Gedanken
- Pessimist
- grüblerisches Denken mit krankhaften Zügen
- sieht sich als Opfer und als „Versuchstier der Wirtschaftslenker und Herren Politiker" (Z. 33)

Verhältnis zu Martha

- Wenig Liebe, aber viel Frustration kennzeichnet diese Liebe.
- Durch sein sprachliches und nicht sprachliches Verhalten belastet Willi die Beziehung zu Martha.
- Da er überdies nicht so flexibel ist, Hausarbeit zu übernehmen, mag sich der Zuschauer wundern, dass diese alles so „ruhig, ehrlich, gut" (Z. 116) hinnimmt.
- Seine um sich selbst kreisenden Gedanken beeinträchtigen die Einstellung zu seiner Frau: Er ist eifersüchtig (Z. 214ff.).

Aufgabe 4

1. **Handlungsverlauf**

Ausgangssituation: In der Stadt ist eine Seuche ausgebrochen und eine Hilfsexpedition wird losgeschickt, um Medizin und Unterweisung zu holen. Ziel der Expedition ist eine Stadt jenseits der Berge. Ein Knabe entscheidet, sich der Expedition anzuschließen, um seiner ebenfalls erkrankten Mutter helfen zu können; dadurch kommt die Handlung des Stückes in Gang; von der Reise wird nur knapp berichtet.

Zweite Szene: Der Knabe ist krank geworden; dies bedeutet ein tödliches Dilemma, denn die Expeditionsteilnehmer können ihn nicht weitertragen, aber sie können auch nicht seinetwegen umkehren; dies würde den todkranken Bewohnern der Stadt das Leben kosten. Diese Situation erzwingt den *nächsten Handlungsschritt*, nämlich den Knaben zu opfern.

Schlusssituation: Sie zeigt die Expedition, die zwar ihren Auftrag erfüllen kann, aber dafür den Knaben töten muss.

Raumkonzeption

Es handelt sich um ein karges Bühnenbild, das nur aus zwei Räumen besteht. In der ersten Szene wird außerdem eine Tür zwischen den Räumen benötigt, in der zweiten Szene ein Podest in Raum 2, das eine Berghütte darstellen soll.

Das Publikum erfährt nur aus den Äußerungen der Figuren, worum es sich handelt: „DER LEHRER Wir sind schnell hinangestiegen; dort ist die erste Hütte. Dort wollen wir ein wenig verweilen. – DIE STUDENTEN Wir gehorchen. *Sie treten auf das Podest in Raum 2.*"

Dem Zuschauer bleibt es damit überlassen, diese reine Wortkulisse in seiner Fantasie räumlich umzusetzen.

2. Der Knabe und der Lehrer haben nur wenige charakterisierende Merkmale: Der Lehrer ist nur durch die Berufsangabe und sein fürsorgliches Verhalten gekennzeichnet; dem Knaben werden einige soziale Merkmale zugeordnet: Halbwaise, behütete Kindheit, Sorge um die Mutter. Die Figuren tragen keine Namen und sind ohne individuelle Kennzeichen. Es werden grundsätzliche Verhaltensweisen in einer konstruierten Situation vorgeführt; die Figuren sind deshalb so weit wie möglich typisiert. Ihr Verhalten ist völlig rational, sie handeln alle gemäß der logischen Notwendigkeit; seelische Vorgänge werden nicht dargestellt. Unter der Voraussetzung, dass diese Figuren auf rationale Wesenzüge beschränkte Typen sind, ist ihr Verhalten klar verständlich (geschlossene Konzeption). Da der Knabe im Verlauf des Stücks das richtige Einverständnis lernt, weist diese Figur einen dynamischen Zug auf.

3. Folgende Verfremdungseffekte wären möglich:

- **Transparente** mit der Aufschrift „Viele sagen ja / Sind einverstanden mit Falschem" für die Eingangsszene mit dem Chor: Es entsteht ein „Gestus des Zeigens" durch die Transparente; gleichzeitig wird ein Widerspruch dargestellt: „Ja" bzw. „einverstanden" versus „Falschem".
- **Projektion** für die Szene „Der Lehrer in Raum 1, die Mutter und der Knabe in Raum 2": Die Projektion stellt sterbende Menschen dar – hier könnte man aktuelles Bildmaterial nehmen (z. B. Thematisierung von AIDS in Afrika).
- **Dialogunterbrechung:** Der Dialog zwischen Lehrer und Mutter (Z. 70 ff.) könnte mehrmals von einer Figur unterbrochen werden, die die Funktion eines Regisseurs übernimmt. Der Regisseur unterbricht Lehrer und Mutter an einigen Stellen und bittet diese, das bisher Gesagte zu wiederholen, und macht Verbesserungsvorschläge bezüglich ihres Spiels auf der Bühne. Bemerkungen könnten im Sinne Brechts lauten: Spielt nicht so gefühlsmäßig! Zeigt euch rational! Spielt noch einmal – Ihr dürft den Zuschauer nicht gefühlsmäßig an euch binden. Erläutere deine Rolle als Lehrer bzw. als Mutter und verkörpere sie nicht.
- **Projektion** ab Zeile 135 ff.: Darstellung des Inneren eines menschlichen Körpers, in dem ein Virus an eine Zelle andockt und den Gesundheitszustand des Menschen dadurch verschlechtert – Gestus des Zeigens: Das Innere des Knaben wird dargestellt. Im Text wird das Innere durch die Äußerungen des Knaben veranschaulicht; die Projektion hat so medizinisch-wissenschaftlichen Anspruch, wodurch der Zuschauer kein Illusionstheater erlebt.
- **heitere Musik** ab Zeile 256: Der Chor singt und tanzt ausgelassen – es entsteht ein Kontrast zum Dialog und zum Thema Tod, um die Zuschauer zu schockieren und so die Illusion aufzuheben.
- **sichtbare Bühnentechnik** am Ende des Textausschnitts: Der Knabe wird von der Requisite von der Bühne abgeführt, dabei wird der Schauspieler abgeschminkt und entledigt sich seiner Kostüme. Der Tod erscheint so als Bühnentod, d. h., er wird als das dargestellt, was er ist: Der Tod einer Figur bedeutet, dass der Schauspieler lediglich von der Bühne verschwindet.

Aufgabe 5

1. **Raumstruktur**

Es handelt sich hier um ein **verbales Raumkonzept:**

- Das zentrale Ereignis der ersten Texthälfte, die Erschießung des Amerikaners, wird nicht gezeigt; sondern in einem surrealistisch übersteigerten Traumspiel vorgestellt. Der Haupttext stellt den Raum dar.
- Es gibt kaum Nebentext zur Gestaltung des Schauplatzes, aber extreme Bühneneffekte (z. B. „Blutre-

gen"), um die Bedeutung des Geschehens zu betonen.
- Requisiten bzw. Kostüme haben symbolische Bedeutung und beziehen sich auf die jüngste deutsche Geschichte (die Uniform als wichtiges Gestaltungsmittel der Figuren, vgl. Hakenkreuz).
- Toneffekte („Geräuschkulisse") wie das Stöhnen des verwundetet Piloten werden eingesetzt.
- Der deutsche Wald bildet den Handlungsort, durch den die SA marschiert (Zeile 21 f.).
- Der Wald symbolisiert das Deutsch-Nationale; die Natur ist ein wichtiger Bestandteil der Blut-und-Boden-Ideologie der Nationalsozialisten.
- Moderne Bezüge sind beispielsweise der Zustand des deutschen Waldes in der aktuellen Umweltdiskussion.

Zeitstruktur
- Zeitraffung: Die gespielte Geschichte umfasst einen viel längeren Zeitraum als die Theateraufführung. Es erfolgen Zeitsprünge zwischen den einzelnen Teilen.
- Beschleunigung der Zeit: Massenszene „SA läuft"; die Zeit auf der Bühne verläuft schneller als im Zuschauerraum.
- Zwischen den Szenenfolgen wechselt nicht nur das Bühnenbild, sondern es wird auch Zeit übersprungen.
- Monolog der Frau: Der Monolog der Frau wechselt zwischen dem Rückblick auf das vergangene Geschehen und der szenischen Vergegenwärtigung dieser Ereignisse.

2. Merkmale des modernen Dramas sind:
- **Bauform des Stückes:** Es handelt sich um ein Drama der offenen Form.
- **Aufhebung der drei Einheiten:** Es gibt zwei deutlich unterscheidbare Handlungsstränge – die Erschießung des Amerikaners und den Tod des Fleischers, wobei der Tod des Fleischers das Resultat der Erschießung des Amerikaners ist.
- **Sprechweise der Figuren:** Sie verteilt sich auf die drei verschiedenen Sprachebenen – Alltagsprosa in der ersten und dritten Szene; Redeweise der SA in abwertender Absicht im zweiten Abschnitt (ironischer Stil); pathetische Redeweise der Frau (Monolog in Versen).
- **Geräusche** und das **stumme Spiel**
- **fragmentarischer Charakter** der einzelnen Abschnitte
- **Elemente eines Konfliktdramas** mit vorwiegend äußerer Handlung: Das wichtigste Ereignis geschieht während der Bühnenhandlung; die letzte Szene hingegen enthält auch Elemente des analytischen Dramas, denn hier versucht die Hauptfigur zu erklären, wie es zu einem bereits geschehenen Ereignis gekommen ist.
- relativ **große Anzahl an Figuren** (Massenszene)
- **Thematik:** Die Szene hat einen Rahmen, der die jüngere Geschichte Deutschlands zeigt.

Aufgabe 6

Hanna Kennedy und der Ritter Paulet

Kennedy ist die alte Amme der schottischen Königin Maria Stuart, Paulet ist der Aufseher der gefangenen Maria; es treffen hier also zwei feindliche Parteien aufeinander. Aufgrund der Machtverhältnisse ist die Amme dem Ritter Paulet unterlegen.

Dialogverlauf

Aufgrund ihrer Funktionen haben beide Figuren unterschiedliche Absichten und Einstellungen zur schottischen Königin – dennoch entwickelt sich die dargestellte Auseinandersetzung zu einer **symmetrischen Kommunikation,** wie der folgende gleichberechtigte Austausch von Argumenten zeigt:
Paulet sagt in diesem Gesprächsausschnitt mehr, doch einige Äußerungen richtet er eher an sich selbst bzw. an die Zuschauer als an Kennedy.
Die Initiative geht klar von Kennedy aus, die zunächst Forderungen aufstellt, dann dazu übergeht, Entschuldigungen vorzubringen; beides führt nicht zur gewünschten Reaktion: Sowohl die Forderungen als auch die Entschuldigungen werden zurückgewiesen.

Aufgabe 7

Wichtige Aspekte
- Der **innere Konflikt** ist von größerer Bedeutung: Die beiden Frauen und der Mann geraten im Verlauf in eine dynamische Handlung. Sie befinden sich gleich zweimal hintereinander in einem existenziellen inneren Konflikt zwischen Wahrheit und Lüge, Anstand und Vorteil. In beiden Fällen entscheiden sie sich gegen die Moral: Sie retten ihr Leben vor der SS, indem sie den Soldaten, der ihren Auftrag ausgeführt hat, verraten und denunzieren; kurz darauf biedern sie sich bei den russischen Soldaten an, indem sie den soeben verratenen Soldaten als einen der ihren ausgeben. Die Überlebenden haben ihre inneren Konflikte skrupellos im Sinne des eigenen Vorteils gelöst, moralische Werte wie Solidarität, Ehre oder Aufrichtigkeit sind für sie bedeutungslos; daher endet das Stück auch mit einer animalischen Szene: „Über dem Toten beginnt der Kampf der Überlebenden um das Brot." Heiner Müller lässt so bildhaft die deutsche Nachkriegsgeschichte beginnen.
- **Typisierte Figuren:** Die Figuren tragen keine Namen, die genannten Merkmale beschränken sich auf das Alter und das Geschlecht.

- Das Stück ist ein Art **Verhaltensstudie** mit austauschbaren Figuren.
- Die **Sprache** ist stilisiert und besteht aus rhythmisierten Versen mit jeweils zehn Silben. Zu beobachten sind Wortspiele: „Dein Laken wärmt dich nicht, Frau, wenn du kalt bist. Und die SS, wenn die das hängen sehn, Hängt uns“ (Z. 23–25).
- Der **pathetische Stil** ist ein Signal dafür, dass in dem Stück grundlegende Probleme behandelt werden.
- Die **Überschrift** hat die Funktion, den Rezipienten auf die biblische Heilsgeschichte hinzuweisen, die hier sarkastisch parodiert wird: Wie Maria kommt auch die alte Frau auf „unbefleckte“ Weise zu einem Sohn. Wie Jesus leidet und stirbt der Soldat stellvertretend für die anderen Kellerinsassen, die ihn verraten und durch seinen Tod erlöst werden.
- Mithilfe des Bühnenbilds und der Geräusche wird der Zuschauer sofort in einen gespannten Zustand versetzt: **Spannung** entsteht dadurch, dass die Figuren einer bedrohlichen Situation ausgesetzt sind. Diese Spannung hält bis zum Ende – hier wird sie dann zumindest vorläufig gelöst: Drei haben sich auf Kosten des Vierten gerettet. Zur Spannungssteigerung dienen vier kurze Spannungsbögen, die auf den grundlegenden Spannungsbogen aufgesetzt sind – die kurzschrittige Spannungsführung kennzeichnet den **dynamischen Handlungsverlauf:** Helfen die Leute im Keller dem Deserteur (Z. 11–17)? Wird die weiße Fahne gehisst (Z. 18–30)? Was machen die SS-Männer (Z. 36–58)?
- **Akustische Vermittlung von Handlung:** Das allgemeine Kriegsgeschehen wird ebenso wie die Tötung des Deserteurs akustisch vermittelt (Regieanweisung in Z. 54 f. „Schlachtlärm […] Der Soldat schreit“); Kampfhandlungen werden in mehreren Botenberichten dargestellt (Z. 4 ff., Z. 16 und Z. 62). Durch die Wahl des Schauplatzes, die Geräusche und die Botenberichte kann der Krieg mit wenigen Mitteln, aber dennoch realitätsnah auf die Bühne gebracht werden.
- Extrem knappe **Exposition:** Die Hintergrundinformationen beschränken sich auf die ersten zwei Zeilen: „Da steht der Russe. Hier steht die SS. Am Eck die Fleischerei ist ausgebrannt. Die guten Schinken.“ Der folgende Auftritt des Soldaten bildet das erregende Moment, die dramatische Handlung beginnt.

Kapitel 5: Die Analyse von epischen Texten

Aufgabe 1

Heinrich Böll: „Monolog eines Kellners“

Kurzgeschichte

- Reduktion der Figuren (der Ich-Erzähler, der sich nicht entwickelt)
- Reduktion des Handlungsortes (wird zwar nicht genannt, ergibt sich aber aus der Handlung)
- Moment im Alltagsleben eines gewöhnlichen Menschen in einer ungewöhnlichen Situation
- pointierte und unerwartete Wendung, die eine existenzielle Bedeutung erhält (Begegnung mit dem Jungen)
- retrospektives Erzählen und auch zeitloses Erzählen / assoziatives Erzählen (der Kellner berichtet über bereits Vergangenes); d. h., vom Schluss her geschrieben; daraus folgt ein bewusstes Erzählen auf eine unausweichliche Situation hin; lineares und straffes Erzählen, das auf Erschütterung abzielt und einen Bruch in der Biografie einer Figur hinterlässt (der Ich-Erzähler verliert seine Arbeit)
- offenes Ende (der Leser erfährt nicht, ob der Erzähler eine neue Arbeit bekommen wird)
- dialogisches Erzählen
- Leitmotiv (die Erbsensuppe)
- Umschlagen ins Surreale (die Kuhle im Boden und die Folgen)

Franz Kafka: „Vor dem Gesetz“

Parabel

- Verzicht auf individualisierende Merkmale bei Figuren, Raum und Zeit (kein klares Bild über die Figur; es gibt nur „drinnen“ und „draußen“; die Zeit spielt keine Rolle, d. h., es geht nicht um einen bestimmten Lebensabschnitt, sondern um das ganze Leben eines Menschen.)
- ein Mensch, der seinen Lebenszweck zwar kennt, aber nicht in der Lage ist, Hindernisse aus dem Weg zu räumen, d. h., die Geschichte ist ein Gleichnis für eine menschliche Grunderfahrung
- Die dargestellte Situation enthält eine Erkenntnis, die durch einen analogen Vergleich eine Wahrheit aus einem anderen Vorstellungsbereich erhellt.

Aufgabe 2

Heinrich Böll: „Monolog eines Kellners“

Hier handelt es sich um einen **Ich-Erzähler,** der zugleich handelnde Figur ist.
Als erlebendes Ich tritt ein Kellner an einem Heiligen Abend auf; als erzählendes Ich spricht derselbe Kellner, allerdings einige Wochen oder Monate später und inzwischen arbeitslos geworden.

Das Kind wird – durch diesen beschränkten Blickwinkel – nur in der Außensicht dargestellt und man erhält keine Informationen über die Probleme der Mutter.
Das erlebende Ich ist charakterisiert als ein erfahrener Hotelkellner, der sich aus Mitleid, Zuneigung und Verantwortung oder aufgrund der eigenen Einsamkeit um ein vernachlässigtes Kind kümmert. Über sein Privatleben erhalten wir kaum Informationen; wir können wegen gewisser Umstände eventuell davon ausgehen, dass der Kellner wenig soziale Kontakte hat.

Ilse Aichinger: „Das Fenster-Theater"
Hier handelt es sich um einen **Er-Erzähler.**
Frühestens mit Zeile 8 beginnt der Er-Erzähler, sich personal zu verhalten; bis dahin macht er sich deutlich bemerkbar; der Leser wird so vom Erzähler auf die Figur, deren Perspektive er im Verlauf der Handlung einnehmen soll, eingestimmt.
Auch im weiteren Text wird an einigen Stellen von der vorherrschenden personalen Perspektive abgewichen; der Erzähler tritt in Erscheinung, wenn er die Begründung für den massiven Polizeieinsatz liefert; der Erzähler mischt sich dann besonders ein, wenn er dem Leser erklärt, weshalb der Alte nichts von dem Polizeieinsatz merkt. Auch eine Erzählfigur, die sich überwiegend personal verhält und sich auf den Standort einer Perspektivenfigur zurückzieht, kann sich stellenweise mit kurzen Hinweisen bemerkbar machen.
Bis Zeile 81 glaubt der Leser ebenso wie die Hauptfigur, dass die Veranstaltung des Alten entweder ihr gelte oder ohne jeden Adressatenbezug sei; dies wird erreicht, indem der Erzähler dem Leser die entscheidende Information, dass am Fenster in der Wohnung über der Frau jemand steht, vorenthält; der Erzähler stellt sich ab Z. 17 auf den Standort der Frau und berichtet aus ihrer Perspektive. Wie sie beobachtet auch er den Alten, er begleitet sie auf dem Weg in dessen Wohnung und beobachtet den Polizeieinsatz; der Horizont des Lesers wird bei diesem personalen Erzählverhalten auf den Blickwinkel der Perspektivenfigur eingegrenzt; dies führt dazu, dass der Leser am Ende auch die Überraschung der Frau teilt.

Gabriele Wohmann: „Grün ist schöner"
Hier handelt es sich um einen **Er-Erzähler,** der nicht mit dem Leser kommuniziert.
Der Erzähler kommentiert die fantastischen Vorstellungen des Kindes nicht; er erläutert auch nicht, wie es zu der Grünfärbung kommt, d. h., der Leser muss von selbst darauf kommen, dass das Licht der Höhensonne offenbar einen grünlichen Schimmer erzeugt. Der Erzähler nimmt den Standort und die Perspektive des Kindes ein; der Leser sieht und hört das, was das Kind hört und sieht. Durch den inneren Monolog erhält der Leser einen unvermittelten, direkten Eindruck von dem, was in der Perspektivenfigur vor sich geht; er kann sich daher in diese hineinversetzen; dazu trägt auch die unklare Abgrenzung zwischen der Erzählerrede und der Rede der Perspektivenfigur bei.

Aufgabe 3

1. Das erzählende Ich berichtet aus einem deutlichen zeitlichen Abstand und verhält sich dabei **auktorial:**
- Es erläutert und kommentiert das Geschehen (Z. 94 f.).
- Es reflektiert Alternativen (Z. 66 ff. oder Z. 77 ff.).
- Es gibt in den ersten sieben Zeilen eine Vorausdeutung auf das weitere Geschehen.
- Es kommuniziert mit dem Leser, sodass eine Gesprächssituation entsteht: „Sie wissen sicher nicht was sämig ist; [...]" (Z. 16 f.).

Der Leser sieht das Geschehen daher nicht nur zwangsläufig aus der Perspektive des Kellners, sondern es wird ihm auch klargemacht, wie er die Vorgänge und die beteiligten Figuren zu bewerten hat; er wird so das Verhalten des Kellners für richtig halten und das der Mutter ablehnen, ohne sich mit deren Gründen oder mit möglichen alternativen Handlungsweisen des Kellners auseinanderzusetzen.
Am Verhalten des Kellners (des erlebenden Ich) lassen sich seine Wertvorstellungen ablesen: Dass der Kellner seine Mahlzeit mit dem Kind teilt, ihm drei Stunden seiner Freizeit widmet und dabei seinen Arbeitsplatz aufs Spiel setzt, sind alles Hinweise auf Mitmenschlichkeit, Hilfsbereitschaft, soziale Verantwortung usw. Diesen Standpunkt vertritt der Kellner (als erzählendes Ich) auch noch, nachdem er die unangenehmen Folgen seines Handelns überblickt („Offen gestanden, ganz so schlimm finde ich es nicht [...]", Z. 94 f.). Diese Wertvorstellungen, die sein Handeln lenken, werden aber nicht ausdrücklich genannt, sondern heruntergespielt, z. B. gleich zu Anfang: „Ich weiß nicht, wie es hat geschehen können [...]" (Z. 1).
Der Erzähler geht auf Nebensächlichkeiten ausführlich ein, wichtige Informationen lässt er aber nur beiläufig einfließen (Z. 77 ff.); der Leser wird so zur Deutung seines Verhaltens herausgefordert; dies steigert die Wirkung und die Geschichte erscheint – durch die ironische Haltung des Erzählers – weniger sentimental.

2. **Lösungsvorschlag**

Er aß drei Teller Erbsensuppe, während der Kellner des Hauses auf seinem Bett saß, Bier trank und rauchte. Der Bauch des Jungen wurde zunehmend runder – mit jedem Löffel Suppe schien er ein wenig anzuschwellen. So blieb es nicht aus, dass der kleine Vielfraß nicht mehr konnte und schweren Herzens seinem netten Gastgeber den Rest überließ. Dem Kleinen war es wohl richtig peinlich, dass er so viel auf einmal in sich hin-

eingelöffelt hatte. Doch die Erbsensuppe war nicht der Grund, der den Jungen zum Kellner trieb. Es war diese unerträgliche Einsamkeit und der unbändige Wunsch, mit einem menschlichen Wesen zu reden und natürlich zu spielen – ja, spielen wollte er – und zwar mit Murmeln. Wie alle Jungs in seinem Alter verspürte er diese unbändige Lust, die kalten kleinen Kugeln in der Hand zu halten und einfach nur zu spüren – ihre Kühle und ihre Glätte. Und dann zielsicher mit elegantem Schwung in eine Kuhle zu rollen. „Ich suche jemand, der mir helfen kann, eine Kuhle zu finden", sagte das Kerlchen unvermittelt – sein Bauch war immer noch richtig rund. „Eine Kuhle? Wie kann ich dir hier eine Kuhle zeigen?" Das Gesicht des Burschen verdunkelte sich plötzlich. Erwachsene konnten doch sonst immer alles – fast alles; zumindest hatten sie für alles eine Lösung. Auch seine Mutter hätte ihm helfen können, wenn da nicht ein kleines Problem gewesen wäre. „Wir können doch eine machen – einfach ein Loch in den Boden hauen." Plötzlich sah er nur noch den Kellner die Tür hinter sich zuschlagen. Er wartete; er kannte dieses Warten – ähnlich wie an Weihnachten – seine Mutter verschwand und immer wenn sie wieder kam, hatte sie eine Überraschung für ihn. Der Kellner wusste das natürlich mit der Mutter und der Überraschung nicht, trotzdem kam er nicht mit leeren Händen zurück – stolz hielt er Hammer und Meißel in seinen auffallend großen Kellnerhänden, und bevor der Junge auch nur ein Wort sagen konnte, war da ein Loch im Parkettboden. Er war begeistert und holte die bunten Kugeln, die sich – fünf an der Zahl – in einem Säckchen befanden; ein Geschenk seiner Mutter. „Siehst du," sagte der Kleine unvermittelt, „es geht doch und schau dir doch diese herrlichen Murmeln an." Tatsächlich – der Kellner schien ein wenig verwirrt, denn noch nie zuvor hatte er solche Murmeln gesehen. Wie einen Schatz hielt der Junge sie in seinen Händen, bevor er die erste Runde startete. Sie spielten sehr lange und der Durst wurde mit Bier gelöscht. Der Bursche spielte, als ginge es um sein Leben, und nahm zwischendurch immer einen kleinen Schluck – nach dem ersten Gähnen dauerte es nicht mehr lange – er schlief ein und der Kellner bettete ihn liebevoll auf seine Schlafstätte. Nach kurzer Zeit – auch der Kellner kämpfte gegen seine Müdigkeit an – vernahm er ein ungleichmäßiges Klopfen. Ohne die Möglichkeit zu bekommen, die Tür zu öffnen, öffnete jemand von außen die Tür. Eine hübsche, wenn auch wirr blickende Frau betrat das Zimmer. Sie lief einige Schritte – sie hatte Mühe beim Gehen und sie atmete schwer – alkoholschwer und dann stolperte sie über die Kuhle.
Der Junge besuchte seine Mutter jeden Tag im Krankenhaus – der gebrochene Fuß schien nur langsam zu heilen. Bei jedem Besuch spielten sie mit seinen Murmeln, indem sie eine winzige Kuhle ins Krankenbett drückten. Der Junge wollte sich noch einmal bei dem netten Kellner bedanken, doch dieser arbeitete schon lange nicht mehr an seinem alten Arbeitsplatz – man konnte ihm nicht sagen, wo er nun arbeitete. Man war wohl ziemlich wütend auf den murmelspielenden Kellner gewesen.

Aufgabe 4

1. Wegen des kleinen Zeitsprungs nach Zeile 56, des damit verbundenen Schauplatzwechsels und der Handlungsentwicklung lässt sich der Text in zwei szenische Darstellungen gliedern, in denen das Geschehen, die Vorführung des Alten und der Polizeieinsatz detailliert geschildert werden.
In die erste Szene ist von Zeile 3–7 eine kurze, aber prägnante Beschreibung der Frau und der Lage ihrer Wohnung eingeschoben.
Frühestens mit der Zeile 8 beginnt der Erzähler, sich personal zu verhalten; bis dahin macht er sich deutlich als Erzähler bemerkbar. In den Zeilen 3–8 charakterisiert er die Frau als sensationsgierig und beschreibt ihr soziales Umfeld als erlebnisarm; es gibt eine deutliche Bewertung in Zeile 4f.: Der Leser wird hier vom Erzähler auf die Figur, deren Perspektive er im Verlauf der Handlung einnehmen soll, eingestimmt.

2. An einigen Stellen im Text wird von der vorherrschenden personalen Erzählperspektive abgewichen – ohne die Abweichung wäre die Pointe nicht möglich. Es finden sich einzelne Sätze, die nicht mit dem Horizont bzw. mit dem Erfahrungsbereich der Perspektivenfigur übereinstimmen. So tritt der Erzähler in Erscheinung, wenn er die Begründung für den massiven Polizeieinsatz liefert (vgl. Z. 53ff.).
Der Erzähler mischt sich besonders dann in die Handlung ein, wenn er dem Leser erzählt, weshalb der alte Mann nichts von dem Polizeieinsatz bemerkt (Z. 78ff.). Eine Erzählfigur, die sich ganz überwiegend personal verhält und sich auf den Standort einer Perspektivenfigur zurückzieht, kann sich dem Leser stellenweise mit kurzen Hinweisen bemerkbar machen. Die Analyse des Erzählerverhaltens kann so zu sehr differenzierten Ergebnissen führen, wobei aber gewöhnlich eine vorherrschende Grundhaltung festzustellen ist.

Aufgabe 5

Der Text beginnt mit einem **gerafften Bericht** über die Jugend Napoleons und dessen geschäftliche Verbindung mit der Obstfrau. Hier bewertet der Erzähler die schulischen Leistungen Napoleons.
In der zweiten Erzähleinheit werden bedeutsame Ereignisse in rascher Folge sprunghaft in einem **raffenden Bericht** aneinandergereiht: eine Kurzbiografie Napoleons (General – Zeit in Ägypten – Rückkehr nach Frankreich) sowie die historische Dimension der Figur.
Die dritte Erzähleinheit bringt eine kurze Erinnerungs-

sequenz auf der Straße – nach einem kleinen Zeitsprung wird das Geschehen im Zimmer der Obstfrau mittels einer **szenischen Darstellung** erzählt: Szenisch dargestellt werden das Wiedersehen der Obstfrau und Napoleons und die anschließende Belohnung der Obstfrau.
Der Text endet mit einem **gerafften Bericht** über die weitere Entwicklung, der mit der Erinnerung an den Anfang der Geschichte schließt: Der Sohn wird in der Schule erzogen, aus der auch der Held hervorgegangen ist.

Aufgabe 6

1. Die **erste Erzähleinheit** spielt in Brienne: Räumliche Umstände werden genannt; die Beziehung zwischen dem jungen Napoleon und der Obstfrau wird dargestellt; am Ende dieser Einheit steht ein Kommentar, Zeilen 17–20.
Die **zweite Erzähleinheit** stellt einen raffenden Bericht dar (ca. 20 Jahre in nur 12 Zeilen) – diese Einheit hebt sich von der vorausgehenden Passage und dem nachfolgenden Text ab: Napoleon und die verschiedenen Schauplätze der Weltgeschichte sind hier von Bedeutung – am Ende dieser Einheit folgt wieder ein Kommentar des Erzählers (Z. 31 f.).
In Zeile 32 beginnt die **dritte Erzähleinheit,** die wieder in Brienne spielt und ein Treffen zwischen Napoleon und der Obstfrau szenisch darstellt.

2. Die Geschichte ist symmetrisch angelegt: Die erste und die dritte Erzähleinheit sind spiegelbildlich angeordnet; beide Szenen spielen am gleichen Ort, in beiden treffen die Hauptfiguren im Abstand von vielen Jahren aufeinander; die Handlung wiederholt sich mit umgekehrten Vorzeichen.
Zunächst ist die Obstfrau überlegen und verhält sich großzügig. In der zweiten Erzähleinheit ist es nun Napoleon, der in gesteigerter Form überlegen und großzügig ist.
Großzügigkeit sollte mit Großzügigkeit vergolten werden – dies spiegelt sich im Textaufbau, denn der extrem geraffte Bericht zwischen den beiden Erzähleinheiten zeigt die zeitliche und soziale Distanz zwischen dem Geschehen im ersten und im dritten Teil.
Vor und nach dieser Raffung macht der Erzähler jeweils eine Pause, in der er einerseits das Geschehen kommentiert, andererseits auf vorausgehende und folgende Teile der Handlung hinweist. Ein ungeübter Leser kann dem Handlungsverlauf ohne Mühe folgen; die Gliederung des Textes zeigt, wie durch Gegenüberstellungen, Unterbrechungen usw. dem Leser eine lehrhafte Aussage nahegebracht werden soll.

Aufgabe 7

Die **innere Handlung** wird durch einen inneren Monolog vermittelt: Z. 1–10; Z. 19 f., Z. 31–39, Z. 42–49; Z. 52–54; Z. 59–62, Z. 65 f.
Die **äußere Handlung** ist eine zeitdeckende Szene im Badezimmer: Hier erfolgt der Bericht des Erzählers (mit direkter Rede); Satzfragmente der Erzählerrede.

Aufgabe 8

- **Spannungserzeugung:** Das Leben der Frau ist – aufgrund ihrer Wohnsituation – ereignislos. Wird irgendwann etwas passieren?
- **Spannungssteigerung:** Ein alter Mann in der Wohnung gegenüber dreht das Licht an – was passiert? Geht nun etwa der Vorhang für ein unerwartetes Ereignis auf?
- **Spannungsverzögerung:** Die „Vorstellung“ des alten Mannes beginnt, kurze Zeit später trifft die Polizei ein.
- **Spannungslösung:** Am Fenster gegenüber steht ein kleiner Junge, mit dem der Alte kommuniziert hat.

Aufgabe 9

1. Das Resultat der Handlung wird an den Anfang gestellt, d. h., die Geschichte wird „von hinten“ erzählt. Die Handlung nimmt eine unvermutete Wendung, denn die Handlung des Kellners, der gebrochene Fuß der Mutter und die Entlassung des Kellners entsprechen nicht den Erwartungen des Lesers.
Die Ereignisse werden zum Ende hin kontinuierlich erzählt.
2. Es wird Spannung aufgebaut, sodass der Leser die angefangene Erzählung bis zum Ende liest, weil er wissen will, wie sich das Geschehen weiterentwickelt. Die Kurzgeschichte zeigt, dass eine anfangs reale Situation surreale Dimensionen annehmen kann. Die persönliche Situation eines Menschen kann allein durch eine Kette von Ereignissen in eine „Schieflage“ geraten, die aber nicht unbedingt hoffnungslos sein muss, denn: „Gute Kellner werden überall gesucht.“

Aufgabe 10

Direkte Charakterisierung Napoleons

- „großer Kaiser“ (Z. 1)
- „kenntnisreicher Soldat“ (Z. 8)
- „edler, junger Herr“ (Z. 15)
- „junger Krieger“ (Z. 18)
- „kann doch auch der beste Kopf so etwas vergessen, bis zuletzt das erkenntliche Gemüt ihn wieder daran erinnert“ (Z. 18 f.)
- „mag wohl sehr gerührt gewesen sein“ (Z. 34 f.)

Indirekte Charakterisierung Napoleons

- „Das lehrten in der Folge seine Kriege, die er führte, und seine Taten.“ (Z. 2 ff.)
- „Da er gerne Obst aß“ (Z. 4)
- „Aber ihr sollt nicht vergessen sein“ (Z. 13 f.)
- seine Karriere: vom General zum französischen Kaiser, der Besuch bei der Obstfrau und sein Verhalten ihr gegenüber

Aufgabe 11

Der Kellner wird überwiegend indirekt charakterisiert, d. h., wir lernen etwas über diese Figur anhand seines Verhaltens und seiner Beziehung zu dem kleinen Jungen, wobei soziale Merkmale, sein Verhalten, sein Denken und Fühlen im Vordergrund stehen.
Der Kellner kann als dynamische Figur gesehen werden, denn er ist durchaus in der Lage, auf den Jungen und die neue Situation einzugehen.
Seine Figur zeigt individuelle Eigenschaften; er ist als geschlossene Figur angelegt, eine Figur mit klar verständlichen Wesenszügen: Das Teilen der Mahlzeit mit dem Jungen und die lange Zeit, die er mit dem Jungen verbringt (und dabei seinen Arbeitsplatz aufs Spiel setzt), sind Zeichen seiner Mitmenschlichkeit, Hilfsbereitschaft und sozialen Verantwortung – die Tatsache, dass er diese Eigenschaften auch noch dann vertritt, als er die unangenehmen Folgen seines Handelns überblickt, und dass der Kellner, trotz dieser Eigenschaften, sich nicht in unangenehmen Selbstdarstellungen verliert, macht diese Figur außergewöhnlich und fordert den Leser zur Deutung seines Verhaltens heraus.

Aufgabe 12

Gabriele Wohmann: „Grün ist schöner“
Die Gedanken des Kindes werden im **inneren Monolog** wiedergegeben: Z. 1–10, Z. 19 f., Z. 31–39, Z. 42–49, Z. 52–54, Z. 59–62, Z. 65 f.
Die Perspektive und die Erfahrungen des Kindes überwiegen, wodurch der Leser einen unvermittelten und direkten Eindruck von dem erhält, was in der Perspektivenfigur vor sich geht; der Leser kann sich daher in die Figur hineinversetzen; dazu trägt auch die unklare Abgrenzung zwischen der Erzählerrede und der Rede der Perspektivenfigur bei.

Ilse Aichinger: „Das Fenster-Theater“
Erlebte Rede erfolgt in Zeile 17 ff.
Der Erzähler stellt sich auf den Standort der Frau und berichtet aus ihrer Perspektive. Genau wie sie beobachtet auch er den Alten, er begleitet sie auf dem Weg in dessen Wohnung und wird Zeuge des Polizeieinsatzes. Dabei sieht und hört er das, was sie sieht und hört.
Der Horizont des Lesers wird bei dieser Form des Erzählens auf den Blickwinkel der Perspektivenfigur eingegrenzt; dies führt dazu, dass der Leser am Ende auch die Überraschung der Frau teilt.
Dieser Eindruck wird durch die grammatische Ununterscheidbarkeit von Erzählerbericht und erlebter Rede verstärkt.

Aufgabe 13

1. Charakterisierung des Marschalls
Die Figur des Marschalls wird von dem Erzähler Karl, der in die Figur des Marschalls schlüpft und die Geschichte in der Ichform erzählt, vor allem indirekt charakterisiert.
Der Marschall hat einen Bedienten (Z. 23), woraus – wie aus der Berufsbezeichnung – auf einen höheren Stand zu schließen ist. Es finden sich neben Merkmalen, die sich auf seinen Stand und seinen Beruf beziehen, auch Hinweise auf sein Verhältnis zu den Frauen (Z. 52 ff.).
Insbesondere wird der Marschall in seiner Beziehung zu der Krämerin dargestellt: Er genoss die erste Nacht mit der jungen Frau (Z. 52 f.). „Ungeduldig“ klopft der Marschall an das Haus, um die Krämerin ein zweites Mal zu treffen (Z. 103). Ein großes „Verlangen“ (Z. 107) zieht ihn zu ihr hin. „Sehnsucht“ (Z. 131) ergreift ihn, wenn er an die Frau denkt.
Der Marschall ist also ein Mann höheren Standes, der bei den Frauen über großes Ansehen verfügt, selbst vermutlich viele Bekanntschaften pflegte, aber von keiner der Frauen je so angezogen wurde wie von der Krämerin.

Charakterisierung der Krämerin
Die Figur der Krämerin wird von dem Ich-Erzähler Karl, der in die Rolle des Marschalls geschlüpft ist, beschrieben. Es ist die subjektive Sichtweise des Marschalls auf die junge Frau, die wir hier erfahren. Die Frau wird sowohl direkt als auch indirekt charakterisiert.
Sie wird beschrieben als „schöne Krämerin“ (Z. 11 f.), als „eine sehr schöne Frau von ungefähr zwanzig Jahren“ (Z. 43 f.) und als ein „zierliches Weib“ (Z. 53). Neben diesen zahlreichen Aussagen zu ihrem Aussehen finden sich in dem Text Angaben zu ihrem Stand. Die Krämerin soll eine „Person von geringem Stande“ (Z. 127 f.) gewesen sein. Für den Marschall empfindet sie, wie sie in der wörtlichen Rede selbst aussagt, ein Gefühl der „Leidenschaft“ (Z. 75 f.). Sie war es auch, die auf den Marschall aufmerksam wurde und deutlich Interesse bekundete: Sie „hatte sich wieder vorgelehnt“, um dem Marschall nachzublicken (Z. 21 f.). Doch die Frau ist verheiratet und fühlt sich auch ihrem Mann verbunden (Z. 80 f.), wie sie dem Marschall mitteilt, als sie ihm ein zweites Treffen vorschlägt. Sie fühlt sich sowohl ihrem Mann als auch dem Marschall gleichermaßen verbunden (vgl. Z. 80 f.)

Lösungen

Figurenkonzeption der Krämerin
Die Frauenfigur ist mit einer Reihe von Merkmalen ausgestattet und damit komplex angelegt. Da diese Eigenschaften widersprüchlich sind, da Moral versus Leidenschaft steht und das Rätsel des Verschwindens bzw. Todes nicht erklärt wird, bleibt die Figur der Krämerin geheimnisvoll. Diese Figur ist offen konzipiert.

Figurenkonzeption des Marschalls
Die Figur des Marschalls, der mit vielen Eigenschaften ausgestattet und damit ebenfalls komplex angelegt ist, ist im Gegensatz zur Figur der Krämerin geschlossen konzipiert, denn das Verhalten ist eindeutig und unschwer nachzuvollziehen. Ob das Geschehen eine Veränderung im Wesen der Figur bewirkt und diese somit dynamisch angelegt ist, lässt sich nicht mit Sicherheit feststellen.

2. Die Erzählung besteht aus drei zeitlich jeweils begrenzten Ereignissen, die in eine Rahmenhandlung eingebettet sind:
Das **erste Ereignis** handelt von der Verabredung des Marschalls mit der Krämerin (Z. 9–42). In einem gerafften Bericht fasst der Erzähler zusammen, wie sich über einen Zeitraum von fünf bis sechs Monaten die Beziehung zwischen dem Marschall und der Krämerin anbahnt. In einer szenischen Darstellung wird schließlich die erste Verabredung getroffen. Schauplatz ist die Straße, beteiligt sind an dem Geschehen der Marschall, sein Bedienter und die Krämerin.
Der **zweite Teil** der Erzählung handelt von dem Treffen und von dem Drängen der Krämerin auf ein zweites Treffen mit dem Marschall (Z. 43–95). Nach einem Zeitsprung von einigen Stunden und einem Ortswechsel werden die Vorgänge zwischen dem Paar gerafft berichtet. Die sexuellen Handlungen werden – wie es sich mit den damaligen Moralvorstellungen vereinbaren lässt – nur angedeutet. Nach einem weiteren Zeitsprung, der den Rest der Nacht überbrückt, wird in szenischer Darstellung das zweite Rendezvous verabredet.
Im **dritten Teil** wird der Fund der Leichen beschrieben, deren Identität ungeklärt bleibt (Z. 96–132). In einem knappen Bericht werden die Tage bis zu dem geplanten Wiedersehen gerafft. Das folgende Geschehen am verabredeten Treffpunkt wird leicht gerafft und szenisch dargestellt. Stark gerafft wird anschließend von dem Rest der Nacht und den darauffolgenden Monaten berichtet.
Die beiden ersten Szenen bereiten die dritte vor, denn hier wird klar, welche Bedeutung das zweite Rendezvous für den Marschall und die Krämerin hat.

Aufgabe 14
Die Gestaltung des Schauplatzes ist in dieser Geschichte von grundsätzlicher Bedeutung: Der Schauplatz ist die Voraussetzung für die Entwicklung der Handlung. Das Gegenüber der mehrstöckigen Häuser erlaubt es einerseits, den Alten zu beobachten; diese Lage bewirkt andererseits aber auch den Irrtum darüber, an wen die Vorführungen gerichtet sind – denn der Frau ist es nicht möglich, von ihrem Fenster aus in die anderen Fenster des eigenen Hauses zu blicken. Gegen Ende der Handlung ermöglicht die räumliche Anordnung dann der Hauptfigur wie in einem Akt der Selbsterkenntnis in „ihr eigenes finsteres Fenster“ zu sehen. Die Fenster und das Licht sind die entscheidenden Orte; von den erleuchteten Fenstern des Alten und des Knaben, an denen sich Menschliches ereignet, wird das „finstere Fenster“ der kontakt- und freudlosen Frau abgesetzt.

Aufgabe 15
Der Roman beginnt mit der Vorstellung der Hauptfigur Jean-Baptiste Grenouille und deren Einordnung in Raum und Zeit. Dies geschieht in vier Abschnitten, die keine Handlung im eigentlichen Sinne aufweisen, sondern aus einer Beschreibung des Geburtsortes der Hauptfigur bestehen:
Im **ersten Abschnitt** (Z. 1–15) wird die Hauptfigur Jean-Baptiste Grenouille vorgestellt als „ein Mann, der zu den genialsten und abscheulichsten Gestalten dieser an genialen und abscheulichen Gestalten nicht armen Epoche“ des 18. Jahrhunderts gehörte (Z. 1 ff.). Um die Bedeutung dieser Figur noch zu unterstreichen, wird Grenouille in eine Reihe mit berühmten Persönlichkeiten dieser Zeit gestellt.
Im **zweiten Abschnitt** (Z. 16–44) wird die Zeit, in der Grenouille lebte, als eine besonders geruchsintensive Zeit beschrieben.
Im **dritten Abschnitt** (Z. 45–65) erfährt die Beschreibung insofern eine Zuspitzung, als die Stadt Paris und insbesondere der Cimetière des Innocents als ein Ort mit besonders großem Gestank dargestellt werden.
Im **vierten Abschnitt** (Z. 66–68) heißt es lapidar, dass Jean-Baptiste Grenouille an diesem „allerstinkendsten Ort des gesamten Königsreichs“ am 17. Juli 1738 geboren wurde.
Damit wiederum schließt sich der Kreis, denn im ersten Abschnitt wird Grenouille als eine wichtige Person im – in historischer Hinsicht eher unwichtigen – „Reich der Gerüche“ (Z. 15) hingestellt. In den Abschnitten erfolgt also eine Kontrastierung des „Reichs der Gerüche“ mit dem „kaum vorstellbaren Gestank“ (Z. 17 f.) der damaligen Zeit, der in Paris am größten war und dort, wo Grenouille geboren war, am allerschlimmsten war. Beschrieben wird in den Abschnitten 2 und 3 folglich die Ausgangssituation, vor deren Hintergrund im anschlie-

ßenden Roman die Figur des Grenouille entwickelt werden kann.
Der beschriebene Raum hat die Funktion, das Geschehen zu ermöglichen.

Aufgabe 16

1. Der Roman spielt im 18. Jahrhundert (Z. 1) und beginnt mit dem Tag der Geburt der Hauptfigur Jean-Baptiste Grenouille am 17. Juli 1738.
Die Beschreibung des Handlungsortes wird von Abschnitt zu Abschnitt präziser: Auf die Beschreibung Frankreichs folgt eine Schilderung der Stadt Paris im 18. Jahrhundert und schließlich eines Friedhofs, an dessen Stelle der Marktplatz für Viktualien errichtet wurde: der Geburtsort der Hauptfigur. Der Raum wird olfaktorisch, also den Geruchssinn betreffend, beschrieben.
Im Mittelpunkt steht die ausführliche Schilderung des für heutige Leser kaum vorstellbaren Gestanks, der im 18. Jahrhundert herrschte. Die Beispiele, die der Erzähler wählt, um die Geruchskulisse auszumalen, liefern zugleich ein Bild der damaligen Zeit: Straßen waren bedeckt mit Mist (vgl. Z. 18), in den Hinterhöfen und Häusern herrschten miserable Bedingungen (vgl. Z. 19 f.), die Menschen aller gesellschaftlichen Schichten umgab ein schrecklicher Geruch, denn – so die Erklärung des Erzählers – „der zersetzenden Aktivität der Bakterien war im achtzehnten Jahrhundert noch keine Grenze gesetzt und so gab es keine menschliche Tätigkeit, [...] die nicht von Gestank begleitet gewesen wäre" (Z. 39 ff.).
Die Zeit, in der der Roman spielt, ist also ganz entscheidend für den Raum.

2. Der Raum wird in diesem Romanausschnitt olfaktorisch, also den Geruchssinn betreffend, beschrieben. Die Beispiele, die der Erzähler wählt, um die Gerüche in der Stadt Paris im 18. Jahrhundert zu veranschaulichen, liefern zugleich einen Eindruck von der damaligen Gesellschaft: Der Bauer wird dem Priester gegenübergestellt (vgl. Z. 35), der Handwerksgeselle der Meisterfrau (vgl. Z. 35 f.), der Adel, der König und die Königin werden erwähnt (Z. 36 f.). Anhand dieser Aufzählung von Menschen aus verschiedenen Schichten wird die Ständegesellschaft Frankreichs in der ersten Hälfte des 18. Jahrhunderts skizziert. Zugleich wird betont, dass trotz aller gesellschaftlicher Unterschiede diese Menschen im Hinblick auf ihren Geruch gleich sind.
Einer unter ihnen ist die Hauptfigur: Jean-Baptiste Grenouille. Er wird im ersten Absatz als eine bedeutende Figur herausgestellt, indem er in Verbindung mit berühmten Persönlichkeiten der damaligen Zeit genannt wird.
Dass Jean-Baptiste Grenouille an dem „allerstinkendsten Ort des gesamten Königsreichs" (Z. 66) am 17. Juli 1738 geboren wurde, heißt es lapidar im letzten Absatz. Diese knappe Feststellung bildet einen Kontrast zu der ausführlichen Beschreibung, die vorausgeht. Der Leser fragt sich, welche Auswirkung dieses Umfeld wohl für die Hauptfigur hat. Es entsteht Spannung. Der Leser wird neugierig auf die folgenden Ereignisse.

Aufgabe 17

Die **erste Erzähleinheit** (Sequenz) spielt in Brienne: Die räumlichen Umstände werden genannt; die Beziehung von Napoleon und der Obstfrau wird dargestellt.
Die **zweite Erzähleinheit** umfasst die Zeilen 20–31: Hier erfolgt eine starke Raffung des Erzählten – dieser Teil unterscheidet sich somit stark von dem vorhergehenden und dem nachfolgenden Text. Es wird von Napoleon und von den verschiedenen Plätzen der Weltgeschichte berichtet.
Die **dritte Erzähleinheit** beginnt in Zeile in 32. Sie spielt wieder in Brienne und zeigt ein Geschehen zwischen Napoleon und der Obstfrau, das weitgehend zeitdeckend geschildert wird.
Innerhalb der Sequenzen wechseln die Erzählweisen.

Aufgabe 18

1. **Handlungsverlauf**
Die drei Handlungsschritte entsprechen den Erzählsequenzen.
Im ersten Teil trifft der „Mann vom Lande" auf eine unerwartete Situation, ihm wird der Eintritt in das Gesetz verwehrt; wenn er nicht ganz von seinem Vorhaben ablassen will, hat er zwei Alternativen, nämlich sich entweder den Zugang zu erzwingen oder auf die Erlaubnis des Türhüters zu warten. Er entscheidet sich für die passive Variante.
Im zweiten Teil wird sein weiteres Verhalten dargestellt, die gewählte Strategie wird trotz mangelnder Energie unverändert beibehalten.
Der dritte Teil der Parabel zeigt als Resultat der Handlung das endgültige Scheitern des Mannes. Der Misserfolg wird ins Überdimensionale gesteigert, denn es ist keine beliebige Aufgabe, die der Mann nicht bewältigt hat, sondern die eigens für ihn bestimmte Lebensaufgabe.
Kennzeichnend für die Parabel sind die geringe äußere und innere Handlung. Es sind nach der ersten Sequenz keine Handlungsfortschritte erkennbar. Der Handlungszusammenhang wirkt unrealistisch, d. h., er muss symbolisch verstanden werden.

Figurenanalyse – Konzeption
Die Merkmale der Figuren ergeben zusammen betrachtet kein klares Bild; besonders der Charakter des Türhüters wirkt rätselhaft und unerklärlich. Sein Wesen und Verhalten sind auf ein einziges Merkmal beschränkt, nämlich das Hindernis zu sein, weshalb jemand seinen vorgezeichneten Lebensweg nicht gehen kann.

Entsprechend ist der Mann typisiert als jemand, der sein Ziel vor Augen hat, aber daran gehindert wird, es zu erreichen.
Beide Figuren sind offen und statisch; es gibt keine innere Entwicklung, beim Mann lässt sich nur der Verfall beobachten.

Analyse des Raums
Die räumlichen Gegebenheiten sind eine entscheidende Voraussetzung des Geschehens. Zu unterscheiden sind „drinnen" und „draußen": Jemand hat ein klares Lebensziel, der Weg dorthin liegt offen vor ihm, aber aufgrund eines einzigen Hindernisses kann er seinen Weg nicht gehen und vergeudet sein Leben in sinnlosem Warten.

Analyse der Zeit
Die historische Zeit, Tageszeit oder Jahreszeiten spielen in diesem Text keinerlei Rolle. Die Handlung betrifft nicht einen bestimmten Lebensabschnitt, sondern sie betrifft das ganze Leben eines Menschen.

2. Die Parabel berührt den Leser, weil er den Türhüter als Bild für seine ganz persönlichen Lebenshindernisse, Versagensängste usw. verstehen kann. Für Franz Kafka war dies zeitlebens auch mit dem Bild seines vitalen und burschikosen Vaters verbunden, der ihn daran hinderte, sich in jedweder Hinsicht zu verwirklichen – d. h., der Text hat auch eine biografische Dimension, die vielleicht der des Lesers ähnelt.

Aufgabe 19

Festzustellen ist eine mittlere bis gehobene Stilebene trotz sozialer Unterschiede und unterschiedlichem Bildungsstand der Figuren. Auch in einem Moment großer Erregung – z. B. als sich der Kaiser der Obstfrau zu erkennen gibt – ändert sich die Stilebene nicht. An der Stilebene der Figurenrede kann daher weder die äußere noch die innere Verfassung der jeweiligen Figuren abgelesen werden; sie erscheint dem modernen Leser vielleicht als auffällig und ungewohnt, dennoch handelt es sich hierbei um übliche Umgangsformen der damaligen Zeit.

Aufgabe 20

Zentrale Themen des Textes sind ein Theatererlebnis bzw. ein darstellender Künstler und seine faszinierende Wirkung auf das Publikum.
Der Tänzer wirkt als Verkörperung des Schönen und Natürlichen zugleich schwerelos, glücklich und souverän. Er bewirkt, dass die Zuschauer im Moment des künstlerischen Erlebens vereint sind und dabei Glück und Sympathie und Harmonie der Seele erleben.
Der Text beginnt mit einer Einführung in das Thema, entfaltet es dann in Schilderung und Bildlichkeit und kehrt am Schluss zur Realität zurück, in der das Geschilderte weiterwirkt.
Die Prosaminiatur wird als Erinnerung des Ich-Erzählers (erzählendes Ich) eingeleitet, die zur Erinnerung aller Augenzeugen verallgemeinert wird. Das Präteritum hinterlässt den Eindruck eines einmaligen, tatsächlichen Erlebnisses. Die Schilderung wechselt zwischen der Anschauung des Tänzers und den Empfindungen des Publikums, aber beide Seiten erscheinen nicht im Wechselspiel, sondern verschmelzen in dem Eindruck, den der Tänzer auf die Betrachter macht.
Diese Schilderung nimmt den größten Raum ein; sie erscheint – vor allem anfangs – objektiv in den Aussagen über die Bewegungen des Tänzers („schritt er", Z. 5; „er hüpfte", Z. 9; „lief er über die Bühne, tauchte er auf und verschwand er", Z. 13 ff.); dann aber folgen subjektive Aussagen, in denen zur Charakterisierung überwiegend Vergleiche herangezogen werden: „Er hüpfte daher wie ein artiges ... Hündchen" (Z. 9 f.); „der Tanz wirkte wie ein Märchen" (Z. 17). Das Imaginäre dieser Vergleiche unterstreichen die Wendungen „wirkte wie" (Z. 17) und „ähnlich wie" (Z. 26).
Die vordergründige Schwerelosigkeit des Tänzers, das Spiel, die ständige Beweglichkeit und Heiterkeit scheinen die Zuschauer zu beglücken – zu beobachten sind Assoziationen mit allgemeineren Begriffen, die in der Kunstphilosophie (z. B. seit Schiller) bekannt sind: Die Kunst (des Tanzes) ist Ausdruck von „königlicher Freiheit" (Z. 19 f.) und einer gleichsam wiedergewonnenen Natürlichkeit (vgl. die Naturbilder Wiesel, Wind, Vogel). Der Tanz erinnert an unschuldige Kindlichkeit und ursprüngliche Menschlichkeit („wo die Menschen mit Kraft und Gesundheit ausgestattet [...]", Z. 18 f.). Im Tanz sind Natur und Kultur, Spontaneität und Erziehung versöhnt („Hündchen", Z. 10 f.); der Mensch erscheint hier als paradiesischer Mensch, der vollkommen und glücklich und „selig" (Z. 35) ist. Ausdruck dieser Humanität ist die „Anmut" (Z. 42); das Ideal umfasst die Realität des Künstlerlebens, denn der Tänzer ist „selig durch die Ausübung seines Berufs" (Z. 35 f.), obwohl seine Arbeit mit „Schwierigkeiten" (Z. 39) und „Hindernissen" (Z. 40) zu tun hat; der Künstler hat aber keine Mühe, er integriert sie in sein Spiel.
Unwirklichkeit der Betrachtung: Der Tanz „wirkt wie in einem Märchen" (Z. 17) und „der Tänzer selber wirkte wie ein Wunderkind aus wunderbaren Sphären" (Z. 20 f.), „wie ein Engel" (Z. 21). „Einem heiteren, über und über in Anmut getauchten Königssohne aus dem goldenen Zeitalter glich er" (Z. 41 f.) – ihn anschauen heißt „schwärmen" (Z. 48). Im Leben der Zuschauer bleibt er nur Erinnerung, Traum und Fantasie – aber er bleibt und er kann somit trösten, die „unschönen Gedanken" (Z. 44) verdrängen und so leben helfen.
„Der Tänzer" formuliert einen Lebenssinn: Die Anschauung einer Kunstaufführung erweckt in den Zuschauern

die Vorstellung idealer Menschlichkeit und reinen Glücks. Dies ist allerdings nicht unbedingt die reale Erfahrung im Leben; dennoch – es genügt um das Wissen, dass aber die erlebte Vorstellung in Traum und Fantasie im Leben begleiten kann. Der Text gestaltet gewissermaßen seelische Inhalte – er gibt ein Psychogramm wieder, das durch den Tänzer deutlich reflektiert wird. Der Tänzer als Leitmotiv hält diesen Text zusammen und dieser wird somit selbst zum Kunstgenuss – allerdings bleibt der Unterschied zwischen Kunst und Leben spürbar, denn vollkommene Harmonie und seelische Befreiung ist nur im Bereich der Imagination und des Kunstschönen möglich – nur die Kunst selbst kann die Opposition von Leben und Kunst für kurze Zeit aufheben, weil wir hier als Menschen etwas erleben und weil ein Mensch uns dieses Erlebnis ermöglicht.

Aufgabe 21

Lösungsvorschlag

Ich sah einst im Kino einen Schauspieler, der in mir und vielen anderen Besuchern, die ihn ebenfalls sahen, einen tiefen Eindruck hinterließ. Er verspottete die Leinwand mit seiner Mimik, so viel Ausdruck besaß sein Gesicht, und so überzeugend spielte er. Eine dramatische Musik spielte zu seiner Gestik, und wir alle, die im Kino saßen, dachten darüber nach, was wohl schöner und erhabener sein könnte, die leuchtenden, feurigen Augen oder die Bewegungen der Lippen des großartigen Schauspielers. Er verwandelte sich vor der Kamera wie ein Chamäleon, welches, indem es sich verändert, Rührung und Sympathie erweckt. Gleich einem Gott flimmerte er über die Leinwand – solche Spielkunst schien keiner von all denen, die im Kino saßen, je gesehen oder für möglich gehalten zu haben. Sein Spiel wirkte wie eine Perle aus den Tiefen des Meeres – unergründlich, rein und schimmernd. Der Schauspieler selbst wirkte wie eine Filmdiva aus vergangenen Zeiten. Wie ein König schritt er von einer Bildhälfte zur anderen. Es war, als liebe die Luft ihren Liebling, den göttlichen Schauspieler. Wenn er sprach, so war es alles andere als Sprechen, vielmehr ein liebliches Säuseln, ähnlich wie der Wind, der im Sommer die Wellen des Meeres leicht berührt, und so begann er einen neuen Satz, einen Monolog, als sei es ihm unmöglich zu schweigen, als solle und als müsse er unaufhörlich monologisieren. Indem er spielte, machte er den besten Eindruck, den ein Schauspieler zu machen vermag, nämlich den, dass er glücklich sei im Darstellen. Er war selig durch die Ausübung seines Berufs. Hier machte einmal die gewohnte tägliche Arbeit einen Menschen glücklich – aber es war ja nicht Arbeit, oder aber er bewältigte sie spielend, gleich, als scherze und tändele er mit den Schwierigkeiten, und so, als liebkose er die Herausforderungen, dass die Zuschauer ihn einfach gern haben müssten und ihn wieder dafür liebten. Einem fröhlichen, über und über von Lachen beseelten Clown aus einer heiteren Welt glich er, und alle Sorgen und Bekümmernisse, alle unschönen Gedanken schwanden denen dahin, die ihn in Übergröße sahen. Ihn anschauen hieß ihn gleich zu begehren, zu verehren und zu bewundern. Ihn seine Kunst ausüben sehen, hieß, für ihn schwärmen. Wer ihn auf der Leinwand gesehen hatte, träumte und fantasierte eine lange Zeit von ihm.

Kapitel 6: Die Analyse von Sachtexten

Aufgabe 1

Auffälligkeiten im Satzbau

- überwiegend hypotaktischer Satzbau
- häufige Verwendung von Inhaltssätzen (Objektsätze)
- paralleler Satzbau („Wir sind …“, Z. 12 ff.)
- Wiederholung von bestimmten Satzbaumustern
- Wiederholung von Reihungen
- hohes Sprachniveau (siehe Satzbau)

Sprachebene

- Schlagwörter aus dem Bereich Politik und Geschichte („deutschen Frage“, Z. 9 f.; „Bündnispartner“, Z. 10 f., „Volk“, Z. 13; „Mauer“, Z. 12)
- Sprachbilder („wandernde Missionare zwischen Welten“, Z. 14 f.)
- Vergleich („Wir sind Menschen wie …“, Z. 15)

Aufgabe 2

Die Rede weist keine klare lineare Anordnung der Argumente auf, sondern eher eine assoziative Gedankenführung, Abschweifungen und ein Verlieren im Detail. Die Argumentation wirkt daher nicht rational schlüssig, sondern emotional-irrational auf die typischen Werte Amerikas bedacht.
Die Argumente werden durch zahlreiche Beispiele veranschaulicht. Diese Beispiele leiten die Rede ein, indem sie aneinandergereiht sind. Die Beispiele spiegeln Bilder wider, die in den Medien erschienen sind und daher einen hohen emotionalen Wert haben; allerdings sind sie so allgemein gehalten, dass sie auf jede Katastrophensituation ausgeweitet werden könnten.
Trotz der Verluste, die zu Beginn der Rede beklagt werden, wird auch Optimismus verbreitet, indem auf die Rettungskräfte und Hilfsmaßnahmen hingewiesen wird, auch hier wird sich im Detail verloren.
Es wird weder ein Gedankengang entwickelt, noch eine schlüssige Argumentation geliefert, z. B. erwähnt der

Präsident die vielen Opfer und Schreckensbilder und gleichzeitig behauptet er, dass es nicht gelungen wäre, Chaos zu verbreiten.
Die irrationale Gedankenführung gipfelt in dem Bibelzitat, denn so versucht der Redner Trost zu spenden, ohne auf konkrete Maßnahmen hinzuweisen, die in Anbetracht der Situation jedoch nötig wären.

Aufgabe 3

Satzbau

Zu beobachten sind

- zu Beginn der Rede überwiegend Parataxen,
- im zweiten Teil der Rede auch hypotaktisch gebaute Sätze.

Der Redner möchte seine Zuhörer mit klaren Fakten und einem überschaubaren Satzbau überzeugen.

Sprachebene

- ein eher niedriges Sprachniveau aus dem Alltag und Erfahrungsschatz der Menschen
- Schlagwörter aus dem Bereich „Terrorismus“ und „Gewalt“: „Chaos“ (Z. 15), „Anschläge“ (Z. 19), „attackiert“ (Z. 3), „niederträchtigen Terrorakten“ (Z. 8), „unnachgiebiger Groll“ (Z. 13), „Hintermänner“ (Z. 54), „Übeltaten“ (Z. 54)
- Endzeitvokabular wie „Chaos“ (Z. 15), „das Böse“ (Z. 28) oder „Unheil“ (Z. 79) mit stark biblischen Konnotationen
- Symbolik (Licht und Fundament)
- Metapher: „Fackel der Freiheit“ (Z. 25), das „Fundament Amerikas“ (Z. 21)
- Alliteration „Fackel der Freiheit“ (Z. 25)
- Kontraste: gut / böse; hell / dunkel; stark / schwach; Freund / Feind; Resignation / Ansporn; Finsternis / Helligkeit

Mit der Ansprache möchte der Redner sein Volk für seine Ideen gewinnen. Er arbeitet aus diesem Grund sehr stark auf der emotionalen Ebene, indem er nicht sachlich argumentiert, sondern emotional allgemeingültige Aussagen trifft, die im Großen und Ganzen recht plakativ wirken.
Der Redner greift auf amerikanische Werte zurück, die eng mit der Bibel verknüpft sind und die auch bis zu einem gewissen Grad das Handeln Amerikas rechtfertigen.
Der Präsident lässt keine Zweifel an der Größe und Unerschütterlichkeit seines Landes: Einerseits versucht er aufzuzeigen, dass die Terroristen dem Land nichts anhaben konnten, weil es stark ist; andererseits wird Amerika sich verteidigen können, weil es eine Nation mit „Fundamenten“ ist – diese Aussage birgt einen Widerspruch und zeigt letztendlich, dass auch eine Nation wie die USA machtlos im Kampf gegen den Terrorismus ist.

Aufgabe 4

1. Informiert wird der Leser über

- die Romanvorlage mit dem Titel „Das Parfum“,
- den Autor der Romanvorlage, Patrick Süßkind,
- den Produzenten des Films, Bernd Eichinger,
- den Regisseur des Films, Tom Tykwer,
- den Inhalt des Films,
- Unterschiede zwischen Film und Romanvorlage,
- die Bedeutung des Romans für das Filmverständnis,
- die Filmtechnik,
- Besonderheiten des Films,
- Rollenbesetzung,
- Filmmusik,
- Kritik am Film.

2. Der Rezensent sieht die positiven und die negativen Punkte der Romanverfilmung; somit gibt er eine klare und sachliche Beurteilung des Films ab und weist dabei auch auf die Buchvorlage hin.
So habe es der Film geschafft, das Buch weiterzuentwickeln; die Darstellung von Grenouille unterscheide sich von der Buchvorlage und wird vom Rezensenten daher nicht unkritisch gesehen. Die Figurenkonzeption im Film könne jedoch nur mit der Buchvorlage vollends verstanden werden und sei daher nicht konsequent.
Die Wahl der Schauspieler sei gelungen, auch wenn sie nicht immer der Vorlage entspreche.
Kritik wird dort geäußert, wo es um die zentrale Botschaft des Buches geht – diese sei im Film nicht herausgearbeitet worden: Es werde in dem Film nicht klar, warum Grenouille ein Menschenhasser ist. Die zentrale Bedeutung des „Riechens“ und „Geruchs“ habe in dem Film nicht herausgearbeitet werden können. Der Film sei ein eigenständiges ästhetisches Werk (Schauspieler; Ambiente und Filmmusik), das jedoch ohne Buchvorlage an Tiefgang und Aussagekraft verliere.

Aufgabe 5

Die **Schlüssigkeit der Argumente** wird erreicht, indem der Verfasser des Artikels beide Seiten zu Wort kommen lässt. Er schafft eine Ausgewogenheit der Darstellung, nicht zuletzt durch den getroffenen Ländervergleich.
Die Argumente werden durch eine Einleitung gestützt, die den Holocaust-Leugner und seine „Taten“ kurz, aber aussagekräftig vorstellt; der Leser bekommt ein klares Bild von diesem Mann und kann so die nachfolgende Argumentationskette gut nachvollziehen.
Der Autor bringt abwechselnd Pro- und Kontra-Argumente:
Zu den Punkten, die klar für ein Verurteilung sprechen, gehören die historischen Voraussetzungen Deutschlands („Deutschland sei verpflichtet“); daraus ergibt sich die Thematik an sich – der Holocaust als für die deutsche Geschichte wichtiges Thema, wodurch das Land an

„einer sehr empfindlichen Stelle“ getroffen wird. Argumente gegen eine solche Verurteilung überwiegen und spiegeln auch die Meinung des Autors wider – eine Verurteilung des Mannes würde die Szene der Neonazis nicht schwächen, sondern eher stärken, denn Zündel würde zum Märtyrer, d. h., seine Verurteilung würden die Neonazis emotional für ihre Zwecke nutzen.
Der Autor argumentiert mit dem Artikel 5 des Grundgesetzes (Meinungsfreiheit, die ein hohes demokratisches Gut ist) – diese Argumentationsreihe gehört zu den zentralen Argumenten, die bis zum Ende hin die Aussagen stützen – daher appelliert der Verfasser an die Gesellschaft: Eine selbstbewusste demokratische Gesellschaft solle Menschen wie Zündel das Recht auf freie Meinung gewähren, aber solche Menschen „als das behandeln, was sie sind: Irre“.

Die **sprachliche Präsentation** unterstreicht die Argumentationskette:

- Schlagwörter aus der jüngsten deutschen Geschichte und treffende Adjektive in der Einleitung zur Einstimmung,
- Alliteration („Hetze zum Hass“, Z. 7),
- rhetorische Fragen mit parallelem Satzbau („Warum ...?“, Z. 19 ff.),
- hypotaktischer Satzbau,
- hohes Sprachniveau,
- juristische, soziologische bzw. politische Fachbegriffe,
- Wortwiederholungen, d. h., diese Begriffe werden immer wieder von dem Autor benutzt, um seinen Standpunkt zu verdeutlichen.

Insgesamt herrscht eine ausgewogene Verteilung von emotionaler Begrifflichkeit in den einleitenden Sätzen und objektiver, durch Fachsprache überzeugender Argumentation im Hauptteil.
Am Ende gipfelt diese Emotionalität in dem Wort „Irre“, das aufgrund der sachlichen Darstellung überzeugt.

Kapitel 7: Der Textvergleich

Aufgabe 1

Achten Sie darauf, dass Sie bei diesem Textvergleich erst beide Texte einzeln betrachten und untersuchen; abschließend werden die übergeordneten Aspekte miteinander verglichen:

Text 1
Der Teppich steht hier als Symbol für die Liebe: Die Dichterin Lasker-Schüler verdeutlicht die Liebe anhand der ineinandergewebten Fäden, den Farben und den verschiedenen Sternen, die ein harmonisches Muster bilden. So wie die Fäden miteinander verwirkt sind, sind es auch die Seelen der Liebenden – die Farben sind (wie die Seelen) ineinander „verliebt“, und die Sterne umwerben sich; die miteinander verwobenen Fäden – „Strahlen“ – stehen für eine innige, unauflösbare und dauerhafte Verbindung (alter Teppich).
An einigen Stellen wird dieses Verwobensein auch sprachlich zum Ausdruck gebracht: „Teppichtibet“ (Z. 2) – diese Wortschöpfung erinnert an das Hin- und Herlaufen des Webgarns.
Der einen ganzen Vers füllende Neologismus „maschentausendabertausendweit“ verdeutlicht die unendliche Fülle der miteinander verwobenen Fäden. Das Adjektiv „bunt-geknüpft“ wird mit „Zeiten“ (Z. 9) verbunden. Der Leser empfindet eine gewisse Harmonie, obwohl von der Logik her kein Sinn in diesen Wendungen zu erkennen ist.
Unterstrichen wird die inhaltliche Aussage auch durch den Vergleich in der letzten Strophe – die Dichterin vergleicht ihren Geliebten (wieder eine Anspielung auf Tibet) mit einem „Lamasohn“ (Z. 7), den sie „süß“ (Z. 7) nennt und der auf einem „Moschuspflanzenthron“ (Z. 7) sitzt. Moschus ist ein Wohlgeruch – also eine positive Konnotation schwingt hier mit.
In den letzten Versen werden das lyrische Ich und der Geliebte direkt – beide sitzen Wange an Wange und es wird ein Kuss ausgetauscht; die unendliche Harmonie wird durch den Reim und Wortwiederholungen („Strahl in Strahl“, Z. 3; „Wang die Wange“, Z. 9) unterstrichen.

Text 2
Der Text „Ännchen von Tharau“ ist ein bekanntes Lied aus dem Jahr 1642. Es ist wie das Gedicht von Else Lasker-Schüler ein Liebesgedicht. Beschrieben wird hier das Zusammensein der Liebenden und das Knüpfen der Liebesbande vor dem Hintergrund des Dreißigjährigen Kriegs.
Der Knoten steht als Symbol für die innige Verbundenheit der Liebenden („Soll unserer Liebe Verknotigung sein“, Z. 10). Dieses Gefühl der Zusammengehörigkeit wird in der Zeile „Mein Leben schließ ich um deines herum!“ (Z. 12 und 24) nochmals mit anderen Worten ausgedrückt.
Im Gegensatz zur Liebesmetaphorik steht die Beschreibung von Gefahr und „Schmerz“ (Z. 4). Die Aufzählung „Eisen, Kerker und feindliches Heer“ (Z. 22) zeigt ebenso wie die Häufung „Krankheit, Verfolgung, Betrübnis und Pein“ (Z. 9) eine Bedrohung der Liebenden. Mit der Alliteration „Nach manchen Leiden und traurigem Los!“ (Z. 16) wird ebenfalls der Hintergrund beschrieben, vor dem die Liebenden zusammen sind.
Trotz der beschriebenen Gefahr, wirkt das Gedicht harmonisch, was nicht zuletzt auf den Paarreim zurückzuführen ist und auf das beschwingt anmutende Metrum, das aus Daktylen besteht.

Vergleich übergeordneter Aspekte
Gemeinsamkeiten
- Thematik: Liebe
- Symbolik: Knoten, die umschlingen, bzw. Verknüpfung der „Seelen"
- sprachliche und inhaltliche Harmonie

Unterschiede
- Perspektive: Text 1 ist aus der Perspektive eines weiblichen Ichs verfasst; Text 2 aus einer männlichen Perspektive geschrieben.
- Umgebung und äußere Umstände: Im zweiten Text ist das Paar in Liebe vereint, befindet sich aber vor dem Hintergrund einer bedrohlichen Umwelt (das Gedicht ist während des Dreißigjährigen Krieges entstanden – das „feindliche Heer" – Vers 22). Es handelt sich um eine Liebe, bei der auch der Tod allgegenwärtig ist; die Gefahren werden dabei direkt oder metaphorisch umschrieben (Z. 9, Z. 14 und Z. 16). Das feste Zusammenstehen der beiden Liebenden angesichts der Bedrohungen durch Schicksal und Kriege wird besonders herausgestellt.

Bei Else Lasker-Schüler gibt es keine äußere Bedrohung; die beiden Liebenden sitzen in einer exotischen Traumwelt auf einem Thron, zu ihren Füßen liegt der Teppich; sie sind ineinander versunken; an gegenwärtige oder zukünftige Gefahren denken sie nicht. Ihr vollkommenes Glück schließt die Umwelt aus.

Aufgabe 2

Bitte achten Sie bei dem **vernetzten Textvergleich** darauf, dass die beiden Vergleichsaspekte den roten Faden Ihrer Darstellung bilden, d. h., Sie handeln die beiden Texte nicht einzeln ab, sondern parallel!

Beide Gedichte sind Antikriegsgedichte, in denen die gleiche Intention jedoch auf unterschiedliche Weise ausgedrückt wird.
Das Gedicht „Kriegslied" von Matthias Claudius aus dem Jahr 1779 schildert die Folgen des Krieges für die Menschen, dabei wird starke Kritik an der Politik des Kriegsherren geübt.
Das Gedicht „Brüder" von Heinrich Lersch beschreibt die Folgen des Krieges im 20. Jahrhundert als eine persönliche Erfahrung des lyrischen Ichs.
Das lyrische Ich spricht in beiden Gedichten von seinen Gedanken und Albträumen im Zusammenhang mit dem Krieg.
Das lyrische Ich in Claudius' Gedicht „Kriegslied" ist ein König, der in seiner Hilflosigkeit angesichts des Krieges alle Schuld von sich weist. Er sieht die Leiden seiner Untertanen nur in seiner Fantasie. Der Ton klingt pathetisch durch die Wiederholungen („s' ist Krieg! s' ist Krieg!", Z. 1) und Häufungen („verstümmelt und halb tot", Z. 10; „alle elend, alle armen Leute", Z. 15). Die Beschreibungen klingen eher blass (Verse 1 und 3: wenig aussagende Adjektive bzw. Adverbien – „leider"; „wackere Männer"; „arme Leute", „böse Seuch'"). Das lyrische Ich verwendet leere Worthülsen und rhetorische Fragen (Verse 5–21) sowie unpassende Metaphern („Geister der Erschlagnen", Z. 7), um das Elend zu beschreiben.
Das lyrische Ich in dem zweiten Text ist eine Person, die den Krieg wohl selbst im Schützengraben erlebt hat. „Es lag schon lang ein Toter vor unserm Drahtverhau, / Die Sonne auf ihm glühte, ihn kühlte Wind und Tau. / Ich sah ihm alle Tage in sein Gesicht hinein" – in diesen drei ersten Versen wird die traurige und grausige Situation beschrieben. Dieses Bild verfolgt das lyrische Ich bis in den Schlaf – es stellt sich vor, dass der tote Kamerad sein Bruder ist, der ihn fragt: „... hast du mich nicht mehr lieb?" (Z. 8). Die Kriegserfahrungen werden in einer schlichten, aber daher eindrucksvoll wirkenden Sprache verfasst. Gelegentliche Antithesen sind zu beobachten, es erfolgt keine Belehrung oder direkte Ansprache des Lesers.
Die Strophenform im ersten Text „Kriegslied" wirkt dem Inhalt gegenüber unangemessen; der Wechsel von Versen mit fünf und drei Hebungen gibt dem Gedicht etwas Beschwingtes; die Kreuzreime stören hier ebenfalls und sind der Thematik nicht angemessen.
Im zweiten Gedicht sind die Reime unaufdringlich und es wird nicht mehr als notwendig zu diesem Thema gesagt – die Strophe ist prägnant und sagt alles Wichtige ohne Ausschmückung und Euphemismen.

Aufgabe 3

1. Die anschließende Antwort folgt dem Muster des **linearen Textvergleichs I.**

Text 1
Historischer Hintergrund
- Weimarer Republik: Deutschland ist auf dem Weg aus der politischen „Demütigung" durch den Versailler Friedensvertrag.
- Ziel des Deutschunterrichts: Die Schülerinnen und Schüler sollen zu Deutschen erzogen werden.
- Rezeption der deutschen Literatur: Literatur dient dazu, das oben genannte Ziel zu erreichen (vor allem die Literatur der Klassik und Romantik). Durch eine gezielte literarische Erziehung soll der Stolz auf die große literarische Vergangenheit Deutschlands gefördert werden. Die Schüler sollen sich bewusst als Deutsche empfinden und stolz darauf sein.

Sprachliche Darstellung
- konkrete Darstellung durch den literarischen Kanon
- pathetisch („deutschen Geist", Z. 3; „tapferer Lebenswille", Z. 16 f.; „freie Verehrung", Z. 18; „deutschem

Bewusstsein", Z. 19; „Offenbarungen des Genius", Z. 23; „Wiedergeburt deutschen Wesens", Z. 26)

Text 2

Historischer Hintergrund

- Bundesrepublik Deutschland: Deutschland, Mitglied von NATO und EWG, tritt für ein vereintes Europa ein.
- Ziel des Deutschunterrichts: Der Unterricht soll die Schüler bereichern und ihren Horizont erweitern. Die Schüler sollen Menschen in anderen Lebenssituationen und anderen Zeiten kennenlernen.
- Rezeption der Literatur: Die Literatur eröffnet den Schülerinnen und Schülern die Möglichkeit, Menschen in anderen Situationen und anderen Zeiten kennenzulernen. Der Mensch steht im Mittelpunkt aller Betrachtungen. Die Formanalyse dient dem Erkennen der Wirkung eines Textes auf den Leser.

Sprachliche Darstellung

- schwammig durch die bedeutsamen Werke
- psychologisches Vokabular („begreifen will, was uns begreift", Z. 4 f.; „menschliche Seins- und Verhaltensweisen", Z. 5 f.; „stellvertretende Daseinserfahrung", Z. 6 f.; „seelischer (...) Existenz", Z. 7 f.; „anthropozentrischer Prozess", Z. 12 f.; menschliche Erlebnisweisen", Z. 14; „fortschreitendes Umgreifen menschlichen Seins", Z. 18 f., „Bereicherung der Seele", Z. 19)

Übergeordnete Aspekte

Aufgrund der unterschiedlichen historischen Bedingungen unterscheiden sich die beiden Anweisungen für den Literaturunterricht sprachlich und inhaltlich voneinander.
Beide Anweisungen beinhalten zwar, dass mittels Literatur der junge Mensch erzogen werden soll, aber während im Text 1 ein fester Kanon gefordert wird, fordert Text 2 lediglich die Lektüre bedeutender Autoren.
Beide Anweisungen haben zwar den jungen Menschen im Mittelpunkt ihrer Betrachtungen, doch die Erziehungsideale sind unterschiedlich – im Text 1 ist die Erziehung zum Wohle des Staates gefordert; im zweiten Text stehen der individuelle Mensch und seine Bedürfnisse im Vordergrund.

2. Relevanz von Literatur aus vergangenen Epochen:
- Kennenlernen der literarischen und sprachlichen Traditionen des eigenen Landes
- Literatur als Teil des Kulturerbes
- Literatur als Erfahrungswelt, die auch dem postmodernen Menschen Lebenshilfe sein kann
- Literatur ist schon zu allen Zeiten ein Umschlagplatz von Universalthemen gewesen, die den Menschen, auch den modernen Menschen, umtreiben (Liebe, Krieg, Natur, persönliche Krisen)
- der Mensch ist immer auch ein Produkt von historischen und soziologischen Bedingungen
- Lesekompetenz, vor allem auch durch Texte, die sich zunächst schwer erschließen lassen (Texte aus dem Barock)
- die eigene Person als etwas erfahren, das das Selbstverständnis und Fremdverständnis durch Vergangenes und Gegenwärtiges ableitet
- um die Moderne zu verstehen, muss man zurückschauen – Literatur ist nur in ihrer Entwicklung zu verstehen

Aufgabe 4

1. Bettina von Arnim ironisiert in ihrem Brief an Savigny die konventionelle Vorstellung von einem „einfältigen Mädchen" (Z. 10); stellt es aber nicht wirklich infrage, da sie von ihrer anderen „Bestimmung" spricht (Z. 11).
Sie resigniert in diesem Brief nicht, sondern kritisiert die Diskrepanz zwischen ihrem Gefühl und der gesellschaftlich vorgegebenen Rolle.
Der Brief gibt Aufschluss über ein weibliches Wunschbild (Vergleich mit dem gefangenen Krieger), d. h., Bettina von Arnim drückt hier den Unterschied zwischen Tatendrang und mangelnden Möglichkeiten aus und beschreibt damit ihr Grundproblem (in einem eher leidenschaftlichen und pathetischen Ton).

Rahel Varnhagen beklagt sich in ihrem Brief nicht über ihre eigene Situation, sie macht vielmehr auf die Lage der Frauen aufmerksam; Varnhagen gibt den Rat, sich unter Menschen zu mischen und sich so Anregungen zu holen. Sie begründet ihren Ratschlag mit der Beschreibung der unterschiedlichen Rollen von Männern und Frauen in der Gesellschaft: Männer können sich, so Varnhagen, selbst verwirklichen, die Frauen müssen sich „ganz nach Männer Stand beziehen" (Z. 14); sie spricht anschaulich über die Tätigkeiten von Frauen („Stückeleien", Z. 14).
Varnhagen ist der Meinung, die Frau sei nicht zum Hegen und Pflegen bestimmt, sondern dieses Hegen und Pflegen finde nur deshalb statt, weil sich die Frau den gesellschaftlichen Bedingungen anpasse. Dies geschehe jedoch auf Kosten ihrer geistigen Entwicklung und der Entwicklung ihrer Persönlichkeit.
Varnhagen verwendet eindrucksvolle sprachliche Bilder, um die Beschränkung der weiblichen Kreativität und Entfaltungsmöglichkeiten auszudrücken: „... keinen Raum für ihre eigenen Füße, müssen sie immer nur dahin setzen, wo der Mann eben stand, und stehen will." (Z. 32 ff.) Dieses Bild veranschaulicht mangelnde Bewegungsfreiheit. Bewegungsunfähigkeit geht mit der Abhängigkeit der Frau vom Manne einher, denn es gibt nur den Platz, den der Mann für die Frau bestimmt hat. Das Bild vom Baum verdeutlicht das Dilemma, in

dem sich die Frau befindet: Die Frau nimmt die „bewegte Welt“ (Z. 35) um sich herum wahr und ist selbst aber nicht in der Lage, sich zu bewegen.
Die Tatsache, dass die Frau zur Bewegungslosigkeit verdammt ist, sei kein natürlicher Zustand (Z. 37f.); die Frau sei allerdings nicht in der Lage, diese Situation durch konkrete Vorschläge zu ändern: „Jeder Versuch, jeder Wunsch [...] Frivolität genannt“ (Z. 37f.). Der bloße Gedanke, sich selbst als Frau einen größeren Spielraum verschaffen zu wollen, ist abwegig; daher ist es nach Varnhagen wichtig, dass Frauen möglichst viele Anregungen über die eigenen vier Wände hinaus erhalten.
Varnhagen lehnt es ab, dass „jede Ehe, schon bloß als solche, der höchste menschliche Zustand sei“ (Z. 23f.).

Bettina von Arnim spricht in ihrem Brief von ihrem eigenen Problem und versucht, ihre persönlichen Gefühle genau zum Ausdruck zu bringen. Rahel Varnhagen untersucht das Missverhältnis zwischen weiblichem Tatendrang und weiblichen Entfaltungsmöglichkeiten ohne Bezug zu den eigenen Erfahrungen. Sie formuliert allgemeine Sachverhalte und versucht, deren Hintergründe zu erfassen.
Beide Frauen wählen den Brief als Medium – Bettina von Arnim nutzt ihn als eine Art Selbstaussprache; für Varnhagen ist dieses Medium ein Argumentationsforum, um die eigenen Erfahrungen auf ihre gesellschaftliche Relevanz hin zu prüfen – beide Briefe enthalten im Ansatz feministische Forderungen oder Entwürfe.

2. Die Bedeutung des Briefeschreibens für damalige Autorinnen
- Briefliteratur als bevorzugtes Ausdrucksmittel für Frauen
- Schreiben von Briefen als Möglichkeit, sich eine eigene Welt aus Reflexion, Erinnerungen und Erlebnissen zu schaffen, da die Frauen von Ausbildung, Berufsausübung und Ämtern ausgeschlossen waren
- der Brief als Ersatzwelt und Bühne für kreative Energien der Verfasserinnen
- der Brief als Mittel, um die Diskrepanz zwischen weiblichen Fähigkeiten und den gesellschaftlichen Möglichkeiten ästhetisch zu überwinden
- der Brief als Mittel zur Selbstdarstellung und Selbstreflexion für die Frauen der damaligen Zeit
- der Brief als Grundlage für die literarische Fiktion des Briefromans
- Briefe solchen Inhalts als Anregung für die öffentliche Diskussion

Kapitel 8: Die Erörterung

Aufgabe 1

Stoffsammlung
- Lesen als Mittel zur Förderung der sprachlichen Entwicklung
- Allgemeinbildung und Wissen durch Lesen
- Lesen als Beschäftigung, die die Lesekompetenz fördert
- Lesen als Methode, um das sprachliche Ausdrucksvermögen zu verbessern
- Lesen, um zu entspannen
- Lesen, um die Kreativität und Fantasie zu fördern
- Lesen als wichtiger Zugang zu anderen Medien
- Lesen, um die aktive Aufnahme von Informationen zu unterstützen
- Lesen als sinnliches Erleben
- Buch als Medium, das einer bestimmten Tradition verpflichtet ist
- Lesen, um die Konzentration und Aufnahmebereitschaft zu fördern
- Lesen von Büchern als wichtige Kulturtechnik

Aufgabe 2

In vielen Haushalten ist die Anzahl der Computer, die Größe eines Fernsehgeräts oder die Leistung eines iPod wichtiger als die Anzahl der Bücher. Eltern finden es immer schwieriger, ihre Sprösslinge vom täglichen Medienkonsum in Form von Fernsehen oder Beschäftigung mit dem Computer abzuhalten und sie zum Lesen zu bewegen. Viele Gemeinden und Kommunen streichen ihr Budget zuungunsten von öffentlichen Bibliotheken. Das Buch scheint in dieser schönen neuen Medienwelt keinen Platz mehr zu haben.

Aufgabe 3

Der Zeitungsartikel nennt folgende **Vorteile** eines längeren Auslandsaufenthalts von Jugendlichen:
- Ein Austauschjahr im Ausland bietet die „Möglichkeit einer zusätzlichen Ausbildung“ (Z. 15).
- Der Austausch dient der „Völkerverständigung“ (Z. 48).

In dem Artikel werden folgende **Nachteile** einer Reise ins Ausland aufgeführt:
- Die kompletten Kosten für einen Auslandsaufenthalt von 10 Monaten betragen 11 860 Euro (Z. 21).
- Die im Ausland erbrachten schulischen Leistungen werden häufig nicht von der Schulleitung der deutschen Schule anerkannt, sodass man oftmals nach der Rückkehr nach Deutschland keine Klasse überspringen kann.
- Die Konfrontation mit fremden Menschen und Sitten überfordert manche Jugendliche, wenn sie nicht entsprechend vorbereitet wurden.

– Ein vorzeitiger Abbruch des Aufenthalts kann unter Umständen neben der psychischen Belastung für den Schüler auch finanzielle Verluste bedeuten.

Es folgt ein **Vorschlag für eine Gliederung,** der als Grundlage für das Ausformulieren der Erörterung dient.

Einleitung
Der Zeitungsartikel „Wunschziel USA" diskutiert anlässlich der steigenden Nachfrage nach einem Highschool-Jahr in den USA die Vor- und Nachteile eines längeren Auslandsaufenthaltes von Schülerinnen und Schülern.

Hauptteil
These
Der Verfasser nennt wenige Vorteile einer Reise ins Ausland und macht vor allem auf die Nachteile und möglichen Probleme aufmerksam.

Vorteile
– Ein Austauschjahr im Ausland bietet die „Möglichkeit einer zusätzlichen Ausbildung" (Z. 15).
– Der Austausch dient der „Völkerverständigung" (Z. 48).

Nachteile
– Die kompletten Kosten für einen Auslandsaufenthalt von 10 Monaten betragen 11 860 Euro (Z. 21).
– Die im Ausland erbrachten schulischen Leistungen werden häufig nicht von der Schulleitung der deutschen Schule anerkannt, sodass man oftmals nach der Rückkehr nach Deutschland keine Klasse überspringen kann.
– Die Konfrontation mit fremden Menschen und Sitten überfordert manche Jugendliche, wenn sie nicht entsprechend vorbereitet wurden.
– Ein vorzeitiger Abbruch des Aufenthalts kann unter Umständen neben der psychischen Belastung für den Schüler auch finanzielle Verluste bedeuten.

Argumente, um die Position des Verfassers zu stützen
– Zeitverschwendung – das schnelle Abschließen der Schulausbildung ist wichtiger
– Englisch ist für den Berufswunsch des Schülers unwichtig
– wenig Lust, sich auf etwas Neues einzulassen

Gegenargumente, um die Position des Verfassers zu widerlegen
– gründliches Erlernen der englischen Sprache
– Förderung der Selbstständigkeit und Eigenverantwortlichkeit

Schluss
Benennen Sie hier Ihre eigene Position.

Aufgabe 4

Kunerts Verständnis
– Reisen bedeutet das Verlassen der Gewohnheit.
– Es bedeutet Veränderung des Menschen, indem er in andere Lebensrhythmen eintaucht, sie unbewusst nachahmt und sich bewusst in anderen Rollen sieht.
– Die Stärke des Verwandlungsprozesses hängt vom eigenen Sich-Öffnen und der Eindrucksstärke der Umgebung ab; dadurch wird wiederum das eigene Bewertungssystem hinterfragt und neu bewertet.
– Bei der Rückkehr werden alte Wertemuster wieder deutlich.
– Durch die verschiedenen Eindrücke hat man die Möglichkeit, sich zu einem Menschen zu bilden – nicht zu einem Vertreter seiner sozialen Schicht – und dabei kann man zu einem Vertreter der gesamten Menschheit werden.

Die Bedeutung von Kunerts Thesen
– Wichtig ist das Verlassen der Gewohnheit.
– Große Fremdheit unterstützt zwar stärker, doch schon die Änderung des normalen Tagesablaufs, das Kennenlernen neuer Menschen – auch wenn sie im Alltag in der gleichen Tretmühle stecken – kann zu Veränderung führen.
– Beim Massentourismus sind die fremden Reize zwar geringer, und damit auch die Chance, sich zu bilden, aber durchaus vorhanden.

Aufgabe 5

Tellheim ist die männliche Hauptperson in Lessings Lustspiel „Minna von Barnhelm". Er ist ein preußischer Offizier und hat sich während des Siebenjährigen Krieges im besetzten Thüringen mit einem adeligen Fräulein, Minna von Barnhelm, verlobt. Nach dem Krieg kommt Tellheim in den Verdacht der Korruption. Dadurch wird seine Ehre aufs Schwerste verletzt, und er glaubt, seine Beziehung zu Minna abbrechen zu müssen.
Minna von Barnhelm reist jedoch nach Berlin, um ihren Verlobten zu suchen – ein für die damalige Zeit ganz ungewöhnlicher Entschluss. Am Ende des Lustspiels ist klar, dass die Hochzeit von Minna und Tellheim in Kürze gefeiert wird.

Das gemeinsame Thema, das Joseph Brosy und Benno von Wiese behandeln, ist die Frage: „Wie kommt es zu diesem glücklichen Ende?".
Joseph Brosy meint, dass Minna von Barnhelm den glücklichen Ausgang des Lustspiels herbeigeführt hat. Er nennt eine Reihe von Gründen: Sie habe die Initiative ergriffen, indem sie nach Berlin gereist ist. Tellheim müsse anerkennen, dass Minna, wenn sie argumentiert, wichtige Werte vertritt und Würde beanspruchen

kann (Z. 5). Tellheim lasse sich zu sehr von dem Begriff der Ehre leiten, Minna weise ihm den Weg aus diesen „gefährlichen Irrgängen" (Z. 8 f.). Minna habe pädagogisches Geschick: Scherzend und lachend überzeuge sie ihren Verlobten von der Richtigkeit ihres Standpunktes (Z. 18 f.).
Benno von Wiese vertritt einen ganz anderen Standpunkt. Minna habe überhaupt keinen Anteil an dem glücklichen Ende des Lustspiels. Tellheims Ehrbegriff sei durchaus gerechtfertigt, und Minna „heilt" ihn nicht von einer „falschen oder übertriebenen Haltung" (Z. 8 f.). Das glückliche Ende werde nur möglich, weil der König im 5. Aufzug seinen Offizier in aller Form rehabilitiert. Wenn der Feldjäger mit dem königlichen Handschreiben nicht aufgetreten wäre, wäre es nie zu dem glücklichen Ende gekommen. Alle Bemühungen von Minna wären umsonst gewesen.

Mit dem Auftreten des Feldjägers im 5. Aufzug, 6. Auftritt und dem Durchlesen des königlichen Handschreibens (5. Aufzug, 9. Auftritt) ist das Lustspiel noch nicht beendet. Tellheim will den Brief am Ende des 9. Auftritts sogar zerreißen. Das ist ein erstes Argument gegen den Standpunkt von Benno von Wiese. Offensichtlich hat das königliche Handschreiben nicht die Wichtigkeit, die ihm Benno von Wiese zuspricht.
Sicher hat Benno von Wiese Recht, dass die Ehre ein hoher Wert für einen preußischen Offizier und besonders für Tellheim ist. In diesem Lustspiel geht es aber um eine grenzenlose Übertreibung des Ehrbegriffs, die auf den Zuschauer komisch, sogar grotesk wirkt. Als das Fräulein im 4. Aufzug, 6. Auftritt anhören muss, wie Tellheim die „Ehre" definiert, fasst sie mutwillig zusammen: „... ich weiß wohl. – Die Ehre ist – die Ehre." Tellheim sagt: „Eher soll mich hier das äußerste Elend vor den Augen meiner Verleumder verzehren." Er sagt dies, obwohl er weiß, dass die Anschuldigungen gegen ihn unbegründet sind. In Thüringen sind seine Freunde alle davon überzeugt, dass seine Ehre nicht befleckt ist.
Sehr schlimm ist auch, dass er die Ehre über die Liebe stellt und nichts der „blinden Zärtlichkeit" von Minna verdanken will. Er kränkt seine liebende Braut zutiefst.
Gegen den Standpunkt von Benno von Wiese spricht auch, dass Lessing sein Lustspiel nicht „Tellheim", sondern „Minna von Barnhelm" genannt hat. Sie ist die wichtigste Hauptperson. Ich stimme Brosy zu, wenn er von den pädagogischen Maßnahmen spricht, die Lessing breit darstellt und mit denen Minna ihren Verlobten von seinem „hohen selbstischen Throne" (Z. 11) herabholt.
Im 4. Aufzug, 1. Auftritt plant Minna, Tellheim eine Lektion zu erteilen, die sie vom 7. Auftritt an durchführt.
Im 6. Auftritt bemüht sich Minna um eine ausführliche Widerlegung von Tellheims Argumenten. Im 9. Auftritt wiederholt sie Tellheims Sätze wörtlich, um ihm die Unsinnigkeit seiner Behauptung zu verdeutlichen. Erst als sie ihren geliebten Tellheim von seinen übertriebenen Ehrvorstellungen geheilt hat, wird die Hochzeit möglich.
Es ist unstreitbar, dass das königliche Handschreiben das glückliche Ende des Lustspiels begünstigt – viel wichtiger ist jedoch, dass Minna ihren Verlobten von seinen Verirrungen befreit und sein Herz wieder für Menschlichkeit und Liebe öffnet.

Aufgabe 6

Mögliche Beispiele, die in einer Erörterung erwähnt werden könnten

- Sprache dient als wichtiges Instrument, um andere zu beeinflussen oder gar zu manipulieren (Werbung, Propaganda, Slogan).
- Sprache dient als Medium, um zu informieren (Zeitung, Sachbücher).
- Sprache kann überzeugen oder gar trösten.
- Sprache kann durch Gestik oder Mimik das Gesagte unterstreichen und so Emotionen freisetzen, z. B. in einer Rede.
- Durch Sprache kann ein Standpunkt erläutert und erklärt werden (durch sprachliche Mittel bzw. durch rhetorische Figuren können bestimmte Sachverhalte unterstrichen werden, wichtige Ideen transportiert werden).
- Sprache führt zu Kommunikation und somit zu Kontakten, die nützlich und wichtig sind.
- Sprache hat appellativen Charakter.
- Mit Sprache kann ich täuschen (der Akt der Lüge).
- Mit Sprache äußere ich Gedanken, die zu Ideen werden und die wiederum Prozesse in Gang setzen können, die von Einfluss sein können.
- Sprache ist wandelbar und kann neue Gegebenheiten sprachlich zum Ausdruck bringen.
- Man kann Herrschaft durch Sprache über all diejenigen ausüben, die die Sprache nicht beherrschen.
- Beispiele aus der Literatur: Reden: Shakespeares „Julius Caesar"; Mephisto in Goethes „Faust"; Büchners Woyzeck, der durch Sprache beherrscht wird und selbst „sprachlos" ist; die Macht des geschriebenen Worts: Bernhard Schlinks „Vorleser"; Sprachkrisen: Hofmannsthals fiktiver Brief an Lord Chandos.

Aufgabe 7

Arten von „Elternhäusern"

- traditionelle Kernfamilie mit klarer Rollenverteilung und klaren Erziehungsidealen, die an die Kinder weitergegeben werden; der Aspekt der Zuneigung und Liebe fehlt – diese Familie funktioniert – autoritärer Erziehungsstil
- Familie, in der die Kinder verwöhnt und verzogen, verzärtelt und von der feindlichen Umwelt ferngehalten werden – Erziehungsstil des *laissez-faire*

- reformpädagogischer Ansatz, in dem die Kinder selbst lernen, Recht und Unrecht zu erleben und zu erkennen, um zum besseren Mensch zu werden
- Familie, die ständig zusammenhängt – die Großfamilie, die sich nur durch ihre Zusammengehörigkeit definiert, aber nicht durch Kommunikation innerhalb der Familie

Mögliche weitere Aspekte
- Alle Familien folgen einem bestimmten Schema und unterwerfen sich bei der Erziehung diesem Schema – es gibt keinen Raum für Kreativität, weil das Diktat des Erziehungsansatzes im Vordergrund steht und nicht das Kind mit seinen eigentlichen Bedürfnissen. Selbst reformpädagogische Ansätze sind nicht fortschrittlich, da sie einem bestimmten Diktat folgen.
- Die Frage nach dem Erziehungsideal: „Die werden nicht eingesperrt" (Z. 105) – ist dies die richtige Lösung?
- Erörtern der Familie im Hinblick auf moderne Konzepte durch Scheidung oder Trennung der Eltern geprägt / Patchwork-Familien / gleichgeschlechtliche Familien / eheähnliche Beziehungen – wie funktioniert Erziehung dort?
- Frauen, die arbeiten und Kinder haben

Aufgabe 8

Es folgt eine Gliederung mit den wichtigsten Punkten für und gegen Medienerziehung im Kindesalter. Achten Sie beim Verfassen der Erörterung darauf, dass Ihre Anordnung der Argumente verdeutlicht, ob Sie für oder gegen Medienerziehung im Kindesalter sind.

1 Einleitung
Kinder werden zunehmend schon sehr früh mit Computer und Fernsehen konfrontiert. Ist eine frühe Medienerziehung für die Sozialisation von Kindern sinnvoll?

2 Hauptteil
2.1 Kinder sollten möglichst spät mit den modernen Medien in Berührung kommen.
2.1.1 Fernsehen und Computer wirken sich negativ auf die Entwicklung von Kleinkindern und Kindern aus, denn beides beeinträchtigt in zunehmendem Maße ihre Konzentrationsfähigkeit und Aufnahmefähigkeit (Stichwort: schlechte Lesefertigkeit besonders bei Jungen).
2.1.2 Kinder, die viel mit den elektronischen Medien zu tun haben, sind durch eine Unterhaltung jenseits solcher Medien schnell gelangweilt, da sie eine schnelle Bildfolge gewöhnt sind.
2.1.3 Fernsehen und Computer im Kindesalter gefährden die Kreativität der Kinder und führen zu zunehmender Isolation.
2.2 Kinder sollten möglichst früh mit den modernen Medien konfrontiert werden.
2.2.1 Um sich in der digitalisierten Welt zurechtzufinden, ist es notwendig, den Kindern einen frühen Zugang zu den entsprechenden Medien zu ermöglichen.
2.2.2 Eine frühe und vernünftige Medienerziehung schützt vor Missbrauch.
2.2.3 Medien haben einen pädagogischen Wert, da Fernsehen auch Wissen vermittelt und Computer (besonders bestimmte Strategiespiele) gezielt Fähigkeiten eines Kindes fordern und fördern können.

3 Schluss
Medienerziehung ist wichtig, dennoch ist es fraglich, ob Kinder schon sehr früh mit Fernsehen oder Computer in Berührung kommen sollten, da selbst bei positiven Auswirkungen die „Nebenwirkungen" nachhaltig die Entwicklung bei einigen Kindern in verschiedenen Bereichen beeinträchtigt.

Aufgabe 9

Mögliche Argumente für die Erörterung
- Heilung von tödlichen Krankheiten
- Verhinderung von Erbkrankheiten
- Züchten von Ersatzorganen
- Herstellen von wirkungsvolleren Impfstoffen
- Implantationsdiagnostik von Embryos
- Züchtung von Pflanzen, die unter besonderen Bedingungen (z. B. extremer Trockenheit) wachsen können oder die gegenüber Schädlingen unempfindlich sind
- Steigerung der Qualität und Quantität von Lebensmitteln

Mögliche Gegenargumente
- Schwierigkeit der Trennung von Organ und Individuum
- Handel mit menschlichen Zellen und Organen
- Eingriff in das natürliche Gleichgewicht in Flora und Fauna
- Gefahr durch genveränderte Lebensmittel

Trainingsklausuren

Klausur 1

1. Horst Bienek: „Die Zelle“

Visuelle Gestaltung

Verschiedene Einrückungen und die isolierte Stellung der Zeitangaben („gestern“ / „heute“ / „morgen“) verdeutlichen die Zeitstruktur des Gedichts; prozesshaftes Geschehen wird dargestellt (Gewöhnung an ein Leben im Gefängnis). Dabei werden zusammengehörende Inhalte jeweils als kleine Textblöcke von den restlichen Zeilen abgehoben (Z. 2–5 und Z. 20–26).

Die am weitesten nach rechts verschobenen Verszeilen („meine Schreie setzten / Risse in die Wand“ und „werde ich schweigen“) geben den Anfangs- und Endpunkt der Entwicklung an. Das Ergebnis der Entwicklung wird in der Schlusszeile formuliert, in der durch das Einrücken und durch die Verwendung der Kursivschrift („das Gefängnis *mein* Gefängnis“) hervorgehoben wird, dass dem lyrischen Ich das Gefängnis zum „Zuhause“ werden wird und es sein verkümmerndes Leben hier einrichten muss.

Verszeilen und Sätze

Vollständige Sätze werden nicht durch Satzzeichen gegliedert; das Gedicht wird lediglich durch die Anordnung der Verszeilen gegliedert.

Besonders im ersten Textabschnitt werden einzelne Sätze auf mehrere Zeilen verteilt und dadurch besonders betont (Z. 9 ff.). Zeilensprünge und Einrückungen bringen Unruhe in die erste Hälfte des Gedichts; der letzte Teil ist im Zeilenstil geschrieben, und an die Stelle der Einrückung tritt eine quasi parallele Satzstruktur und damit Einheitlichkeit.

Abweichungen vom üblichen Satzbau

Die jeweilige Zeitangabe wird in den ersten Versgruppen an die Spitze des Satzes gerückt („Morgen / das weiß ich / werde ich schweigen“ statt „ich werde morgen schweigen, das weiß ich“).

Der Satz in der letzten Versgruppe enthält eine als Klimax angelegte Aufzählung (Steigerung vom kleinsten zum größten Gegenstand, bei der die einzelnen Elemente jeweils doppelt genannt werden).

Der Satzbau vermittelt durch die Wort- und Sinnwiederholung die Vorstellung von Eintönigkeit.

Zwischenfazit

Bienek kombiniert verschiedene visuelle Elemente: Die Einrückungen spiegeln die Gliederung des Gedichts in drei Zeitebenen und lenken die Aufmerksamkeit des Lesers; das Schriftbild verdeutlicht außerdem die Textaussage: So wie die Haltung des Gefangenen sich von Aufruhr zu Resignation wandelt, verändert sich auch die visuelle Gestalt des Gedichts. Zunächst ist das Schriftbild infolge der Einrückung, der unterschiedlichen Zeilenlängen und der Zeilensprünge unruhig, am Ende ergeben die parallel gebauten Zeilen ein ruhiges Bild, d. h., der Sprecher wird sich schweigend in die Monotonie seiner Situation einfügen.

Günter Kunert: „Unterwegs mit M.“

Visuelle Gestaltung

Das Gedicht ist ein Textblock, in dem das am Ende des Textes stehende Wort „Glück“ die letzte Verszeile bildet.

Einwortsätze werden im zweiten Teil des Gedichts durch Punkte abgetrennt.

Verszeilen und Sätze

Das Gedicht enthält mit 26 Wörtern nicht mehr Text als ein durchschnittlich langer Satz.

Es wirkt durch die Verwendung von insgesamt acht Ellipsen extrem verknappt. Die Ellipsen werden stetig kürzer: Die erste Aussage besteht aus sieben, die letzte nur noch aus einem einzigen Wort. Es erfolgt eine zunehmende Verknappung des Sprechens bis hin zum Verstummen mit dem Wort „Glück“. Damit ist das Gedicht auf den Schluss hin zugespitzt.

Auffällig ist das Fehlen von Verben. Das Gedicht enthält keinerlei Bewegung – anders als es der Titel eigentlich suggeriert. Dieser Eindruck entsteht vor allem durch den Verzicht auf die „Zeitwörter“, denn für das Paar im Auto steht die Zeit still.

Auffällig verteilte Satzzeichen strukturieren die Gedankenfolge; bis zum Doppelpunkt in der sechsten Verszeile gibt es keine Satzzeichen – hier wird vor allem die Außenwelt gezeigt, von der aber die beiden Personen im Auto abgeschirmt sind. Nach dem Doppelpunkt folgen vier „Sätze“, in denen die Situation im Auto thematisiert wird.

Die Aussagen werden durch die Alliteration („w“) und paradoxe Formulierungen („Abwesendes Beieinandersein“, Z. 7 f.) betont. Das Gedicht ist gekennzeichnet von Zeilensprüngen.

Zwischenfazit

Der Leser wird in die Lage versetzt, das Nichtgesagte zu erspüren. Da zwischen den letzten sieben Wörtern, die auf einen Doppelpunkt folgen, drei Punkte gesetzt sind und es außerdem zwei Zeilensprünge gibt, wird der Leser fast nach jedem Wort zum Innehalten gezwungen. So wird die thematisierte Ruhe sprachlich nachgebildet. In einem einfachen und alltäglichen lyrischen Bild wird ein Beispiel für glückliches Beieinandersein gestaltet. Durch die Nutzung visueller, klanglicher und stilistischer Mittel wird die Aussage auf engstem Raum konzentriert.

2. Die Grundbedingungen des lyrischen Ichs sind in den vorliegenden Texten recht unterschiedlich, wobei beide Gedichte durchaus auch Biografisches enthalten können.
Der Sprecher / das lyrische Ich in Bieneks Gedicht befindet sich in einer Extremsituation, die Parallelen zum Leben des Dichters Horst Bienek aufweist, nämlich die Inhaftierung und die damit verbundene Resignation des lyrischen Ichs. Der Sprecher fügt sich in sein Schicksal; es herrscht Ausweglosigkeit in diesem Gedicht.

Das lyrische Ich in Kunerts Gedicht zeigt sich hingegen glücklich und unbefangen; es scheint sich ausgesprochen wohl zu fühlen in dieser alltäglichen Situation. Das lyrische Ich erlebt sich, seine Freundin und die Umgebung in vollkommener Harmonie, ohne jedoch pathetisch zu werden („geborstene Wespen am Glas"), die Situation zu romantisieren oder zu stilisieren. Es wird Normalität erlebt: „Sonne und Dunkelheit und wieder Sonne". Diese Normalität ist das Besondere, weil sie vollkommenes Glück bedeutet.

Klausur 2

1. Die Inhaltsangabe sollte die folgenden Punkte enthalten:
- Es handelt sich um ein Spiel im Spiel, das nicht ungestört abläuft.
- Der Handlungsort ist ein gut besuchtes Schauspielhaus, in dem ein Stück / eine Oper aufgeführt werden soll (Musiker im Orchester).
- Die Zuschauer drängen in das Schauspielhaus.
- Das Publikum (Fischer, Müller, Schlosser, Böttcher u. a.) befindet sich im Parterre und äußert seine eigenen Erwartungen bezüglich des Schauspiels, d. h., es greift mit passenden oder auch gänzlich unpassenden und den Kommentator entlarvenden Bemerkungen in den Spielverlauf ein.
- Die Unterhaltung des Publikums kreist um den Inhalt des Stücks und „den guten Geschmack".
- Der Dichter muss erscheinen, sich rechtfertigen und das Publikum besänftigen, er tritt anschließend ab, die Musiker beginnen zu spielen und der Vorhang öffnet sich.

2. **Figurenkonstellation und Sprache der Figuren**
- Im Mittelpunkt steht das Wechselspiel zwischen den Vertretern der Bühne (bilden eine Einheit) und dem Publikum (bildet den Gegenpol); die Figuren auf der Bühne werden nicht mit den Figuren des Spielpublikums ausgetauscht, da es sich um den Gegensatz und das Wechselspiel dieser beiden Ebenen handelt.
- Der Zuschauer distanziert sich nach den ersten Dialogen vom Spielpublikum, da er die karikaturistischen und satirischen Entstellungen erkennt.
- Das Publikum entlarvt sich durch sein Geschwätz; es zeichnet sich durch einen Mangel an Aufgeschlossenheit aus; es ist nicht bereit, sich auf etwas Neues und Unbekanntes einzulassen.
- Der Dichter auf der anderen Seite reagiert auf die unerschütterlichen Erwartungen, indem er mit dem Publikum über sein Werk räsoniert und zwar so, wie es das Publikum von ihm erwartet; der Dichter unterwirft sich den Vorurteilen und versucht so, das Publikum für sich einzunehmen und gnädig zu stimmen.
- Der Dichter ist eine lächerliche Figur, die sich auf plumpe Weise anbiedern will.
- Das Publikum reagiert auf den Dichter positiv verstärkend: Es klatscht, und indem es klatscht, beklatscht es sich selbst in den Schmeicheleien des Dichters.
- Das künstlich-künstlerische Verhältnis zwischen dem Publikum und dem Dichter wird durch Wortspiel und Wortwitz unterstrichen: Der „Edle" muss gestiefelt sein, damit er „den Schurken die vielen Tritte in den gefühllosen Hintern" geben kann (Z. 57 ff.). Jemand wünscht sich eine Oper ohne Musik – so schlägt der angebliche Tiefsinn in Unsinn um; dies betrifft auch den ständigen Bezug auf den guten Geschmack, unter dem jeder etwas anderes versteht, von dem aber auch jeder der Meinung ist, der andere teile seine Einstellung und es sei möglich, den „guten Geschmack" für jeden verbindlich zu definieren. Die komische Wirkung wird auch erzielt, indem Tieck hochgestochene und völlig banale Äußerungen montiert (Z. 87 ff.). Des Weiteren fallen literarische Anspielungen (Z. 99 ff.), Parodie, Karikatur und Satire auf (Z. 49 ff., Z. 55 ff.), wodurch der Gegensatz zwischen Bürgerwelt (Publikum) und Theaterwelt hervorgehoben wird.

3. Die **romantische Ironie** zielt auf die eigenen Schwächen und Unfähigkeiten ab, die aus der Erkenntnis des unüberwindbaren Zwiespalts von Ideal und Wirklichkeit entstanden ist. Grundlegend ist die Einsicht, dass Schein, Anspruch und Erwartung einerseits und Wirklichkeit, Sein und Ergebnis andererseits einen unvereinbaren Gegensatz bilden. Aus dieser Erkenntnis heraus nimmt sich der Schöpfergeist (= Künstler) die Freiheit, sich souverän über seine Schöpfung bzw. sein Ideal (= Theaterstück) zu erheben und dieses durch Ironie zu durchbrechen. Es handelt sich bei der romantischen Ironie also um eine ästhetische Theorie. Sie wurde von den Romantikern entwickelt und thematisiert die Produktion von Kunst im Kunstwerk selbst und zeigt damit das Subjektive von Kunst. Durch Ironie erhebt sich der Künstler über sein eigenes Werk.

Weitere Merkmale, die das Stück der Romantik zuweisen

- Abkehr von der Aufklärung, Klassik und dem Rationalismus (Z. 39 ff.)
- freischöpferische Fantasie (Geschmack wird vom Publikum gefordert; der Künstler hat lediglich ein Stück geschaffen)
- Wiederentdeckung volkstümlicher Formen (Märchen)

4. Selbstproblematisierung des Theaters

- Tieck übt Kritik an einer idealen, in sich geschlossenen Kunst (Tieck hat sich ausführlich mit Shakespeare beschäftigt).
- Die Vermittlungsmöglichkeiten des Theaters scheitern an der Realität, weil die Reflexion durch das Publikum in die Aufführung eindringt und diese relativiert.
- Das Theater wird von Tieck als Theater entlarvt, d. h., die Eigengesetzlichkeit des Theaters wird evident.
- Das Theater wird als Scheinwelt entlarvt, indem das Spiel im Spiel auf das Spielpublikum trifft; dieses Publikum meldet sich mit Vorschlägen aller Art zu Wort und verweist den Kritiker des Saales.
- Das Wechselspiel zwischen den Spielebenen ist die eigentliche Dimension des Prologs.
- Der Theaterzuschauer ist nicht am Inhalt interessiert, sondern an der Darstellungsweise.
- Im Zentrum steht die Frage nach der möglichen Illusion: Aus-der-Rolle-fallen ist die indirekte Form der Kontaktaufnahme der Spielpersonen zu ihrem Spielpublikum. Das Sprechen ad spectatores entlarvt die Bühne in ihrer begrenzten ästhetischen Funktion.
- Das Gesamtspiel wird durch die Auseinandersetzung zwischen Spielpersonen und Spielpublikum getragen.
- Die Grenze zwischen Bühne und Zuschauerraum wird nicht aufgehoben, obwohl die Aufhebung das Thema des Spiels ist – moderne Autoren heben diese Grenze auf.
- Die Darstellung von Illusion hat selbst illusionistischen Charakter – moderne Stücke heben diesen Charakter auf.
- Das Bühnengeschehen hat eine Wirklichkeit, die eigenen ästhetischen Gesetzmäßigkeiten unterliegt; diese Gesetzmäßigkeiten existieren losgelöst von einer außertheatralischen Realität.

5. Szene Null

Die Szene spielt in der Kammer des Dichters. Seine Kammer ist spärlich eingerichtet – ein Schreibpult bildet den Mittelpunkt.

DICHTER: Ich muss mit diesem Stück den Versuch machen, das Publikum zu belustigen. Einen Hanswurst benötige ich und – ja natürlich – wie gewinne ich noch die Gunst des Publikums?

Ein Klopfen ist zu hören. Der Dichter ist in seine Arbeit vertieft. Nochmaliges Klopfen – diesmal energischer und lauter.

DICHTER: Herein, mein Herr – *spricht mit sich selbst* Ich ahne Schlimmes ...

THEATERKRITIKER: Ich störe doch nicht – aber ich muss noch einige Fragen an Euch richten – Ihr wisst schon ... das Publikum will es ganz genau wissen.

DICHTER: Wieso genau wissen? Ich weiß es doch selbst nicht einmal genau – ich schreibe – die Schauspieler spielen und das Publikum freut sich und klatscht.

THEATERKRITIKER: So einfach ist es eben nicht mehr. Das Publikum hat Wünsche. Das Publikum fordert Geschmack.

DICHTER: Sicher, Geschmack. Es soll Geschmack bekommen. Aber zuerst lasst mich das Stück beenden. Morgen wird es auf der Bühne aufgeführt und mir fehlen noch die Schlusssätze – die Proben laufen schon und ich habe immer noch nicht den Schluss verfasst.

THEATERKRITIKER: Ich bin mir sicher, dass Euch noch etwas sehr Gutes einfällt – aber achtet auf den Geschmack. Auch das Ende eines Stückes benötigt Geschmack. Lasst jemanden sterben – aber geschmackvoll; lasst jemanden morden – aber bitte mit Geschmack; lasst jemanden heiraten – mit viel Geschmack. Aber bitte findet zu Eurem Geschmack.

DICHTER: Sicher Geschmack – am besten lasse ich jemanden morden, der dann sterben muss und dann kann er allerdings sein Liebchen nicht mehr heiraten. – Was haltet Ihr davon? Natürlich mit Geschmack.

THEATERKRITIKER: Klingt geschmackvoll – ich liebe Eure Stücke. Auf Euch ist Verlass. Schon immer gewesen. Das Publikum liebt Euch und wie Ihr das Publikum liebt, schreibt Ihr all das mit viel Geschmack.

DICHTER: Fürwahr. Ich bin ein großartiger Künstler, der schon viel Geschmack bewiesen hat. Heuer möchte ich etwas völlig Neues präsentieren – ein völlig großartiges und neues Ende; das Publikum wird begeistert sein.

Der Theaterkritiker verlässt die Kammer. Der Dichter ist wieder alleine. Er lehnt sich verzweifelt über das Manuskript. Er bricht in Tränen aus.

DICHTER: Ich ertrage diesen Druck nicht mehr. Immer nur Geschmack. Wo bleibt die Kunst. Ich will Kunst schaffen – wer kann die Kunst besser beurteilen als ich. Ich bin Künstler. Die Zuschauer zahlen und schauen – ich werde bezahlt und lasse schauen. Ich lasse schauen und das Publikum muss schweigen und schauen und wieder kommen. Ich bin der Künstler. Ich werde großartig sein.

Er greift zur Feder und schreibt. Er schreibt, nimmt das Blatt und eilt aus der Kammer.

Klausur 3

1. Bei dem Text „Mein teures Bein" von Heinrich Böll handelt es sich um eine **Kurzgeschichte**:
- kurzer epischer Text,
- lineare, straffe Komposition; steuert im Laufe des Dialogs auf eine unausweichliche Lösung zu, die auf Erschütterung abzielt,
- vom Ende her erzählt, d. h., das Bein hat der Mann bereits verloren, als er im Amt erscheint,
- zusammengedrängtes Geschehen in einer ungewöhnlichen Situation im Leben von gewöhnlichen Figuren,
- das Geschehen enthält eine unerwartete Wendung und eine existenzielle Bedeutung bzw. eine provozierende Erkenntnis – Reaktion des Beamten: „Sie sind doch verrückt",
- Reduktion der Figuren und Schauplätze,
- typisierte Figuren ohne Entwicklung,
- retrospektives Erzählen ohne Reflexion (Z. 50 ff.),
- das Bein als Leitmotiv, das auch die Kurzgeschichte zusammenhält.

1. Abschnitt (Z. 1–11): Der Handlungsort und die Figuren werden eingeführt. Es handelt sich um einen unmittelbaren Einstieg in die Handlung und die Problematik durch den Ich-Erzähler. Mit dem Hinsetzen des Ich-Erzählers wird die eigentliche Handlung eingeleitet.

2. Abschnitt (Z. 12–30): Der Ich-Erzähler und der Mann reden über mögliche Arbeitsmöglichkeiten, die vom Beamten nicht akzeptiert werden.

3. Abschnitt (Z. 31–91): Der Beamte beginnt im Zurücklehnen mit seiner Beschreibung der Situation, indem er die finanziellen Ansprüche des Mannes erläutert. Anschließend schildert der Ich-Erzähler die Lage aus seiner Sicht und führt auf, warum er ein sehr teures Bein habe. Aus seiner Argumentationskette leitet er sich die Begründung ab, das Angebot des Beamten abzulehnen.

4. Abschnitt (Z. 92–99): Der Beamte bezieht zu den Aussagen des Mannes Stellung und lehnt sie als verrückt ab; es folgt ein nochmaliges Arbeitsangebot, das der Mann jedoch ablehnt, woraufhin er das Amt verlässt.

2. **Das Gesprächsverhalten des Beamten**
- nüchtern und geschäftsmäßig (Z. 6–10, 13–16, 19–21, 23, 32–42)
- verharmlosend und anbiedernd (Z. 26, 32, 92)
- abweisend, sich auf Formalia zurückziehend (Z. 49, 68, 98)

Das Gesprächsverhalten des Ich-Erzählers
- nüchtern und geschäftsmäßig (Z. 5–8)
- ironisch reagierend (Z. 17 f., 43–45)
- sagt, was er wirklich meint (Z. 24 f., 28–30, 99)
- den Stil des Beamten nachahmend (Z. 43–48; 50–67; 92–97)
- setzt sich schließlich durch (Z. 50, 70)

Sprachliche Mittel

Der Ich-Erzähler greift Begriffe und Satzteile aus der Rede des Beamten auf und setzt sie in einen anderen Zusammenhang, wodurch sie ironisch werden:
- „nette Sache" (Z. 14) – „nette Rente" (Z. 52),
- „von Herzen gesund" (Z. 34) – „nicht nur von Herzen, sondern leider auch im Kopf vollkommen gesund" (Z. 47–49) / „leider bin ich von Herzen ebenso gesund wie im Kopf" (Z. 93 f.).

Erzähltechnische Mittel
- „Sie" (Z. 1–4, 26): Der Beamte erscheint noch als namenlose Gruppe.
- Verzicht auf Begleitsätze (Z. 5–8): Der Erzählstil ist genauso reduziert wie das Gespräch.
- Der Mensch wird zu einem „Fall", einer Aktennotiz, die bürokratisch „erledigt" werden soll.

3. **Aussagewert für die heutige Zeit**
- Fallbeispiele aus dem Umgang mit Ämtern (Arbeitsamt, Sozialamt, Ordnungsamt, Gesundheitsamt) oder Erfahrungen mit anderen Institutionen, in denen der Mensch als „Nummer" behandelt wird und in denen auf die individuellen Bedürfnisse weder Rücksicht genommen, noch darauf eingegangen wird
- Unterordnung des Menschen zugunsten von Paragrafen und Verordnungen
- Humorlosigkeit und mangelnde Flexibilität von „Paragrafenreitern"
- entseelte bürokratische Entscheidungen, die mitunter wenig Sinn machen und teilweise kostenintensiver sind als eine alternative Entscheidung zugunsten des Menschen
- geistige Starrheit und wenig anpassungsfähige Institutionen, die im Namen von Tradition und Gesetz Entscheidungen fällen

Klausur 4

1. **Musterlösung einer gegliederten Inhaltsangabe**

In dem Textauszug aus Kasimir Edschmids theoretischem Text „Über den dichterischen Expressionismus" liefert der Autor ein programmatisches Gerüst und einen theoretischen Entwurf für den Expressionismus. Der Text gliedert sich in fünf Abschnitte.

Im ersten Abschnitt, Zeile 1–10, führt der Autor kurz in das Thema ein und weist mittels einiger Schlagwörter

auf die wesentlichen Elemente des Expressionismus hin, die er im Folgenden näher erläutert.
Im zweiten Abschnitt, Zeile 11–22, berichtet der Autor über seine persönliche Begegnung mit diesem Begriff und der Umsetzung in der Kunst. Auf diese Weise gibt er einen Überblick über die Exegese des Expressionismus. In diesem Abschnitt liefert Edschmid bereits Erklärungsmuster für seine weiteren Ausführungen.
Im nächsten Abschnitt, Zeile 23–44, weist der Autor auf die neuen Aufgaben des expressionistischen Künstlers hin und zählt seine neuen Betätigungsfelder und Funktion auf.
Von Zeile 45–87 widmet sich der Verfasser des Textes ausschließlich den Themen des Expressionismus und wie diese Themen im Sinne des Expressionismus behandelt werden sollten. Bei diesen Themenbereichen geht es um die Gestaltung der Welt, die Art und Weise, wie Realität geschaffen werden soll und um die expressionistische Gestaltung des Raums, der schließlich zur Vision des expressionistischen Künstlers wird.
Im letzten Abschnitt wird das Verhältnis zwischen Figuren bzw. Gegenständen einerseits und der Realität andererseits beschrieben. Dabei wird deutlich, dass sowohl Figuren als auch Gegenstände im expressionistischen Kunstwerk nicht mit den üblichen Attributen ausgestattet werden, sondern in ihren tieferen Formen gezeigt werden, sodass diese nicht mehr verfälscht dargestellt werden.

Textart
Es handelt sich bei dem Text um einen Sachtext, einen nicht fiktionalen Text, und zwar um eine literaturtheoretische Abhandlung.

2. Edschmids Aussagen
- Aufforderung zur Revolution des Geistes und schließlich einer politisch-gesellschaftlichen Revolution (Z. 11 ff., 27 ff.)
- Wandlung, Erneuerung, Steigerung, Schaffung eines neuen Menschen und Forderung nach der Weltwende (in jedem Abschnitt werden diese Forderungen postuliert)
- Zerstörung der bestehenden Ordnung
- Produktion statt Reproduktion
- die Schöpfung der Kunst als Schöpfung des Lebens (Z. 52 ff.)
- die Darstellung der Wirklichkeit von innen nach außen statt von außen nach innen (Z. 96 ff.)
- Kunst, die entlarvt und bloßstellt und dabei auch Neues stiftet (Z. 53)
- Kritik an der bürgerlichen Gesellschaft (Z. 27 ff.): Forderung nach Freiheit, Menschlichkeit und Teilnahme; Kritik an Egoismus, Partikularismus, Materialismus, Imperialismus, Industrialisierung und Bürokratie
- Verwirklichen des Absoluten
- Vereinigung von sinnlichem und religiösem Empfinden; Ekstase (Z. 49 ff., Z. 65 ff.); das durch Religion entstandene Vakuum wird durch den Expressionismus aufgelöst
- Kritik an der Kunst des Naturalismus: gegen die Wirklichkeitsnachbildung (Z. 52 ff.)
- Kritik am Impressionismus: gegen die Wiedergabe äußerer Eindrücke (Z. 25 ff., Z. 39 ff.)
- die Idee als Gestalterin ihrer eigenen Wirklichkeit und infolgedessen Sprengung der herkömmlichen ästhetischen Formen (Z. 41 ff.)
- visionäre Kunst – Visionen vom Weltende (Z. 68 ff.) und Schaffung des „neuen Menschen" (Z. 42)

Beispiele für Edschmids Aussagen
Lyrik
Else Lasker-Schüler, „Weltflucht"
Georg Heym, „Der Gott der Stadt"
Georg Trakl, „Verfall" und „Menschheit"
Ernst Stadler, „Irrenhaus"
Gottfried Benn, „Kleine Aster"
Jakob von Hoddis, „Weltende"
Alfred Lichtenstein, „Die Dämmerung"

Epik
Kasimir Edschmid, „Der tödliche Mai"
Carl Sternheim, „Vanderbilt"
Alfred Döblin, „Die Segelfahrt"
Heinrich Mann, „Drei-Minuten-Roman"

Drama
Oskar Kokoschka, „Mörder, Hoffnung der Frauen"
Georg Kaiser, „Die Bürger von Calais"
Walter Hasenclever, „Der Sohn"
Ernst Toller, „Die Wandlung"

Wenn Sie eines der Beispiele heranziehen, genügt es nicht, Autor und Titel zu benennen, sondern es sollte auch kurz aufgeführt werden, inwiefern das von Ihnen ausgewählte Beispiel aus der expressionistischen Literatur exemplarisch ist. Gehen Sie also auf die charakteristischen Merkmale des Textes kurz ein.

3. Sprachliche und stilistische Besonderheiten
- vereinfachte Satzformen; telegrammartige Verkürzung der Sätze (Z. 31 ff.)
- Wortballung (Z. 96 ff.)
- Worthäufungen (Z. 46 ff.)
- Weglassen des Artikels, der Füllwörter oder Präpositionen (Z. 88, 93, 36)
- kühne Wortbilder zur Darstellung des Abstrakten (Z. 27, 80 f.)
- gehetztes Pathos bis hin zur gesteigerten Ekstase (Z. 48 f., 69 ff., 84 ff.)

Die sprachlichen und stilistischen Besonderheiten in dieser Abhandlung entsprechen gleichzeitig den inhaltlichen Forderungen Edschmids. Inhalt und Form stimmen somit überein. Das, was Edschmid theoretisch fordert, setzt er sofort auch sprachlich um, und diese Besonderheiten lassen sich wiederum in den Werken der Expressionisten finden.

Klausur 5

1. Musterlösung einer Inhaltsangabe

In der kurzen Geschichte „Lau" von Bettina Blumenberg aus dem Zyklus „Zuwendung" wird das monotone und gleichförmige Alltagsleben eines Bauern und seiner Frau anhand eines bäuerlichen Interieurs und des Mittagsmahls, das die Familie gerade einnimmt, beschrieben.
Bei dem Text handelt es sich um eine genaue Milieustudie, die eine bestimmte Lebensform darstellt. Zunächst wird das Äußere des Fachwerkhauses beschrieben. Danach wird von der Einnahme des Mittagessens unter Hinweis auf die Uhrzeit erzählt. An dieser Stelle meldet sich der Bauer zu Wort und kommentiert die zur Routine erstarrte Kommunikation bei Tisch. Plötzlich entladen sich vordergründig grundlose Emotionen des Bauern in Form eines Wutausbruchs, bei dem Teile der Zimmereinrichtung zerstört werden. Dieser Ausbruch gipfelt darin, dass der Perserteppich, der Stolz der Bauernfamilie, durch die auf dem Tisch befindlichen Suppen und Saucen verschmutzt wird, weil das jüngste Kind der Familie zappelnd nach dem Tischtuch greift.
Am Ende des Textes erfährt der Leser den Grund für den Wutausbruch – die Suppe war nicht warm genug – und damit die Bedeutung von Alltagsroutinen.

2. Funktion des Raumes

- Indirekte Charakterisierung der Bewohner durch die Beschreibung der Inneneinrichtung: Sie sind von Dingen ohne Gebrauchswert umgeben, die als Statussymbol zur Schau gestellt werden.
- Die Gegenstände (Nippes; z. B. „geblümte Sammeltassen" oder „schwere Ehrenteller") oder der Perserteppich orientieren sich nicht an den Alltagsbedürfnissen.
- Unveränderte Innenräume und eine Fassade, die man erhalten hat: Es werden keine Veränderungen zugelassen.

Die Beziehung zu seiner Frau und das sonstige Leben des Bauern sollen in gewohnter Weise weiterlaufen. Änderungen sind unerwünscht. Der Raum erlaubt keine großen Handlungsmöglichkeiten. Abweichungen von Gewohntem bedeuten Frustrationen seitens des Bauern; solche Frustrationen entladen sich explosionsartig – es kommt zum Wutausbruch.

Der Raum in dieser Geschichte wird von außen nach innen dargestellt; in diesem Inneren bewegen sich Figuren zwischen dem Nippes, der ihnen den Weg nach draußen (= Veränderung) versperrt. Sie haben sich in ihrem Inneren eingerichtet, obgleich ein Äußeres vorhanden ist – allerdings nur noch als Fassade (die unverändert ist). Der Raum ist Symbol der in Routine erstickten Handlungsunfähigkeit der Figuren, der lediglich ein Geschehen in engen Kreisen ermöglicht. Die Figuren werden von dem Raum bestimmt und sie bestimmen den Raum dort, wo sie ihn dekorieren können.

In dem Textauszug aus Kafkas Erzählung „Die Verwandlung" gibt es nur ein Innen, in dem sich Gregor Samsa bewegt. Auch sind die räumlichen Gegebenheiten von entscheidender Bedeutung für das Geschehen, denn „drinnen" heißt für Gregor komplette Handlungsunfähigkeit und Gefangenheit. Der Raum bei Kafka existiert um seiner selbst willen und wird nicht zu Dekorationszwecken ausgeschmückt. Er bedeutet auch Schutz vor der Familie, die mit Gregors Verwandlung nicht umgehen kann. Gregor kann sich in dem Zimmer verstecken und die letzte Möglichkeit, seinen freien Willen zum Ausdruck zu bringen, ist die Entscheidung, die Tür zu öffnen (oder aber nicht). Die Verwandlung hat darüber hinaus seinen Handlungsspielraum erheblich eingeschränkt und das Draußen existiert nur noch in seiner Gedankenwelt, d. h., wenn er von seiner Familie oder seiner Arbeit spricht.

Sowohl bei Kafka als auch bei Bettina Blumenberg ist eine nach außen gerichtete Aktion, die Veränderungen, Begegnungen oder Konflikte mit anderen Menschen bewirkt, nicht mehr möglich. Der moderne Mensch ist isoliert und lebt anonym gemäß einem durch Routine festgelegten Weg. Der Raum im modernen Roman bzw. in der modernen Erzählung zeigt die Figuren in ausweglosen Situationen; der Raum führt nicht zu Veränderungen, sondern zur Paralyse, die bei Kafka im Absurden endet, in der Metamorphose Gregors, und bei Blumenberg im Alltäglich-Bizarren; die Räume wirken klaustrophobisch eng und verdeutlichen symbolhaft die Situationen des modernen Menschen, der sich nicht auf neue Wege macht, um sich zu finden; der moderne Mensch ist vielmehr ein Geschöpf, das ziellos herumirrt, um am Ende zu erkennen, dass sich nichts verändert hat und sich nichts verändern wird.

3. Erzählverhalten

- Der Erzähler berichtet in den ersten Zeilen mit einem gewissen Abstand und verhält sich dabei auktorial. Er weiß, dass man sich „von keinem Splitter des Erbhofes hatte (...) trennen wollen" (Z. 3) und charakterisiert indirekt die Bewohner des Hauses als traditionsverbundene und gewissenhafte Men-

schen (die Inschrift über dem Haustor ist „sorgfältig nachgemalt").
- Er beschreibt zunächst eine statische Situation (Z. 6 ff.) – es scheint, als ob er ein Fenster öffnete, um dem Leser einen kurzen Einblick in das Leben einer Familie zu ermöglichen.
- Er beschreibt anschließend eindrucksvoll unter Verwendung von anschaulichen Verben den Wutausbruch des Bauern, ohne diesen Ausbruch zu bewerten.
- Der Erzähler führt den Leser gewissermaßen durch das Haus: Bei der Fassade beginnt und beim Teppich unter dem Tisch hört die „Hausbegehung" auf.
- Verschiedene Textstellen lassen erkennen, dass der Erzähler das Verhalten der Bewohner des Hauses bewertet. Er bezeichnet sie beispielsweise mit dem abfälligen Ausdruck „Sippschaft" (Z. 32).
- Der Erzähler endet mit dem lapidaren Satz „Als sei die Gewöhnung nicht das Sicherste im Leben.", der die Geschichte wie eine Moral abschließt. Dass dieser Satz keine allgemeine Wahrheit beinhaltet, sondern vielmehr das Gegenteil der Fall ist, zeigt der kurze Text eindrucksvoll.

Der Erzähler lässt dem Leser durch sein zurückhaltendes Erzählen und seine kaum erkennbaren Wertungen die Möglichkeit, die Inneneinrichtung, die Situation und das Verhalten des Bauern und seiner Familie für sich persönlich zu beurteilen. Der Erzähler hat gewissermaßen eine deiktische Funktion.

4. Argumente für eine Erörterung
- Routine bedeutet Sicherheit und Ordnung, was ein wichtiger Aspekt im hektischen Alltag ist, denn sie hilft Menschen, ihren Tag zu strukturieren und zu organisieren.
- Routinen erlauben Arbeitsökonomie, denn man muss über bestimmte Vorgänge nicht mehr nachdenken oder sie einüben.
- Routinen erleichtern das Miteinander in der Gesellschaft, da bestimmte Verhaltensrituale für den alltäglichen Umgang mit Menschen wichtig sein können (z. B. das Schütteln von Händen; das Grüßen, wenn man einen Raum betritt usw.).
- Routinen können für verhaltensauffällige Kinder wichtig sein, z. B. benötigen Autisten eine sehr starre Alltagsroutine.
- Routinen können die persönliche Entwicklung eines Kindes hemmen, wenn sie nicht mehr zeitgemäß oder personengemäß sind.
- Es besteht die Gefahr, dass Routinen einen Menschen so sehr beherrschen, dass er nicht mehr nach seinen Bedürfnissen handelt, sondern alles der Routine unterordnet.
- Routinen, die nicht hinterfragt werden oder die nicht der Situation entsprechend verändert werden können, führen unter Umständen zu geistiger Enge und schlimmstenfalls zu einem krankhaften Befolgen dieser Routinen.

5. Lösungsvorschlag

„Alltagsstudie" eines Stadtmenschen

Die Fassade des zehnstöckigen Hochhauses bröckelte schon lange Zeit. Die ursprüngliche Farbe des Hauses ist nicht mehr zu erkennen. Schon lange nicht mehr. Selbst die Hausnummer, die überdimensional neben der Haustür prangert, ist nur noch mit viel Mühe als Zahl zu erkennen. Mitten in einer großen Stadt steht dieses Hochhaus, mit Räumen, die so klein sind, dass man sich darin an einen Käfig erinnert fühlt.
Um fünf Uhr kommt er von der Arbeit nach Hause und öffnet die Tür, neben der die verblasste Hausnummer zu sehen ist. Er steigt die Treppen hoch und betritt die Wohnung – pünktlich wie jeden Tag. Ist das Essen in der Mikrowelle, fragt der Mann. Seit mehr als sieben Jahren hört die Frau jeden Abend diese Frage. Seit sieben Jahren fragt er sie täglich, ob sie sein Bier kühl gestellt habe. Sie nickt. Er aber zuckt zusammen und schreit, schleudert die Tür der Mikrowelle zu, dass das Radio auf der Mikrowelle hinunterfällt. Auf den Boden. Haut mit der geballten Faust gegen die Kühlschranktür, dass die sorgfältig angebrachten Magnetfiguren auf den Boden purzeln. Die geballte Wut fließt in den Fuß, der gegen den Wäschetrockner tritt, dass die weiße Metallwand dieses Gerätes erzittert. Die Frau greift nach den billigen Gläsern, die aus dem Supermarkt um die Ecke stammen, um sie zu retten. Doch wie ein Stier in der Arena schaut er sich nach anderen Gegenständen um, die er mit der Faust oder dem Fuß bearbeiten kann. Er taumelt vor Wut, sucht Halt und scheint ihn auch zu finden und stolpert nochmals und fliegt gegen das beste Stück der Wohnung, den riesigen Fernseher mit Flachbildschirm. Auf wie viele Tage am Mittelmeer haben sie letzten Sommer dafür verzichtet. Und nun soll das alles umsonst gewesen sein. Nur darum, weil heute wie immer das Essen in der Mikrowelle verkocht war. Nur die Gewöhnung allein bringt die gewünschte Sicherheit – und dies jeden Tag aufs Neue.

Klausur 6

1. In beiden Texten lassen sich ähnliche Themen ausmachen:
- verfremdende Außenwelt,
- die Neigung zur psychologischen Selbstanalyse,
- subjektiver Blick auf die Innenwelt,
- die veränderte Situation wird als eigentliche Wirklichkeit empfunden,
- die Welt des Seelischen und Unbewussten wirkt bedrohlich,

- Entfremdung des Individuums,
- äußere Begrenzung spiegelt innere Enge des Individuums.

2. **Inhaltliche Aspekte**
- Wichtiges Motiv in diesem Textausschnitt ist die Verwandlung des Menschen (Gregor Samsa) zum Tier (Käfer).
- Beschrieben wird eine neue Existenzform, die Samsa zunächst kaum in Staunen versetzt.
- Die Metamorphose richtet sich gegen Samsas Lebensweise als Reisender; als Käfer ist er nicht mehr in der Lage, diese Reisetätigkeit auszuführen.
- Das revoltierende Unbewusste hat sich eine äußere Gestalt geschaffen.
- Gregors Protest hat über die Jahre hinweg in ihm geschwelt, aber aus Rücksicht auf seine Umgebung hat er sich seinem Schicksal gebeugt.
- Die abstoßende Käfergestalt bringt seinen Protest grotesk zum Ausdruck, d. h., das Groteske bringt eine lang unterdrückte Wahrheit ans Licht.
- Der Käfer zeigt sich als Schreckensgestalt, die nicht nur Gregors Protest symbolisiert, sondern gleichsam der Außenwelt den Ekel Gregors gegenüber unmenschlichen Verhaltensweisen vor Augen führt.
- Das Käferdasein symbolisiert Revolte gegenüber anonymen Herrschaftsstrukturen (der Chef).
- Thematisiert wird die Hilflosigkeit Gregors in einer feindlichen Welt mit undurchdringlichen Herrschaftsstrukturen; die persönliche Ohnmacht.
- Die Tiergestalt verkörpert die Probleme Gregors einerseits und ist gleichzeitig ein Lösungsversuch, somit wird der Käfer auch zum Symbol eines bestimmten Existenzproblems.
- Gregors Existenzproblem liegt in einer Welt, die eine Welt des Anonymen ist, und in der Beengtheit der menschlichen Existenz (sein Zimmer).

Sprache und Sprachbilder
- Der Käfer dient als Symbol: Die Verwandlung steht als Metapher für die Revolte.
- Die Verwandlung in ein „ungeheures Ungeziefer" wird sprachlich nüchtern, fast gefühllos dargestellt; der Anfang der Erzählung gleicht einer wissenschaftlichen Beobachtung, in der die Tatsachen der Verwandlung mit zahlreichen Adjektiven dargestellt werden; diese Adjektive beschreiben das Ungeziefer, aber nicht die Gefühlslage Gregors.
- Die Groteske und das Paradoxon dienen als wichtiges Stilmittel.
- Es überwiegen Parataxen.
- Die Aussagen sind oftmals stufenweise gesteigert, z. B. wenn von der Situation als Reisender erzählt wird (Klimax).
- Die Form des inneren Monologs dient dazu, die unausgesprochenen Gedanken über die Wirklichkeit darzustellen – die Metamorphose hat diesen Prozess in Gang gesetzt.

3. Die Ich-Erzählerin in dem Auszug aus Marlen Haushofers Roman „Die Wand" erwacht – ähnlich wie Gregor Samsa – allein in einer Jagdhütte. Die Gastgeber sind von einem abendlichen Ausflug ins Dorf nicht zurückgekehrt – die Ich-Erzählerin ist völlig auf sich gestellt (lediglich der Hund ist bei ihr). Gregor hingegen hat noch, wenn auch entfremdet, die Familie um sich herum.
Die Ich-Erzählerin aus Haushofers „Die Wand" geht in Richtung Dorf, ohne es jedoch zu erreichen; sie wird es nie erreichen können, da in der Nacht lautlos eine unsichtbare, doch undurchdringliche Wand „gewachsen" ist, hinter der alles Leben erstarrt. Diese Wand steht für den Umbruch in eine neue Existenz. Es hat eine Veränderung der äußeren Umstände stattgefunden, weshalb sich die Frau auf die neue Situation einstellen muss. Gregor hat sich im Gegensatz dazu selbst verändert, weswegen er und die Umgebung auf die Metamorphose reagieren werden.
Die Protagonistin aus „Die Wand" ist auf sich allein gestellt und gezwungen, eine neue Existenzform zu finden. Sie wird nicht zu einem Tier, sie ist mit einem Tier zusammen – Gregor hingegen wacht selbst als ein Tier auf und ist als solches in seinen Handlungsmöglichkeiten eingeschränkt. Er ist der Enge des Raumes ausgesetzt, während die Ich-Erzählerin aus „Die Wand" in der Natur lebt und diese als Lebensgrundlage nutzen können wird. Damit ist ihr Handlungsraum zwar weiter, dennoch ist ihre Ausgesetztheit endgültig.
Gregors Verwandlung wird Reaktionen bei seinen Mitmenschen hervorrufen; die Frau dagegen ist einer äußeren Veränderung ausgesetzt und ist auf sich allein gestellt.
Haushofers Sprache ist wie Kafkas Sprache karg und klar und in Anbetracht der Situation ohne Pathos und Emotionen. Es gibt in beiden Textauszügen keinen Moment der Panik, obwohl die Situationen jeweils existenzbedrohlich sind; die Natur wird in dieser Situation für die Frau der Hauptfokus.
Der moderne Mensch, wie er in beiden Texten gezeigt wird, scheint extremen Situationen ausgesetzt und ist daher nur begrenzt handlungsfähig. Für die extremen Situationen gibt es keinerlei rationale Erklärungen; es gibt keine Aussicht auf Rettung, sondern es gibt nur das Überleben, Einsamkeit und Nähe zum Animalischen.

4. Mit Postmoderne bezeichnet man die Literatur ab der zweiten Hälfte des 20. Jahrhunderts. Es handelt sich dabei um einen unscharfen Terminus, der sich auf literarische Texte bezieht, deren Merkmale wider-

sprüchlich sind. Aufgrund der Verschiedenartigkeit postmoderner Literatur lassen sich nicht alle dieser Strömung zugeordneten Werke zum Vergleich heranziehen, sondern es müssen Titel ausgewählt werden, die der in den Auszügen aus Kafkas und Haushofers Texten dargestellten Grundsituation des Menschen ähneln.
Mögliche Beispiele wären Monika Marons „Die Überläuferin", Judith Hermanns „Sommerhaus, später", Rainald Goetz' „Irre", Elfriede Jelineks „Die Klavierspielerin" oder Botho Strauß' „Paare, Passanten". Diese Romane thematisieren noch andere Aspekte des modernen Menschen, doch in all diesen Werken ist die Absurdität enthalten, die auch Kafkas und Haushofers Texte kennzeichnet.

5. Lösungsvorschlag
Fortsetzung – „Die Verwandlung"
Gregor wich rasch von der Tür zurück. Er würde diese Tür nicht öffnen. Er würde heute nicht arbeiten. Er würde nie mehr arbeiten. Es wäre einen Versuch wert, nie mehr zu arbeiten. Vielleicht würde er entlassen, wenn er ohne Krankmeldung fehlte. Was würden seine Arbeitskollegen sagen. Gregor hörte hektisches Getrippel. Den Holzboden mochte er noch nie leiden, seine momentane Situation änderte nichts an dieser Meinung. Diese hektischen Schritte kamen näher. Sein Vater. Was könnte er seinem Vater sagen. Er würde seinem Vater niemals die Wahrheit über sich verraten – diesen Überdruss – nein, sein Vater würde ihn nicht verstehen, sein Vater würde zu brüllen beginnen und er würde nichts, nein gar nichts ändern können. Gregor fühlte sich stark und für einen Augenblick dachte er daran, dass er die Tür öffnen sollte, um seinem Vater die hässliche Fratze eines Tieres zu präsentieren.

Lösungsvorschlag
Fortsetzung – „Die Wand"
Luchs und ich setzten uns nochmals, und wir versuchten zu atmen. Die Aprilluft war schwer und es schien, als ob diese Wand uns die Luft zum Atmen nahm. Ich fing wieder zu frösteln an. Luchs schien zu ahnen, was ich dachte. Er kuschelte sich an mich und dabei konnte ich spüren, wie sein Körper zitterte. Ich werde diesen kurzen Moment der Einsamkeit nicht mehr vergessen können. In diesem Augenblick der Einsamkeit konnte ich keinen Tierlaut hören. Die Wand verschluckte jeden Laut. Diese unsichtbare Wand war nicht sichtbar, aber sie war spürbar. Jeder Atemzug, den ich aus den Lungen, die sich wohl verengt hatten, presste und wieder presste, schien nicht mein Atem zu sein – ich versuchte, die Wand zu veratmen. Jetzt war wohl der Zeitpunkt gekommen weiterzugehen. Ich schubste Luchs an, der sich heftig streckte und der die Auswirkungen der Wand nie so spürte, wie ich sie gespürt hatte.

Klausur 7

1. Begründung von Sloterdijks These
- Der Autor beobachtet, dass wir nicht mehr Dramen ansehen, die einen Konflikt zwischen Menschen zeigen, vielmehr werden Actionfilme inszeniert, in denen der Kampf zwischen Bestien und deren Waffen zu sehen ist. (vgl. Z. 14 ff.)
- Actionfilme bearbeiten, so die These, mittels einer ausgefeilten Filmtechnik einen Teil der Menschheitsgeschichte, die vordergründig als ereignislos erscheint; der Actionfilm deckt dabei Aspekte der Vor- und Frühgeschichte auf, die bisher die Archäologie nicht aufzeigen konnte. (vgl. Z. 50 ff.)
- Die Verfolgungsjagd im Kino entspricht, so der Autor, dem vor- und frühgeschichtlichen Laufen und Schießen; das Kino zeigt somit das „älteste Aktionsmuster der Menschheit" (Z. 71): das Laufen auf der Flucht und das Werfen nach dem Verfolger. So werde vorgeführt, dass der Mensch nicht durch Anpassung überlebt, sondern durch Gewaltanwendung, die gleichzeitig dazu führt, dass bestimmte Verhaltensweisen innerhalb einer Gruppe forciert werden.
- Die Darstellung von Menschen, Frauen und Kindern in Actionfilmen habe allerdings wenig gemeinsam mit den Menschen aus der Vor- und Frühgeschichte, denn der Mensch in Actionfilmen bilde Merkmale aus, die in den vergangenen Zeiten unwichtig waren. Die Filmhelden können im Gegensatz zu ihren vor- und frühgeschichtlichen Vorfahren aufrecht gehen und müssen äußerst wachsam sein, um nicht vom Verfolger in die Enge getrieben zu werden (vgl. Z. 90 ff.); aus dieser Position heraus sei der Mensch in der Lage, Theorien über den Feind zu entwerfen („Wachheitsüberschuss", Z. 93).
- Ein weiteres wichtiges Element aus der Vor- und Frühgeschichte, das der Autor im Actionfilm wiedererkennt, ist das „Warten, das Ruhigsitzen, das Bad des Helden in der Stille vor dem Angriff" (Z. 97 f.); so bekämen wir auch hier wieder einen Einblick in historische Gegebenheiten.
- Der Actionfilm definiere die Geschichte neu und gebe Einblicke in die Geschichte, die wir so vorher nie gehabt hätten (Z. 108 ff.), und erkläre so menschliche Beziehungen nach dem Muster, wie sie in Actionfilmen vorgegeben sind (Z. 54 ff.).

2. Die **Aussageabsicht** und die **Wertung des Autors** lassen sich unmissverständlich an der sprachlichen und stilistischen Gestaltung des Essays von Peter Sloterdijk erkennen:
- Besonders auffallend ist die feine Ironie (Z. 85 ff.; Z. 133 ff.; Z. 175 ff.).
- Der Autor spielt an auf literarische und philosophische Texte sowie auf Texte aus der Psychoanalyse und parodiert diese gleichzeitig. Er nimmt

Nietzsches „Geburt aus dem Geiste der Musik" (Z. 116 ff.) an und persifliert Heideggers Philosophie (Z. 147 ff.). Sloterdijk modifiziert Horkheimers Diktum aus dem Jahre 1939: „Wer aber vom Kapitalismus reden will, sollte auch vom Faschismus schweigen." Während Horkheimer zum Schweigen aufruft, fordert Sloterdijk zum Reden auf, wobei die Begriffe „reden" und „schweigen" übernommen werden und durch Weglassen von Negation und Veränderung der modalen Hilfsverben den Sinn verändern (Z. 154 f.). Sloterdijk verwendet in den letzten beiden Abschnitten Termini aus dem Bereich der Psychoanalyse Freuds („Objektbeziehung", „Subjekt-Objekt-Beziehung" , „autonomes Dasein des Objekts"). Sloterdijk setzt bewusst sein Wissen ein. Da die Bezugnahmen teilweise ironisch gebrochen sind, kann man erkennen, dass Sloterdijk dem von ihm vorgestellten Filmgenre äußerst kritisch gegenübersteht. Des Weiteren verhöhnt er indirekt die Zuschauer solcher Filme, denn er hebt ein nicht sehr anspruchsvolles Filmgenre sprachlich auf eine sehr hohe Ebene. Der Durchschnittskonsument wird diesen Text nicht unbedingt lesen und wahrscheinlich auch kaum verstehen – dies ist als indirekte Kritik an einem Genre zu sehen, das wenig zur Bildung beiträgt.
- Wortneuschöpfungen aus der Philosophie und der Psychoanalyse dienen der ironischen Wirkung: „das Terminator-Motiv" (Z. 161 f.); „Hordenaußenpolitik" (Z. 139); „Horden-Epos" (Z. 141); „Weltkessel" (Z. 143), „Brutalisator" (Z. 102).
- Der Autor verwendet Metaphern: „durch den gewalterfüllten Weltkessel driftet" (Z. 143); „unsichtbarer Ring" (Z. 76 f.).
- Es ist durchgehend hypotaktischer Satzbau festzustellen.
- Das sehr hohe sprachliche Niveau macht sich bemerkbar an Wortwahl und Satzbau, zahlreichen Fremdwörtern und Fachbegriffen.
- Der Autor wählt allgemeine Aussagen, die auf viele Sachverhalte zutreffen könnten, sowie konkrete Ausführungen zum Thema: „Angesichts der Sachlage ..." (Z. 50 f.); „Vielleicht ist alle Geschichte nur die Geschichte von Gewaltlösungen" (Z. 1 f.); dann aber: „Ich gehe von der Beobachtung aus, dass die heutige ..." (Z. 12 ff.). Im Anschluss daran wird eine konkrete Beobachtung geschildert; der Autor geht deduktiv vor, d. h. vom Allgemeinen zum Besonderen, und arbeitet mit Argumenten, die er sorgfältig und überzeugend belegt.

Sloterdijk hat den Anspruch, wissenschaftlich zu arbeiten, um in seinen Ausführungen ernst genommen zu werden. Auch wenn er feine Ironie anwendet, um zu zeigen, wie wenig er von dem Genre des Actionfilms hält, verfällt Sloterdijk keineswegs ins Moralisieren. Gleichzeitig argumentiert er akkurat und bringt auf unterhaltsame Weise seine Argumente an den Leser, bei dem er mit Sicherheit davon ausgehen kann, dass er nicht die von ihm vorgeführten archaischen Verhaltensdispositionen vorweist.

3. Folgendes Gerüst kann die Grundlage für eine textgebundene Pro-und-Kontra-Erörterung sein.

Einleitung
Sloterdijk führt uns in seinem Essay „Der Action-Film ist experimentelle Vor- und Frühgeschichte" vor Augen, dass Actionfilme archaische Verhaltensmuster des Menschen mittels filmtechnischer Finessen auf die Leinwand bringen; dies geschehe auf Kosten des „hochkulturellen Dramentyps", der sich mit zwischenmenschlichen Konflikten beschäftigt. Inwieweit kann der Actionfilm als ästhetische und kulturell wertvolle Alternative zur traditionellen Theaterkunst gesehen werden?

Hauptteil
Argumente für den Actionfilm
- Der Actionfilm ermöglicht das fiktive und cineastische Ausleben von archaischen Verhaltensweisen, die dem Menschen inhärent sind.
- Der Actionfilm dient als mögliche Kanalisation von aggressivem Verhalten.
- Actionfilme – es gibt nicht nur qualitativ schlechtes Filmmaterial – können unterhaltsam und entspannend sein.
- Die Filmindustrie lebt von diesem Genre nicht schlecht (ökonomische Relevanz dieses Genres).
- Der Film dient der Unterhaltung eines Massenpublikums.

Argumente gegen den Actionfilm
- Actionfilme führen Gewalt vor und haben deshalb unter Umständen einen negativen Einfluss auf die Rezipienten.
- Es handelt sich dabei um Unterhaltung ohne Bildungsanspruch, die keinen Beitrag zur Erziehung des Menschen gemäß eines humanistischen Ideals hat, vielmehr leisten solche Filme einen Beitrag zur „Hominisation", die eher rückschrittlich statt fortschrittlich sein kann (begünstigt bestimmte Prozesse innerhalb von Gruppen).
- Diese Filme vermitteln Werte, die sich an Gewalt orientieren („gewalterfüllten Weltkessel"): Fliehen vor dem Angreifer und nach erfolgreicher Flucht selbst zum Gegenangriff starten – so werden keine Konflikte gelöst, sondern neue Konflikte heraufbeschworen, denn der Mensch ist gemäß dieser Filme immer zum Gegenangriff bereit.

- Es besteht die Gefahr der „Verrohung“ der Menschen durch das Aufzeigen von stammesgeschichtlichen Verhaltensweisen.
- Durch die Rückbesinnung auf die Stammesgeschichte anhand von Actionfilmen läuft die Gesellschaft Gefahr, sich gemäß dieser archaischen Muster verteidigen zu müssen, wenn es darum geht, Besitz zu verteidigen (Sloterdijk spricht von „Hordenaußenpolitik“).
- Actionfilme leben uns Ideale vor, die deshalb verwerflich sind, weil sie den Menschen nicht als Individuum wahrnehmen und der Mensch nicht als autonomes Wesen existiert – vielmehr ist der Mensch ein „Nichts“, das als Zielscheibe des Angreifers seine Wertlosigkeit vor Augen geführt bekommt.
- Actionfilme fördern die Unterhaltungsindustrie, da sie ein Massenpublikum anziehen, und dies geschieht zuungunsten des „hochkulturellen Dramentypus“.

Schluss

Obwohl der Actionfilm in einer pluralistischen Gesellschaft auch seine Daseinsberechtigung haben sollte, ist ein kritischer Umgang mit diesem Genre wichtig. Außerdem sollte auf Qualität geachtet werden. Actionfilme sollten aber auch immer eine zweite Wahl sein – die kulturell hochwertige Unterhaltung sollte immer an erster Stelle stehen, aber nicht als Pflichtprogramm abgearbeitet werden.

Anhang

	Mittelalter	Renaissance
	750 – 1050 althochdeutsche Literatur; 1050 – 1350 mittelhochdeutsche Literatur	1350 – 1600 Renaissance
Autoren	Hartmann von Aue Wolfram von Eschenbach Neidhart von Reuental Gottfried von Straßburg Walther von der Vogelweide	Hermann Bote Sebastian Brant Ulrich von Hutten Hans Sachs Johannes von Tepl
Epik	**höfischer Roman** (von Aue: „Erec“, „Iwein“) **Heldenepos** („Nibelungenlied“)	**Schelmenliteratur** (Bote: „Till Eulenspiegel“) **Streitgespräch** (von Tepl: „Der Ackermann aus Böhmen“)
Lyrik	**Minnesang** (von der Vogelweide: sog. „Mädchenlieder“, von Eschenbach: sog. „Tagelieder“, von Reuental: sog. „Sommer- u. Winterlieder“)	**Spruchgedicht** (Sachs: „Die Wittenbergische Nachtigall“)
Drama	**geistliches Schauspiel**	**Fastnachtsspiel** **Humanistendrama** **Passionsspiel** **Schwank**
Weltbild und Literaturverständnis	**Althochdeutsche Literatur** war geistliche Gebrauchsliteratur zur Vermittlung des christlichen Glaubens. Althochdeutsche Literatur umfasst ▪ überwiegend Übersetzungen lateinischer Texte (z. B. Vaterunser, Glaubensbekenntnis, Bibeltexte); ▪ Aufzeichnungen mündlicher Dichtung (z. B. Hildebrandslied) und ▪ Neuschöpfungen christlicher und weltlicher Texte. **Mittelhochdeutsche Literatur** brachte erstmals eigenständige weltliche Dichtung in deutscher Sprache hervor. Charakteristisch sind: ▪ Idealisierung ritterlicher Tugenden im höfischen Roman, ▪ verschiedene Formen von Liebesdichtung, ▪ germanische Heldensagenstoffe im Heldenepos.	Man entdeckte die klassische Antike wieder. Die Kunstepoche heißt dementsprechend **Renaissance** (franz. „Wiedergeburt“). Die philosophische Strömung nennt man **Humanismus**. Zu den geistesgeschichtlichen Merkmalen dieser Zeit gehören: ▪ Befreiung der Literatur, Kunst und Wissenschaft von der Vorherrschaft der Theologie, ▪ Entstehung des neuen Menschenbildes; der Mensch als sich selbst bestimmendes Individuum ist nicht mehr der göttlichen Weltordnung untergeordnet; ▪ die diesseitige Lebensgestaltung bestimmt das Leben. Die Volkssprache setzte sich als Literatursprache durch, dazu trug Martin Luthers Bibelübersetzung entscheidend bei.
hist. Eckdaten	Investiturstreit zwischen deutschem Kaiser und römischem Papsttum (1059–77) Goldene Bulle (1356) Kreuzzüge	Bauernkrieg (1524/25) Einsetzen der Reformation: Martin Luther verfasst 95 Thesen gegen den Ablasshandel (1517)

1600 Barock 1720
1680 Aufklärung 1770 Sturm und Drang 1800

	Barock	Aufklärung
Autoren	Johann Jakob Christoffel von Grimmelshausen Andreas Gryphius Christian Hoffmann von Hoffmannswaldau Casper von Lohenstein Martin Opitz	Christian Fürchtegott Gellert Johann Christoph Gottsched Friedrich von Hagedorn Immanuel Kant Friedrich Gottlieb Klopstock Gotthold Ephraim Lessing Christoph Martin Wieland
Epik	**Schelmenroman** (Grimmelshausen: „Der Abentheuerliche Simplicissimus Teutsch") **Schäferdichtung** **Abenteuerroman**	**Bildungsroman** (Wieland: „Die Geschichte des Agathon") **Briefroman** (Sophie von La Roche: „Geschichte des Fräuleins von Sternheim")
Lyrik	**Sonett** (Gryphius: „Es ist alles eitel") **Elegie** **Madrigal** **Ode**	**lehrhafte Dichtung** (Lessing: Fabeln) **Ode** und **Hymne** (Klopstock)
Drama	**Trauerspiel** (Gryphius: „Leo Armenius", Lohenstein: „Agrippina")	**bürgerliches Trauerspiel** (Lessing: „Miss Sara Sampson", „Emilia Galotti", „Nathan der Weise") **Komödie** (Lessing: „Minna von Barnhelm")
Weltbild und Literaturverständnis	Die Zeit des **Barock** ist geprägt von Gegensätzen: ■ Inhalt der Kunst ist der Gegensatz von Todesangst und Weltverneinung auf der einen Seite und Lebensgier und Weltzuwendung auf der anderen; ■ große Verbreitung von gesellschaftlichen und religiösen Themen; ■ beliebtes Motiv ist das Welttheater: die Welt als Theater, auf dem die Menschen ihre Rolle vor Gott spielen; ■ Form des kunstvoll Überladenen als Merkmal der barocken Literatur (rhetorische Figuren wie Antithese, sprachliche Bilder wie Allegorie und Metapher, pathetisch-schwülstige Sprache); ■ Aufgabe der Dichtung war „prodesse et delectare" (nützen und unterhalten); ■ Vanitasmotiv: Mahnung an die Vergänglichkeit irdischen Glücks.	Die **Aufklärung** prägte das europäische Geistesleben. Merkmale sind: ■ Vernunft als Instanz des Denkens und Handelns (Sapere aude!), ■ Kampf gegen Autoritätsglauben, Absolutismus und die Bevormundung durch die Kirche, ■ Forderung nach einer freiheitlichen Gesellschaftsordnung, ■ radikale Kritik an überkommenen Vorstellungen von Natur, Mensch, Gesellschaft, Staat und Gott; ■ Literatur hat unterhaltsam-lehrhaften und sozialkritischen Charakter. Statt einer einseitigen Betonung der Vernunft wird in der Literatur der **Empfindsamkeit** (1730 bis Ende des 18. Jahrhunderts; Gegenbewegung zur Aufklärung) die Natur religiös verklärt, hier dominiert das schwärmerische Gefühl.
hist. Eckdaten	absolutistische Prachtentfaltung Ludwigs XIV. (1638–1715) Pestepidemien in Europa Dreißigjähriger Krieg (1618–48)	Kleinstaaterei; Aufstieg Preußens und Österreichs zu Großmächten Amerikanische Unabhängigkeitserklärung (1776) Französische Revolution (1789)

	Empfindsamkeit, Sturm und Drang	Weimarer Klassik
	1770 Empfindsamkeit, Sturm und Drang 1786	1789 1790 Klassik Romantik
Autoren	Gottfried August Bürger Johann Wolfgang von Goethe Johann Gottfried Herder Friedrich Maximilian Klinger Jakob Michael Reinhold Lenz Friedrich Schiller	Johann Wolfgang von Goethe Johann Gottfried Herder Friedrich Schiller Christoph Martin Wieland Heinrich von Kleist und Friedrich Hölderlin sind im Umkreis von Weimarer Klassik und Romantik einzuordnen.
Epik	**Briefroman** (Goethe: „Die Leiden des jungen Werthers“)	**Bildungsroman** (Goethe: „Wilhelm Meisters Lehrjahre“)
Lyrik	**Erlebnisdichtung** (Goethe: „Sesenheimer Lieder“) **Hymne** (Goethe: „Prometheus“) **Kunstballade** (Bürger: „Lenore“)	**Hymne** und **Ode** **Ballade** (Goethe: „Der Zauberlehrling“) **Ideenballade** (Schiller: „Die Bürgschaft“)
Drama	**Tragödie** und **Tragikomödie** (Lenz: „Die Soldaten“, „Der Hofmeister“, Schiller: „Die Räuber“, Goethe: „Götz von Berlichingen“)	**Ideendrama** (Schiller: „Maria Stuart“, „Don Carlos“) **Tragödie** (Goethe: „Iphigenie auf Tauris“, Schiller: „Wallenstein“)
Weltbild und Literaturverständnis	Der **Sturm und Drang** wurde benannt nach dem gleichnamigen Schauspiel von Klinger. Typisch sind: ■ Kritik an Konventionen und überkommenen Institutionen sowie am Rationalismus der Aufklärung, ■ Ideal der Spontaneität und Selbstverwirklichung des Individuums, ■ Natur als Inbegriff alles Lebendigen, ■ Steigerung des Naturhaften und Individuellen im Genie, ■ literarischer Anspruch der Originalität, d. h. Ablehnung von Regeln und Suche nach neuen Ausdrucksweisen (z. B. alltagsnahe Sprache, Mundartliches) und Ausdrucksformen (z. B. offene Dramenform).	Die **Weimarer Klassik,** maßgeblich geprägt von Goethe und Schiller, ist gekennzeichnet von den Leitideen der Harmonie und Humanität. Hohe Werte sind Menschlichkeit, Toleranz und Vollendung. Die griechische Kunst gilt als Musterbild für den Menschen und die Kunst. Man sieht in der Kunst das Mittel, den Menschen zur Humanität auszubilden: ■ Kunst als Darstellung des Objektiven, ■ Kunst als Vermittlerin der höheren Ordnung des Weltganzen (Goethe), ■ Kunst als Mittel, um dem Menschen seine Freiheit, Vernunft und Sittlichkeit bewusst zu machen (Schiller). Thematisiert werden Gerechtigkeit, Freiheit oder Humanität unter Verwendung einer streng geschlossenen Form und klaren Sprache.
hist. Eckdaten	aufgeklärter Absolutismus aufkommendes deutsches Nationalbewusstsein Französische Revolution (1789)	Jakobinerherrschaft in Frankreich (ab 1792) Napoleon gelangt an die Macht (1799) Napoleon Bonaparte krönt sich zum Kaiser (1804)

Klassik 1805 – Romantik ca. 1815 – 1830 – Junges Deutschland, Vormärz, Biedermeier – 1848

	Romantik	Junges Deutschland, Vormärz, Biedermeier
Autoren	Achim von Arnim, Bettina von Arnim, Clemens Brentano, Joseph von Eichendorff, Jacob und Wilhelm Grimm, E. T. A. Hoffmann, Friedrich Hölderlin, Novalis (Friedrich von Hardenberg), August Wilhelm Schlegel, Friedrich Schlegel, Gustav Schwab, Ludwig Tieck, Rahel von Varnhagen	**Junges Deutschland:** Ludwig Börne, Karl Gutzkow, Heinrich Laube **Biedermeier:** Annette von Droste-Hülshoff, Jeremias Gotthelf, Eduard Mörike, Adalbert Stifter **Vormärz:** Georg Büchner, Heinrich Heine
Epik	**Essay, Fragment** und **Aphorismus** (F. Schlegel: „Athenäum-Fragmente“) **Künstlerroman** (Novalis: „Heinrich von Ofterdingen“) **Volkspoesie, Märchen** und **Kunstmärchen**	**Erzählung** (Stifter: „Bunte Steine“) **Novelle** (Gotthelf: „Die schwarze Spinne“, Droste-Hülshoff: „Die Judenbuche“)
Lyrik	**Naturlyrik** **volksliedhafte Lyrik**	**Ballade** (Droste-Hülshoff: „Der Knabe im Moor“) **Naturidylle** (Mörike: „Er ist's“) **politische Lyrik** (Heine: „Die schlesischen Weber“)
Drama	**märchenhaftes Drama** (Tieck: „Der gestiefelte Kater“)	Georg Büchners **Dramen** („Woyzeck“) waren radikaler als die Literatur des Jungen Deutschland, von der sich Büchner distanzierte.
Weltbild und Literaturverständnis	Die **Romantik** war eine Bewegung, die eine andere Art des Denkens suchte: ▪ Ablehnung des Rationalismus der Aufklärung, ▪ Ablehnung gesellschaftlicher Normen und Konventionen, ▪ Thematisierung des Irrationalen, Unbewussten (Traum), Fantastischen, Grotesken, ▪ häufige Motive: Sehnsucht, Wandern, Natur, Liebe, ▪ Rückbesinnung auf die Vergangenheit, vor allem auf das Mittelalter. Die Dichter strebten nach der **Universalpoesie**, die alle Gattungen sowie die Bereiche Kunst, Wissenschaft, Kultur und Leben in sich vereint. Der Leser soll das Werk weiterdichten. Das Werk soll in der Kritik und Rezeption vollendet werden, daher lässt es Raum für Assoziationen und bleibt oft Fragment.	Auf die gesellschaftliche und politische Situation reagierten die Schriftsteller gegensätzlich. **Junges Deutschland** und **Vormärz** zeichnen sich aus durch: ▪ Verachtung der Klassik und Romantik als lebensfern, ▪ Forderung nach aktueller, politischer Literatur mit gesellschaftspolitisch relevanten Themen und Zeitkritik, ▪ Literatur gekennzeichnet durch Gegenständlichkeit und Detailtreue. Im Gegensatz dazu steht das **Biedermeier:** ▪ Sensibilität für Stimmungen und Eindrücke, ▪ häufig landschaftliche Bezüge zur Heimat der Dichter, ▪ Rückzug ins Private.
hist. Eckdaten	Napoleon Bonaparte krönt sich zum Kaiser (1804) Ende des Heiligen Römischen Reichs (1806) Befreiungskriege (1813–15)	Wiener Kongress (1815) Restauration Weberaufstand in Schlesien (1844) Märzrevolution (1848)

	Bürgerlicher Realismus	Naturalismus
	1848 Bürgerlicher Realismus 1880 1890	Literatur der Jahrhundertwende Naturalismus
Autoren	Wilhelm Busch Theodor Fontane Emanuel Geibel Franz Grillparzer Friedrich Hebbel Gottfried Keller Conrad Ferdinand Meyer Wilhelm Raabe Theodor Storm	Hermann Conradi Gerhart Hauptmann Arno Holz Max Kretzer Johannes Schlaf
Epik	**Novelle** (Keller: „Die Leute von Seldwyla", Storm: „Der Schimmelreiter", Meyer: „Das Amulett") **Gesellschaftsroman** (Fontane: „Effi Briest")	**Novelle** (Hauptmann: „Bahnwärter Thiel", Holz/Schlaf: „Papa Hamlet") **Roman** (Kretzer: „Die Verkommenen")
Lyrik	**Ballade** (Fontane: „John Maynard") **Verserzählung** (Busch) **Dinggedicht** (Meyer: „Der römische Brunnen", „Zwei Segel")	**Großstadtlyrik** (Holz: „Großstadtmorgen")
Drama	**Dramen** (Grillparzer: „Der Traum ein Leben"; Hebbel: „Maria Magdalena")	**Soziales Milieudrama** (Hauptmann: „Die Weber"; Holz/Schlaf: „Die Familie Selicke") **Tragikomödie** (Hauptmann: „Die Ratten")
Weltbild und Literaturverständnis	Wichtige Kennzeichen des **Realismus** sind: ■ Milieuschilderungen und psychologisch genau gezeichnete Personen, ■ Fehlen von Darstellungen der extremen Seiten der Realität (z. B. das abstoßend Hässliche, Krankheit, Sexualität), ■ Humor, um Distanz zum Empörenden der Wirklichkeit zu schaffen. Man spricht auch vom **poetischen Realismus.** Damit wollten die Schriftsteller darauf aufmerksam machen, dass ihre Texte trotz des Bezugs zur Wirklichkeit auch von ihnen geschaffene Kunstprodukte sind. Das Programm des poetischen Realismus lautete, das Wahre und nicht das Wirkliche darzustellen.	Der **Naturalismus** richtet sich gegen den poetischen Realismus, der die Wirklichkeit verklärt darstellt. Kennzeichnend sind: ■ Kritik an der Doppelmoral des Bürgertums und dessen Gleichgültigkeit gegenüber sozialen Problemen; ■ Themen sind Armut, Alkoholismus, Krankheit, Gewalt, Verbrechen, Prostitution und Wahnsinn; ■ im Zentrum steht der durch Herkunft, Milieu und Zeitumstände bestimmte Mensch und nicht mehr der individuelle Held; ■ Verwendung von Sekundenstil, Umgangssprache, Dialekt und Jargon, um den Stoff authentisch zu gestalten. Die Natur galt als allgemeines Organisationsprinzip, auch der künstlerischen Formen, insofern hat der Naturalismus Gemeinsamkeiten mit dem Sturm und Drang.
hist. Eckdaten	Märzrevolution (1848) Deutsch-Französischer Krieg (1870/71) Gründung des Deutschen Reiches (1871) Industrialisierung	Aufkommen der sozialen Frage Einführung der Sozialversicherung durch Otto von Bismarck (ab 1883) Dreikaiserjahr (1888)

Naturalismus 1900 – Literatur der Jahrhundertwende – 1918 – 1920 – Literatur der Weimarer Republik – 1933

	Literatur der Jahrhundertwende	Literatur der Weimarer Republik
Autoren	**Neuromantik:** Stefan Zweig **Impressionismus:** Detlev von Liliencron **Expressionismus:** Georg Trakl **Symbolismus:** Ricarda Huch, Stefan George **Dekadenzliteratur:** Gottfried Benn, Hugo von Hofmannsthal, Arthur Schnitzler	Bertolt Brecht, Alfred Döblin, Lion Feuchtwanger, Erich Kästner, Erich Maria Remarque, Kurt Tucholsky Franz Kafka (zwischen Expressionismus und Neuer Sachlichkeit) Thomas Mann (knüpft an den Realismus an) Hermann Hesse (zwischen Neuromantik und Neuer Sachlichkeit)
Epik	**Novelle** (Thomas Mann: „Der Tod in Venedig") **Roman** (Thomas Mann: „Die Buddenbrooks", Heinrich Mann: „Der Untertan")	**Antikriegsroman** (Remarque: „Im Westen nichts Neues") **Reportage** (Kisch: „Der rasende Reporter") **Zeitroman** (Döblin: „Berlin Alexanderplatz")
Lyrik	**Dinggedicht** (Rainer Maria Rilke: „Der Panther") **Aufbrechen traditioneller Gedichtformen** (Georg Heym: „Berlin"; Benn: „Morgue", Else Lasker-Schüler: „Weltende")	**dadaistisches Lautgedicht** (Kurt Schwitters, Max Ernst) **(neusachliche) Gebrauchslyrik** (Kästner, Brecht, Tucholsky)
Drama	**Drama** (Frank Wedekind: „Frühlings Erwachen") **expressionistisches Stationendrama** (Schnitzler: „Reigen")	**Dokumentartheater** (Erwin Piscator) **episches Theater** (Brecht: „Die Dreigroschenoper")
Weltbild und Literaturverständnis	Typisch ist die Gleichzeitigkeit verschiedener Strömungen und Stile: ■ **Neuromantik:** Die Werke sind gekennzeichnet von Irrationalismus, Individualismus und Ästhetizismus; ■ **Impressionismus:** Begriff aus der Malerei übernommen; Beschreibung von Seelenzuständen, Stimmungen, unmittelbaren Sinneseindrücken; lautmalerische Sprache; ■ **Symbolismus:** Literatur stellt eine zweckfreie Kunstwelt dar, in der Symbole eine wichtige Rolle spielen; ■ **Dekadenzliteratur:** geprägt vom Bewusstsein des Niedergangs der Kultur, Hang zu Rausch und Perversion; Verbindung von Schönem und Hässlichem; ■ **Expressionismus:** neues Lebensgefühl, Aufbegehren gegen Autoritäten; Menschenbild, das von Individualität und Humanität geprägt ist.	Nach dem Ersten Weltkrieg existierten unterschiedliche Strömungen gleichzeitig: ■ **Dadaismus:** Antikunst, die zufällig Worte zu bedeutungslosen Verbindungen aneinanderreiht, die nur optisch oder klanglich wirken sollen; ■ **Surrealismus:** Kunst, die die eigentliche Wirklichkeit im Unbewussten sucht, daher spielen Träume, Visionen eine große Rolle; Erzähltechniken: innerer Monolog und Collage; ■ **Arbeiterliteratur:** Schauplätze und Protagonisten entstammen dem proletarischen Milieu; ■ **Neue Sachlichkeit:** sachlich-objektive Darstellung der Wirklichkeit im Gegensatz zum Expressionismus; Verzicht auf Pathos und Übertreibung sowie formale Experimente; Thematisierung des Alltagslebens in Großstädten.
hist. Eckdaten	Imperialismus Radikalisierung politischer Bewegungen Erster Weltkrieg (1914–18) Novemberrevolution (1918)	Weimarer Reichsverfassung (1919) Wahl Paul von Hindenburgs zum Reichspräsidenten (1925) Machtergreifung Hitlers (1933)

	Literatur von 1933–1945 (1933 – 1945)	Literatur der DDR (1949 Literatur der DDR 1989; 1949 Deutschsprachige Literatur des Westens 1989)
Autoren	**Exilliteratur:** Bertolt Brecht, Alfred Döblin, Lion Feuchtwanger, Else Lasker-Schüler, Heinrich Mann, Thomas Mann, Anna Seghers **Innere Emigration:** Werner Bergengruen, Hans Fallada, Ricarda Huch, Erich Kästner	**Autoren, die auswanderten:** Jurek Becker, Sarah Kirsch, Günter Kunert, Monika Maron **Autoren, die in der DDR blieben:** Franz Fühmann, Christoph Hein, Heiner Müller, Anna Seghers, Christa Wolf **Autoren, die in westdeutschen Verlagen veröffentlichten:** Volker Braun, Stefan Heym, Rolf Schneider
Epik	**Roman** (Seghers: „Das siebte Kreuz“, Klaus Mann: „Mephisto“, Feuchtwanger: „Exil“) **historischer Roman** (H. Mann: „Henri Quatre“, Feuchtwanger: „Josephus-Trilogie“)	**Novelle** (Hein: „Drachenblut“/„Der fremde Freund“) **Roman** (Wolf: „Der geteilte Himmel“, Becker: „Jakob der Lügner“, Johnson: „Mutmaßungen über Jakob“)
Lyrik	**Lyrik des Exils** (Johannes R. Becher, Brecht, Lasker-Schüler)	**lyrische Subjektivität** (Sarah Kirsch, Reiner Kunze) **Lyrik** (Johannes Bobrowski)
Drama	**episches Theater** (Brecht: „Mutter Courage und ihre Kinder“) **Drama des Exils** (Ernst Toller: „Pastor Hall“, Carl Zuckmayer: „Des Teufels General“)	**Dramen** (Plenzdorf: „Die neuen Leiden des jungen W.“, Müller: „Die Hamletmaschine“)
Weltbild und Literaturverständnis	**Exilliteratur:** ■ Themen: Verhältnisse im Heimatland, Beschäftigung mit dem Naziregime, dies geschieht z. T. im übertragenen Sinn mithilfe historischer Stoffe; Exilerfahrungen **Innere Emigration:** Einige Autoren wählten eine Haltung des zurückgezogenen Schreibens: ■ Kritik „zwischen den Zeilen“, ■ humanistische bzw. christliche Grundwerte, ■ Kritik verhüllt in historische, antike, orientalische Themen und Stoffe. **Blut-und-Boden-Dichtung:** Rassistische Form der Heimatdichtung und Bauerndichtung, die das Herkommen des Einzelnen aus der Familienabstammung und aus der Region positiv hervorhebt.	Der Literaturbetrieb der DDR war vom Staat geprägt, es wurde der **sozialistische Realismus** verordnet (**Bitterfelder Weg:** Forderung nach spezieller Arbeiterliteratur). Kennzeichen der vom Staat geförderten Literatur: ■ nachahmenswerter, sozialistischer Held im Mittelpunkt, ■ naturgetreue, unmittelbar realistische Nachbildung der Wirklichkeit, ■ leicht überschaubare Erzählkonstruktionen, ■ Ziel: ideologische Erbauung. Daneben gibt es Literatur, die sich kritisch mit der DDR auseinandersetzt, z. B. die Werke von Uwe Johnson, Ulrich Plenzdorf, Heiner Müller u. a.
hist. Eckdaten	Nürnberger Gesetze (15. September 1935) Reichspogromnacht (9./10. November 1938) Zweiter Weltkrieg (1939–45) Wannseekonferenz (20. Januar 1942)	Mauerbau (13. August 1961) Ende der Ära Walter Ulbrichts mit der Wahl Erich Honeckers zum Ersten Sekretär des ZK (3. Mai 1971) Öffnung der Mauer (1989)

1949 Deutschsprachige Literatur des Westens 1989
1949 Literatur der DDR 1989

	Deutschsprachige Literatur des Westens	Deutschsprachige Literatur nach 1990
Autoren	Ilse Aichinger, Alfred Andersch, Ingeborg Bachmann, Thomas Bernhard, Heinrich Böll, Wolfgang Borchert, Paul Celan, Friedrich Dürrenmatt, Max Frisch, Günter Grass, Peter Handke, Elfriede Jelinek, Wolfgang Koeppen, Dieter Wellershoff	Thomas Brussig, F. C. Delius, Durs Grünbein, Christoph Hein, Wolfgang Hilbig, Elfriede Jelinek, Robert Schneider, Ingo Schulze, Marlene Streeruwitz, Uwe Timm, Hans Ulrich Treichel, Birgit Vanderbeke
Epik	**Nachkriegsroman** (Böll: „Haus ohne Hüter", Grass: „Die Blechtrommel") **Roman** (Frisch: „Homo faber", „Stiller") **Kurzgeschichte** (Borchert: „Das Holz für morgen")	**Wenderoman** (Brussig: „Helden wie wir", Jana Hensel: „Zonenkinder", Sven Regener: „Herr Lehmann", Schulze: „Simple Storys") **postmoderner Roman** (Schneider: „Schlafes Bruder", Urs Widmer: „Im Kongo")
Lyrik	**konkrete Poesie** (Eugen Gomringer, Gerhard Rühm) **hermetische Dichtung** (Celan: „Die Todesfuge") **freirhythmische Gedichte** (Bachmann) **Sprachexperimente** (Ernst Jandl: „Laut und Luise")	**Lyrik** (Grünbein: „Schädelbasislektion", Uwe Kolbe: „Nicht wirklich platonisch")
Drama	**absurdes Theater** (Dürrenmatt: „Die Physiker") **gesellschaftskritische Dramen** (Kroetz: „Bauern sterben") **Hörspiel** (Borchert: „Draußen vor der Tür")	**Drama** (Hein: „Randow", Urs Widmer: „Top Dogs")
Weltbild und Literaturverständnis	Man war nach dem Krieg um einen radikalen Neuanfang bemüht **(Trümmerliteratur; Kahlschlagliteratur).** Es bildete sich 1947 die **Gruppe 47:** ▪ ideologiekritische und antiautoritäre Literatur, ▪ Auseinandersetzung mit dem Nationalsozialismus und der Frage nach Schuld und Verantwortung, ▪ Bemühen um einen Neuanfang in der Literatur. In den 1970er Jahren erfolgte eine Wende zur Innerlichkeit, private Beziehungen und individuelle Befindlichkeiten sind Gegenstand der **Neuen Subjektivität**. Mit der feministischen Bewegung entwickelte sich die **Frauenliteratur,** in der es um die Frage nach weiblicher Identität, dem Geschlechterverhältnis und Besonderheiten der weiblichen Art des Schreibens geht.	Die deutsche Einheit bedeutete v.a. für Autoren der ehemaligen DDR einen Einschnitt. Viele thematisierten die Wende, die Veränderungen des Alltags, neu gewonnene Freiheiten oder das Verhältnis zur Staatssicherheit. Literatur nach 1990 ist gekennzeichnet von einer großen stilistischen und thematischen Vielfalt. ▪ **Popliteratur:** Beschreibung einer von Medien, Werbung und Konsum bestimmten Wirklichkeit ▪ **Migrantenliteratur:** Thematisierung des Verlusts der Heimat und der Entfremdung, Diskriminierung ▪ **Postmoderne:** Überwindung der Moderne durch extremen Stilpluralismus; spielerischer Umgang mit Vorhandenem, Intertextualität
hist. Eckdaten	Wiederaufbau Deutschlands Große Koalition (1966–69) Deutscher Herbst (1977) Öffnung der Mauer (1989)	Wiedervereinigung Deutschlands (3. Oktober 1990) Einführung des Euro (1. Januar 2002)

Übersicht der behandelten Texte

Register

Freundliche Abdruckgenehmigung wurde uns für folgende Titel erteilt:

*Aichinger, Ilse: „Das Fenster-Theater“. Aus: Der Gefesselte. © S. Fischer Verlag GmbH, Frankfurt am Main 1954.
*Bachmann, Ingeborg: „Reklame“. Aus: Werke. Bd. 1: Gedichte. © 1978 Piper Verlag GmbH, München
*Bienek, Horst: „Die Zelle“. Aus: Gleiwitzer Kindheit. Gedichte aus zwanzig Jahren. © 1976 Carl Hanser Verlag München.
*Blumenberg, Bettina: Lau. Aus dem Zyklus „Zuwendungen“. In: Schreibheft 16. Rigodon, Essen 1981.
*Böll, Heinrich: „Mein teures Bein“. Aus: Werke. Romane und Erzählungen 1. 1947–1952. Hrsg. von Bernd Balzer. © 1977, 1987 by Verlag Kiepenheuer & Witsch GmbH & Co. KG, Köln.
*Böll, Heinrich: „Monolog eines Kellners“. Aus: Werke. Romane und Erzählungen 2, 1953–1959. Hrsg. von Bernd Balzer. © 1977, 1987 by Verlag Kiepenheuer & Witsch GmbH & Co. KG, Köln.
*Braun, Volker: „Durchgearbeitete Landschaft“. Aus: Gegen die symmetrische Welt. Gedichte, © Suhrkamp Verlag Frankfurt am Main 1974
*Brecht, Bertolt: „Der Jasager. Der Neinsager“. Aus: Werke. Große kommentierte Berliner und Frankfurter Ausgabe, Band 3, Stücke 3. © Suhrkamp Verlag Frankfurt am Main 1989.
Dürrenmatt, Friedrich: „Warum Schreiben?“. Aus: Denkanstöße. © 1989 Diogenes Verlag AG Zürich.
*Edschmid, Kasimir: „Über den dichterischen Expressionismus.“ In: K. E., Frühe Manifeste. Epochen des Expressionismus. Hamburg 1957.
*Frisch, Max: Andorra. Stück in zwölf Bildern, © Suhrkamp Verlag Frankfurt am Main 1961
Haushofer, Marlen: Die Wand. © 1968 Claassen Verlag, Ullstein Buchverlage GmbH, Berlin.
*Kaschnitz, Marie Luise: „Hiroshima“. Aus: Überallnie. Ausgewählte Gedichte 1928–1965. © 1965 Claassen Verlag in der Ullstein Buchverlage GmbH, Berlin
*Kirsch, Sarah: „Die Luft riecht schon nach Schnee“. Aus: Sämtliche Gedichte. © 2005 Deutsche Verlags-Anstalt, München in der Verlagsgruppe Random House GmbH
Kroetz, Franz Xaver: „Schritte“. Aus: Furcht und Hoffnung der BRD. O. O., o. J.
*Kunert, Günter: „Unterwegs mit M.“ Aus: Warnung vor Spiegeln. Gedichte. © 1970 Carl Hanser Verlag München.
*Kunert, Günter: „Vom Reisen“. Aus: Ziellose Umtriebe. Nachrichten vom Reisen und Daheimsein. dtv, München 1981. © Carl Hanser Verlag, München.
*Lasker-Schüler, Else: „Ein alter Tibetteppich“. Aus: Gedichte 1902–1943. © Suhrkamp Verlag Frankfurt am Main 1996.
*Müller, Heiner: „Fleischer und Frau“. Aus: Werke 4: Die Stücke 2. © Suhrkamp Verlag Frankfurt am Main 2001.
*Müller, Heiner: „Das Laken“. Aus: Werke 4: Die Stücke 2. © Suhrkamp Verlag Frankfurt am Main 2001.
Seils, Christoph: „Freiheit auch für Irre“ (Kommentar). © Zeit online, entnommen am 15. 2.2007.
Sloterdijk, Peter: „Der Action-Film ist experimentelle Vor- und Frühgeschichtsschreibung“ (Auszug). © Die Zeit 18/1993.
Süskind, Patrick: Das Parfum. © 1985 Diogenes Verlag AG Zürich.
Vetter, Tobias: „Der ‚Zeck‘ Grenouille wird menschlich. Das Parfum – Die Geschichte eines Mörders“. Erstveröffentlichung unter © www.filmrezension.de, entnommen am 1. 3.2007
*Walser, Robert: „Der Tänzer“. Aus: Sämtliche Werke. © Suhrkamp Verlag Frankfurt am Main 1986. Mit Genehmigung der Inhaberin der Rechte, der Carl-Seelig-Stiftung Zürich.
*Wohmann, Gabriele: „Grün ist schöner“. Aus: Sieg über die Dämmerung. München 1960.

Aus urheberrechtlichen Gründen sind die mit einem * markierten Texte in alter Rechtschreibung wiedergegeben.